博瑞森图书
BRACE

企业阅读 本土实践

管理 · 人文 · 生活

阿里巴巴实战运营

14招玩转诚信通

TrustPass

聂志新◎著

图书在版编目（CIP）数据

阿里巴巴实战运营：14 招玩转诚信通/聂志新著．—北京：企业管理出版社，2017.7
ISBN 978-7-5164-1502-3

Ⅰ.①阿… Ⅱ.①聂… Ⅲ.①电子商务－商业企业管理－经验－中国 Ⅳ.①F724.6

中国版本图书馆 CIP 数据核字（2017）第 090287 号

书　　名：阿里巴巴实战运营——14 招玩转诚信通
作　　者：聂志新
责任编辑：张　平　程静涵
书　　号：ISBN 978-7-5164-1502-3
出版发行：企业管理出版社
地　　址：北京市海淀区紫竹院南路 17 号　邮编：100048
网　　址：http://www.emph.cn
电　　话：编辑部（010）68701638　发行部（010）68701816
电子信箱：qyglcbs@emph.cn
印　　刷：三河市文阁印刷有限公司
经　　销：新华书店
规　　格：170 毫米×240 毫米　16 开本　18.75 印张　278 千字
版　　次：2017 年 7 月第 1 版　　2017 年 7 月第 1 次印刷
定　　价：66.00 元

近两年来，伴随着“大众创业、万众创新”口号的提出以及电子商务的迅猛发展，越来越多的商家涌入电商大军，准备在电商大浪潮中捞一笔，一时电商成了人们茶余饭后讨论的热门话题。

而当你真正闯入电商行列中，就会发现这行业水很深，必须掌握一定的技巧和规律，但自己摸索好像又没有门路，怎么办？自己去学习会花费很多的时间与金钱，且又不能保证学习后的效果。基于这种环境，为了让大多数电商人少走弯路，秉承“正念、利他，帮助别人成就自己”的悍蒙电商学院理念，此书应运而生。

听说朋友在阿里巴巴工作，一年赚了几百万元甚至上千万元，但是自己的店铺却一直在亏钱，为什么自己不懂阿里巴巴，为什么自己的店铺赚不到钱！有些人为了做好阿里巴巴，不惜花大价钱去报名学习，但执行力没有到位，最后钱花出去了东西却没有学会！有人听信阿里巴巴托管人的话，花钱让别人去做，但依然没有结果。怎么办？自己学！

本书主要为大家解决以下几个问题：

第一，即便你没有进入过阿里巴巴，也能让你明白如何去操作阿里巴巴，如何做好阿里巴巴的“内功”；

第二，让你的排名可以升至阿里巴巴的首页；

第三，让你的店铺不再是僵尸店；

第四，全面提升你的团队工作效率。

专家推荐

我在《快营销：互联网时代营销方法论》中提出："天下武功，唯快不破。"关键是如何快？在互联网战场的商家尤其要修炼快功夫。本书凝聚了作者近5年的阿里平台电商经验和操盘技巧，是国内少有的详细介绍阿里巴巴批发电商的实操总结，值得推荐和学习。

——孙巍　快营销

本人很少给其他书写推荐语，是因为真正值得推荐的"干货书"太少，更多的只是浮于表面。但是，当我看过聂志新老师此书的前几页后，就被它深深吸引。

电子商务不仅是一个行业、一个主题、一个事业，在三千万传统企业的市场转型需求下，也成了最重要的课题。特别是当传统企业像敢死队员一样前赴后继地冲向电商前线而大批失败后，"不做电子商务注定无商可务"的流行语已经过时，升级成了"不做电子商务等死，做了电子商务找死"。

强者称王、适者生存是市场规律，弱者称臣、败者退让也是亘古不变的竞争法则。任何一个成功的企业，都有着一个光芒四射又极具说服力的故事，会收到无数的鲜花、掌声，成为闪光灯和社会的焦点，会被更多的企业效仿。

已然消亡的企业，虽亦有着众多原因，但是结果只会黯淡无光又鲜为人知。太多企业在营销战争中被流弹击沉，却没有人愿意去追根寻源防止重蹈覆辙。没有媒体会宣传、没有事件评论，因为在我国永远只有成功者才是社会的宠儿。目前，我国99%以上从事网络营销的企业都还处在不稳定、不成熟的萌芽期，时刻飘摇在风云变幻的网络环境中。

成功只能代表过去，很难再度复制。失败却是需要时刻提防，极易反复出现。必须要认清的是，中国只有20%的中小企业开展了电子商务。

一方面，无数新加入电商行列的企业和个人，为互联网经济注入了新鲜的血液，带来了资金、人才、商品、资源、物流、渠道等商业要素；另一方面，必须强调的是，很多创业型电商、中小型电商的投资者和创业者，由于来自传统行业，完全不明白电子商务经济发展规律就盲目进入，经营意识极其混乱。

聂志新老师的这本书，是真正的电商干货。从本质上告诉了企业如何进行电子商务转型，实现电子商务渠道扩张、品牌打造、市场推广，能够最大化地避免转型失败。

——所志国　实战电商学院院长

清华大学总裁班特聘讲师

北大 EMBA 高级总裁班特聘讲师

在信息爆炸、知识快速更新的时代，一本电商实战书的面市让人耳目一新。我们从不缺理论的教条，也不缺超高、超远的预见，真正缺的是来自一线真正实践的声音，此书正是时候。在转型、重构、创业的大潮中，我们遇见了一本来自阿里巴巴的电商实战书籍，是时代的礼物。我相信，此书的面市，会让我们对电商渠道了解得更全面更系统，从而让更多人受益。

作者用自己的经验总结汇聚出本书，其目的非常明确，希望帮助更多的人，帮助更多的创业小伙伴。让我们一起在互联网时代，与时代同行。

——秦国伟　著名营销专家

畅销书《销售轨迹》作者

在商品经济高度发展的现代社会里，在热闹非凡的电子商务圈里，在新经济、新常态、最耀眼的行业里，“互联网”成为这个时代的标志。本书首次解密互联网时代下的电商本质与特征，给读者创新的现实实践和应用，让读者看得明白，值得仔细阅读。值得一提的是，这是作者几年实战经验的结晶。

——王志刚　新实战营销媒介撰稿人

原汇源果汁营销高管

营销咨询顾问

与聂志新兄弟相识，是通过杰·亚伯拉罕老师的营销交流。大家在网上相谈甚欢，神交已久。当时就确信聂志新兄弟是阿里电商系的资深实战派高手。

2015 年 11 月，第一次和聂志新兄弟见面，我在上海参加杰·亚伯拉罕老师中国最高端的终极策略行销咨询顾问班。课后，聂志新兄弟热情地邀请我们几个朋友一起吃饭，其中一个恰好是做阿里店铺的小袁。他把自己的困惑跟聂志新进行沟通，通过 2 个小时的交谈，大家受益匪浅。回去后，小袁本来一个月仅仅成交 20 ~ 50 个客户。在运用聂志新兄弟的实战策略后，小袁每月竟然突破到 60 ~ 100 个客户！整整翻了 2 倍，聂志新是实至名归的电商实战派高手！

——胡兴都　人生赢家商学院创始人

深圳人生赢家教育培训有限公司董事长

聂志新是我见过电商圈里少有的实战派高手。虽然我们只见过一次面，但通过短短 10 分钟的交流，他那独具一格的领导魅力、缜密的思维及对电商市场敏锐的洞察力都让我惊叹不已。他总是能够在竞争中不断创新，在细节上寻找突破，在思维上快人一步。都说现在电商不好做，我想说的是不是电商不好做，是你的思维方式不对、方法过时了。如果你现在正在为做电商销量不畅而苦恼，不知道电商未来的路在哪里，在这里我隆重向你推荐聂志新老师的最新力作！一定会让你受益匪浅！

——蔡晓吉　信用卡资深理财顾问

移动支付、O2O 营销实现战专家

广州纳禧网络科技有限公司董事长

聂志新是我见过最具实力的电商专家之一，欣闻其即将出版汇聚几年的实战干货新书《阿里巴巴实战运营——14 招玩转诚信通》甚是欢喜，特此先祝贺新书大卖。我也是几本书的作者，也是实战派，也喜欢实战派，聂志新就是我认识的实战派之一。读他的书，你会发现“小白”也能秒懂、也能在此书指导下变成实战派电商高手。

——陈建英　中道文化创始人

《解密社群粉丝经济学》《互联网 + 大数据》《掌控微力》作者

电商和网购——当下生活息息相关的话题。这领域出过很多专家、富翁，当然也有“混水”。聂老师是我见过最具实战经验的电商专家、营销策划高手。他博学多才，所经营过的领域都能做得风生水起。值得一提的是：具备实战能力的高手少，愿把自己实战经验分享给大家的就更少，而他就是这样一个人。

——丁然　猪八戒网副总裁

很多年前，我在上海见过聂志新一面，当时就觉得这小伙子有想法也很接地气。他瞄准了一个很狭小却很有潜力的领域：阿里电商，并且做得风生水起。我经常去他的微信群闲逛，发现他拥有很多铁杆粉丝。这些粉丝每天在群里聆听他的电商操作经验分享，如今他又把这些心得编写成书，实在可喜可贺！聂志新，一个有思想又很务实的电商实战高手，“80 后”的牛人代表！

——沈坤　中国横向思维创新营销创始人

深圳双剑破局营销策划有限公司董事长

听聂兄告诉我说要将自己 5 年的研究心血全部写出来，我非常为广大网商高兴。因为聂兄是我所见过的为数不多的实战派电商高手，对于广大的电商朋友来说，这算是一个重大利好信息。这本书实战有料，值得互联网人、实战人学习。

——刘雷　新实战派营销专家

萌书法创始人

著有《快消品营销人的第一本书》

和聂志新认识时间不算很长，但他非常睿智非常阔达，对事情有独到的见解，在我们朋友圈里有很好的口碑。欣闻其第一本书要出版非常高兴。这本书我看后异常兴奋，因为我一个“电商小白”看完都理解了其中很多奥秘。这是我国电商史上为数不多的实战书籍，值得各位认真研读。

——张荣　中国商务部研究院研究员

在风云变化的今天，做一家企业真的不容易，到处都在谈电子商务、O2O、传统企业转型，但是又有多少企业能真的持续增长？这本书可以帮助你从国内 B2B 电商“菜鸟”到网络专家。但是勤奋是第一，没有勤奋执行，再好的方法，也只是空谈，我们一起加油。

——魏强　阿里巴巴 B2B 事业部资深经理

常有朋友请我推荐电商方面的好书给他们，这确实是件为难的事情。正能够从行业高处着眼，又能从前沿出发的电商好书委实不多。聂老师分享了近 5 年电商从业经验。看后感慨颇多，对许多观点和思想都有很大的感触。虽然说的是电商，可很多做法放在做生意这件事上都很行得通：成本意识、深入底层、实业做电商归零的心态、为客户实现价值为导向……

——小博　微信吸粉教父

沧州市博众网络科技有限公司董事长

我视野所及，聂志新是电商行业功底深厚的营销高手。谈笑间，他独到的见解和长远的眼光，彻底颠覆了我对电商以往的认识。我将他传授的策略和方法分享给身边从事电商的朋友们，可喜的是，他们网店的业绩得到了逐步改善和持续增长。这些成就都离不开聂志新辛勤的探索与实践，而本书总结了他多年的电商实战精髓，是电商人必读的经典之作！

——金诚义　实体行业营销破局者

芝麻投资联合创始人

7月1日早上10∶30，收到了远在中国的聂志新的邀请，他希望我为他的新书作序。

在互联网时代，谁能快速有效地利用互联网，谁就更有可能获得成功。

这本书更多体现了电商的分享精神。和现在市面上许多经过高度包装、大肆宣传、言过其实的书有所不同，这是一本接地气、化繁为简的电子商务书籍。它可能不是百里挑一的营销案例书，也可能不是一本面面俱到的策略宝典，而是一本朴实生动、通俗易懂、毫无距离感甚至让人倍感亲切的电商行销实操手册，教会你如何一步一步学会电子商务具体的操作方法。其中既有经验也有教训，正反面的经历都是有价值的分享。

让我们一起跟随聂志新，走在阿里巴巴电商的道路上！

——朱景鸿 Nick Albert Choo【熊猫老师】

马来西亚尼克艾伯特教育服务总裁

马来西亚移动电子商务协会副秘书长

和聂志新结识是因为他在营销策划领域小有名气，没想到他在电商领域更有名。听说这本书汇集了他几年的实战电商精华，且是阿里巴巴电商史上少有的以实战为主的书，值得大家去认真研读，我相信不用等你读完你可能就爱上“她”了。认真阅读，细细体会你一定会是这个领域的高手。

——李庆华　汇源果汁市场部总经理

和聂老师相识是在博瑞森群里，聂老师是个非常认真且守信之人，他的头衔很多但是他总说："头衔是浮云，一切按事实说话，有效果才是最真实。"《阿里巴巴实战运营》是我见过的受益最大且最实战的电商书之一！书中汇聚了聂老师多年实战经验，熟读本书你可少走 5 年电商弯路。

——孙曙光《销售与市场》杂志社社长助理

《免费营销》《突破营销困境》畅销书作者

和老聂认识是在几个群里，他是营销实践者也是一个电商高手。这次他说要把所有的电商经验都写出来让广大网友少走弯路，我很是赞同。电商界"专家"很多，但实战的电商专家却少之又少。老聂是我见过的最实战的电商专家，这本书我仅仅阅读了大纲和目录就深深被吸引，把以前对电商的理解加深了 N 倍。我作为一个电商门外汉都受益，你看完一定会成为高手。来吧，此书值得一看。

——杨江涛　广州无形营销机构总经理

《对号入座》《快消化》畅销书作者

要说的话：为何你要做好电商

随着网络的日益发展，电子商务被越来越多的消费者接受。传统交易局限于线下，交易范围小，而电子商务就不同。它面向全国甚至全球的消费者，客户群体广，适用范围也广，不再受地区限制，而且线上交易资金回笼快，买家付款，卖家发货，方便且快捷。

什么是电子商务呢？

电商即电子商务，是指以信息网络技术为手段，以商品交换为中心的商务活动，是传统商业活动各环节的电子化、网络化。

电商不是简单的一台电脑、一条宽带、一杯茶和一张桌子就行了，Internet是虚拟的生活空间，同时也是虚拟的市场，因此，虚拟服务“现实”化很重要。那如何将电商做好呢？这就需要我们学习一些做好电商的秘诀。

为什么还要进行学习呢？社会在变，人在变，所有的事情都在进步，如果你还是在原地踏步，那么你就已经在退步了。比你差的人在学习，你不去学习，他就能赶上你甚至超越你；比你好的人在学习，人家已经超过你了，你不去学习，那么优秀的人将会更优秀，而你和他们的差距就会越来越大，所以我们要努力学习！

取得客户信任是网上营销是否成功的关键；

网站内容宜客观，忌花哨；

利用多媒体技术手段将服务或产品真实地再现在因特网上。

做电商之前要做什么准备？

一是必须要有一个好的团队。这里面包括美工、运营、推广等及老板是否真正认可网络这个渠道和模式。如果得不到老板的支持或者得不到他长期的支持，电商运营都会灰飞烟灭！

二是必须要有产品。产品是否好，不是说产品价格最低，而是打破了线下的经营思维。产品的价值与价格是相符的，这款产品要受到大众喜爱并具有市场竞争力。

先根据想法进行产品定位，再找用户数据进行分析，这样的方法不靠谱。我们要先分析市场，对我们的目标客户群体及市场进行定位。定位的最高境界并不是基于产品的定位，而是基于心智的定位。可口可乐、百事可乐的经典案例是我们学习的经验。

如何操作？

数据分析。利用问卷调查和电话回访，做好我们客户群体、产品的分析。

产品定位。我们要定位好我们的客户，定位好我们的产品。了解客户的心智模式，定位好客户和产品，就可以装修店铺了。

店铺装修。一家店铺，必须要有一个好的店招。好的店招就相当于好的门面，高端大气的轮播图就相当于豪华的装修。

选关键词。一款好的产品，还得配上一个正确的关键词。找关键词的方法有很多，如阿里巴巴下拉框、生意参谋、网销宝、阿里指数、站长工具、爱站等。不同的工具有不同的展示，我们不能把里面的词全部用上，只能去选择一些适合我们产品的。

选择关键词，你要知道客户的搜索习惯，知道客户一般都是怎么查找产品的，不选热门词，不选冷门词，一般是1~2个关键词。

写标题。标题写起来就是小菜一碟了，一条好的产品信息标题等于

“属性 + 优点 + 形容词 + 诱惑词 + 产品名字（关键词）。”标题要清楚、完整、形象，简洁，关键词要切中买家习惯，标题的关键词切忌罗列堆砌，不要使用特殊符号，注意过滤敏感词，合理搭配，尽量写满 30 个字。

好的详情页。有了好的标题，也要有好的详情页。好的详情页可以让客户下单，顺利地促成订单。要做好产品的关联，图文并茂，写出产品的特点、产品的优势、我们的特色、我们的优惠。

爆款。一家店铺要运营好，必须要有属于它的拳头产品，就是我们说的爆款。爆款不仅能为我们带来丰厚的利润，还可以给我们带来很高的人气，引来较大的流量。

推广。一款好的产品，不应该只局限在一个平台上，要让更多的人看到、用到。做推广可以让更多的消费群体知道、了解，免费推广就是费时间，但是大家要有耐心。当你了解之后，你会发现其中乐趣无穷，当你的免费推广给你带来了订单的时候，那种开心是从心里蔓延到整个身体的。

付费的推广，虽然可以让大家更为广泛地知道你、看到你，但是有点烧钱，做品牌的可以利用这种方法。

做电商的前期心理准备：

我们每位电商人要建立起自信心，告诉自己这是最好的选择，选我所爱，爱我所择。

做电商会每天面对电脑看一些枯燥的文字，我们要有耐性、耐心。特别是想放弃时，一定要三思而后行。

电商人要不断学习，拥有勤学好问的精神。电商和运营在我看来都是很深奥、需要源源不断学习的东西，所以我们一定要谦虚好问。

电商人要有贵在坚持的精神。简单的事重复做，重复的事认真做，不可为失败找借口，做电商懒惰毛病一定要不得。

聂志新

2016 年 7 月

目录

第一章
店铺及产品 GPS 无敌定位系统

图 1-1 矿泉水

在图 1-1 中，我们看到这是一瓶矿泉水，你知道它的竞争对手是谁吗？或者说你认为它有多少竞争对手呢？你的答案是不是只有一个，那就是水？或许你会问这答案是对的吗？当然也可以说是对的，但是，你的思维是否可以再开阔点呢？你定位的方向不同，它的竞争对手就完全不一样。

比如，你定位在水，那所有的水都是它的竞争对手；你定位在饮料，那可乐、橙汁、果汁、椰汁等是它的竞争对手；你定位在早餐用品，那豆浆、油条、牛奶就是它的竞争对手……

你还只以为水是它的竞争对手吗？那么问题又来了，很多人说好像是那么回事。

（1）“但一款产品有几个时期？我的产品哪些是好产品？我又有什么和别人不一样的优势和差异呢？”

（2）“好客户和差客户有什么区别？客户凭什么买你的产品？如何和竞争对手进行区分，找出差异？”

（3）“我的产品在阿里巴巴市场如何占据一席之地？怎么做好阿里巴巴定位呢？

一、产品的发展与差异化

（一）产品的四大发展时期

任何产品都有生命周期，一般经历四个阶段，即引入期、成长期、成熟期和衰退期，如图 1-2 所示。

引入期：产品引入市场时销售缓慢增长的时期。在这一阶段，因为将产品引入 1688（阿里巴巴批发网的简称）电商市场或许需要点时间或者支付一定的费用，并且这一时期很少人知道你的这款产品，所以利润几乎不存在。

成长期：虽然还是新产品，但已被市场迅速接受，它的销售量开始迅速增长，因为客户对产品了解得更多了。随着销售量的增加，利润也快速增长。由于产品的竞争压力不算特别大，所以在这个阶段产品可以创造它的最大利润。

成熟期：产品已被大多数的购买者接受，并且他们对产品变得非常熟悉。这时有许多竞争者加入进来，为了对抗竞争对手，营销费用日益增加。同时为了保持产品新颖并紧跟潮流，必须推出该产品的新型或改进型。此时利润保持稳定，并可能表现出现下滑。

衰退期：随着技术的进步、需求的改变和生命周期的推进，产品开始衰老了。这时销售量下降的趋势逐渐明显，利润不断下降，最终产品将被市场淘汰。

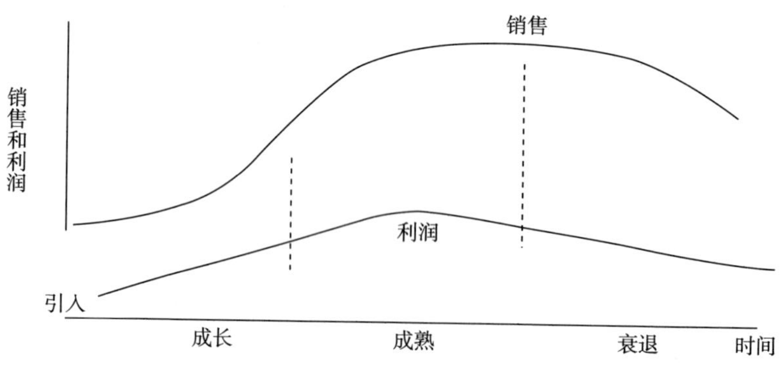

图1－2　销售和利润生命周期

（二）好产品的标准

任何人对喜欢的产品都有需求，且有很多未被满足的需求。如果你的产品能满足客户的要求，且这些需求是其他地方未被满足的，那这位客户一定会是你的好客户。

（三）产品的十个设计原则

迪特尔拉·姆是布朗公司的主要设计师，他提出好的设计有十个特点：

（1）好设计是创新。

（2）好设计增强了产品的效用。

（3）好设计有美学观念。

（4）好设计能体现产品的逻辑结构，形式符合功能。

（5）好设计是谨慎的。

（6）好设计是诚实的。

（7）好设计是耐久的。

（8）好设计与具体内容融在一起。

（9）好设计具有生命感。

（10）好设计是简约的设计。

（四）怎样和其他商家不一样

表1－1是一个非常实用的图表，基本囊括了我们在行业中会遇到的所有与竞争对手的优劣势。我们分析罗列出这些优劣势，可以少走很多弯路。

表1－1　优劣势分析表

因素	优势	劣势
营销能力 1. 公司信誉 2. 市场份额 3. 产品质量 4. 服务质量 5. 定价效果 6. 分销效果 7. 促销效果 8. 销售员能力 9. 创新效果 10. 地理覆盖区域		
财务能力 11. 资金成本/来源 12. 现金流量 13. 资金稳定性		
制造能力 14. 设备 15. 规模经济 16. 生产能力 17. 人力资源 18. 按时交货能力 19. 技术和制造工艺		
研发能力 20. 新产品开发能力 21. 技术创新能力		

续表

因素	优势	劣势
组织管理能力 22. 有远见的领导 23. 具有奉献精神的员工 24. 创业导向和企业家精神 25. 弹性/适应能力 26. 共有价值观和企业文化		
影响因素	**机会**	**威胁**
宏观环境因素 宏观经济环境 人口统计情况 技术因素 政治/法律的因素 政府及其管理机构 社会责任/文化的因素 自然环境		
微观环境因素 总体行业情况 竞争环境 当前客户 潜在客户 竞争对手 分销渠道 供应商		

二、客户与竞争对手

（一）好客户与差客户的区别

不管是在网上做生意还是线下做生意，我们都希望能遇到好客户，都不希望遇到差客户，但是好客户和差客户之间的差距到底在哪呢？或者说好客户与差客户到底是怎么想的呢？

1. 好的客户会这样做

（1）让你做擅长的事。

（2）认为你做的事情有价值并愿意买。

（3）提出新要求，提高你的技术或技能，增长你的知识，合理利用资源。

（4）带你走向与战略及计划一致的新方向。

2. 差的客户会这样做

（1）让你做那些你做不好或做不了的事情。

（2）分散你的注意力，使你改变方向，与你的战略及计划脱离。

（3）买很少一部分产品，让消耗的成本远超他们可能带来的收入。

（4）要求多的服务和注意力，让你无精力放在更有价值且有利可图的客户上。

（5）尽管你已尽了最大努力，但他们还是不满意。

（二）客户凭什么买你的

无论做什么生意，我们经常会问：客户凭什么买你的？你有什么能让客户产生购买的冲动？你有答案了吗？如果没有，来看看这些，将给你一个意想不到的答案。

（1）谁做购买决定？

（2）按金额计算销售量有多大？

（3）能卖出多少数量？

（4）每笔销售所花的成本是多少？

（5）你的客户买什么？

（6）他们何时购买？

（7）他们的购买是定期的还是偶然的？

（8）他们的购买是季节性的吗？

（9）他们为什么买？

（10）什么对他们重要？

（11）他们在什么地方购买？

（12）他们的财务怎样支持其购买吗？

（三）怎么区分谁是你的客户

知道客户凭什么买你的产品，也要知道我们的客户与非我们的客户到底区别在哪里。我们同时也要掌握以下的一些内容，做到知己知彼，百战不殆。那么你会问，我到底怎么才能做得到呢？有没有什么方法来权衡或区分，让我直接受益？

请注意以下内容：

1. 描述你的当前客户，内容包括年龄、性别、收入、水平、职业，如果是企业，那么内容包括企业类型、规模。

2. 他们来自何处？

□本地　□国内其他地方　□国外

3. 他们买什么？产品服务的好处是什么？

4. 他们每隔多长时间购买一次？

□ 每天　□每周　□每月

□随时　□其他

5. 他们买多少？按数量还是按金额购买？

6. 他们怎样买？

□赊购　□现金　□签合同

7. 他们怎样了解你的企业？

□广告：报纸、广播/电视　□口头

□位置关系　□直接销售

□其他（要注明）

8. 他们对你的公司/产品/服务怎么看？（客户的感受）

9. 他们想要你提供什么？（他们期待你能够或应该提供的好处是什么）

10. 你的市场有多大？是按地区还是按人口或潜在客户区分？

11. 在各个市场上，你的市场份额是多少？

12. 你想让市场对你的公司产生怎样的感受？

（四）制造你和竞争对手的差异化

我们常说差异化，但是会发现能做到差异化的人真的不多，随便问一名网商：你觉得你家的产品和别人家的有差异吗？你知道怎么去做差异化竞争吗？答案基本是：NO！那么OK，你能给我一些答案或者是工具吗？当然可以！如表1-2所示。

表 1-2　竞争强弱比对表

竞争者					
对比项目	竞争者的情况	你公司的情况	相对于竞争者		应采取的超越/改善行动
			优势	弱点	
宝贝价格					
宝贝质量					
客户体系建立					
所在区域					
营销广告					
产品特色					
产品结构					
宝贝描述					
交货					
旺旺在线时间					
店铺装修形象					
店铺信誉					
产品上新能力					
产品包装					
店铺宝贝好评率					
客户忠诚度					
产品保质时间					
搜索排名 SEO 技术					
新产品革新					
附加赠品					
发货速度					
是否团队操作					
员工培训					
供应链					
活动					
客户后续交流					
其他					

举个例子，从图 1－3、图 1－4 你是否能分析出你的竞争对手和你的差异在哪里吗？

图 1－3　某店家淘宝首页图

图 1－4　某店家淘宝首页图

当你看到图 1－3 的首页布局时，你是否可以想：我们两家宝贝风格类似，店铺信誉也差不多，第一家这样装修，我和他在产品主图和文案上是否可以有差别呢？

看一下和我们类似或者一样的产品这样做，我们是否可以差异化呢？看图 1－5 和图 1－6，你是否明白了同样的产品定位，不同做法和结果也会完全不同呢？产品定位类似，价格类似，但后者销量却比前者好——大家可以从两图中观察出不同：定位稍有区别，并且后者参与了平台活动，活动让销量提升。

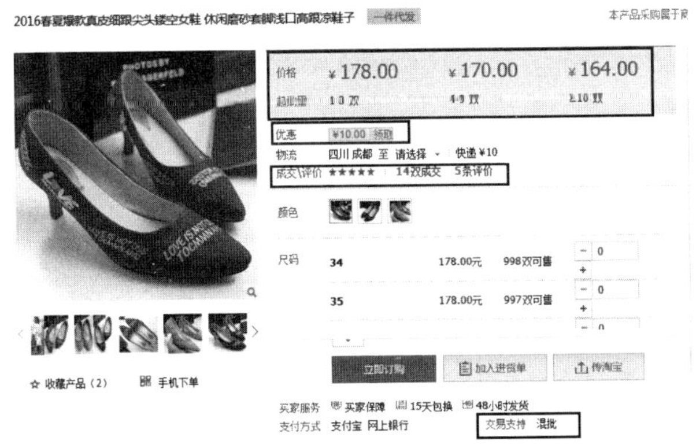

图 1-5　某淘宝店家产品主图

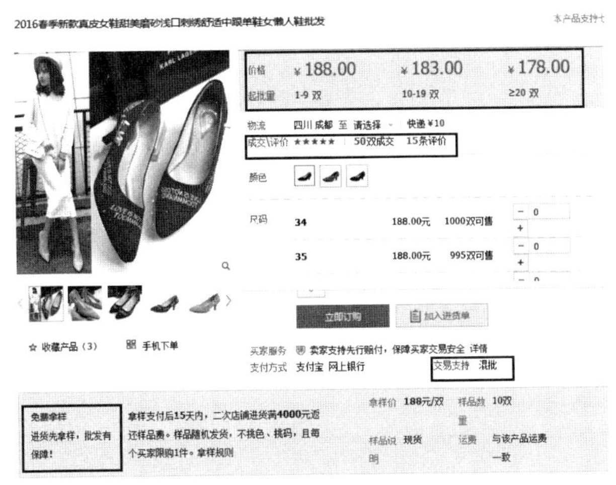

图 1-6　某淘宝店家产品主图

三、自我产品 1688 市场定位技巧

我们知道了产品发展的四个阶段，了解了好产品需具备十个标准且独具自己的设计原则，对自己和别人的不一样也清晰明了。我们也懂得好客户与差客户应该如何区分，分析了客户的购买动机及因素。我们所做的这些不仅能让你了解产品与客户，也让你制造了与竞争对手的差异。当然你或许会存在这样的问题：那么对于 1688 市场，我该如何去进行自我产品的定位呢？我又如何下手呢？

（一）为什么要定位？

（1）因为客户的心智模式有限，如图 1－7 所示。如关于坚果品牌，你能记住三只松鼠，还能记住其他品牌吗？关于精油你能记住阿芙，还能记得其他品牌吗？答案是：NO，为什么？因为客户的心智被前三位所占据。

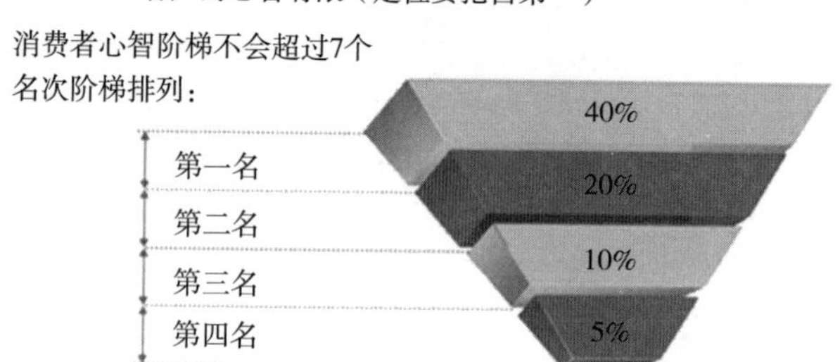

图 1－7　客户的心智模式

（2）人的惰性决定了人的习惯。人都是有惰性的，客户已经认可百事可乐和可口可乐了，即使你做了市场调查，即使你做出来的可乐比他们的好，客户还是不太愿意搞清楚你的产品到底是什么样的。再者，客户也缺乏安全感，要承担金钱的风险、产品功能的风险、生理的风险、心理的风险，等等。

对于这些概念性的东西，很多人已经在店铺首页中加以运用或者在详情页中加以运用，且确实给他们带来了成交量。

（3）客户都有从众的心理。如果你的旺铺产品有很多人买，然后好评又多，客户会觉得从你这里买是相对比较安全的。这是爆款成交越来越容易的原因之一。

有时候客户他不知道你这款产品到底好不好，他只是在寻求证明，而此刻在不熟悉店家前所做的工作就是看购买过的人怎么说这款产品。

（二）1688 市场定位入口

大家再思考一个问题：要做产品定位，必须要有市场调查、数据分析等，我们应该从哪里着手？

1. 从市场入手

要做 1688 一定要知道 1688 的市场发展空间，但我们要做好还需要了解这个市场外的一些情况，包括产品受欢迎的区域，综合起来看，你才能得到最终结果。

举个例子：我们想知道最近大家对连衣裙的喜好度到底怎样，那么我们要先利用百度指数及阿里指数。以某店铺连衣裙为例，如图 1－8、图 1－9 所示，我们从中能得到哪些市场数据呢？

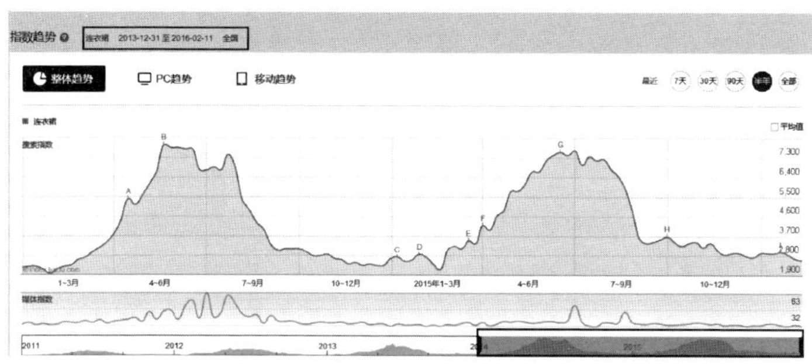

图 1－8 某店铺连衣裙阿里指数

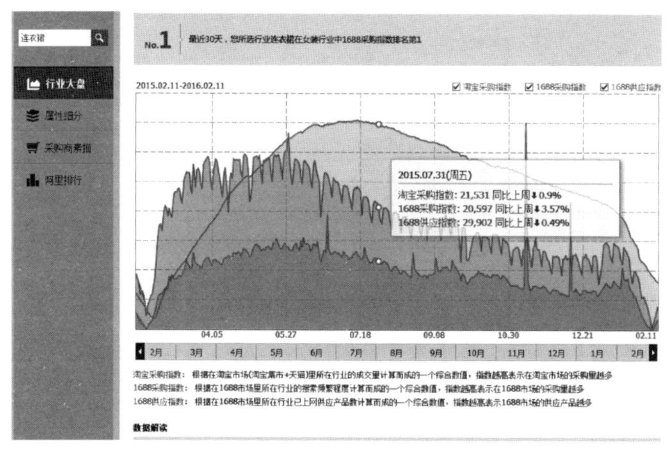

图 1－9 某店铺连衣裙百度指数

将这两个工具结合，分析出这款连衣裙在市场受欢迎的时间为每年的 3 月份—8 月份，我们可以根据自己的计划制订产品上市时间表。

2. 从采购人群看客户群体

从图 1－10、图 1－11，我们可以看出：采购连衣裙的人群年龄层次在 30～39 岁，采购金额基本在 209～600 元。

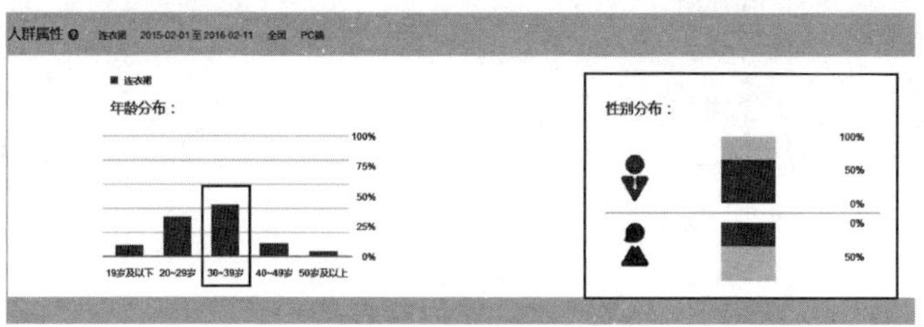

图 1－10　连衣裙的人群属性

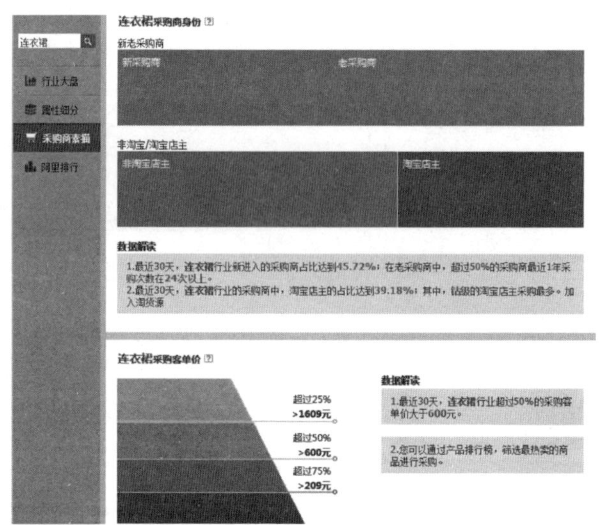

图 1－11　连衣裙的采购商身份

3. 从地域分布看客户主要来自于全国哪些地方

综合两个工具我们可以看出：连衣裙在全国最受欢迎的区域主要集中于广东、河南、浙江、江苏、山东、北京、辽宁、四川等地（注意：一定要结合两者的数据，其他行业或者产品均和连衣裙同理，本处主要是抛砖引玉的作用）。

（三）1688 市场定位秘籍

每种方法都有各自的特点，我们可以单个用，也可以结合起来几个一起用。

1. 价格定位

每款产品的价格，我们可以根据自己的需求去定，也可以依据阿里巴巴批发市场的行情来定价。但是依据 1688 市场定价的价格相对来说比较精准，因为现在是大数据时代。

图 1 – 12 的价格是在许多人接受范围以外的，图 1 – 13 的价格在许多人接受范围以内（请注意：这款产品的两张图是一样的，可能面料也是一样的）。从两张图中，我们看到第二张的销量明显多于第一张的销量，并且我们可以看出为什么他的销量会比第一张好，因为价格定位占了很大的主导地位。另外这也告诉我们一个真理：符合价格定位区间、在绝大部分客户接受范围内价位的产品一定能有个好的销售量。

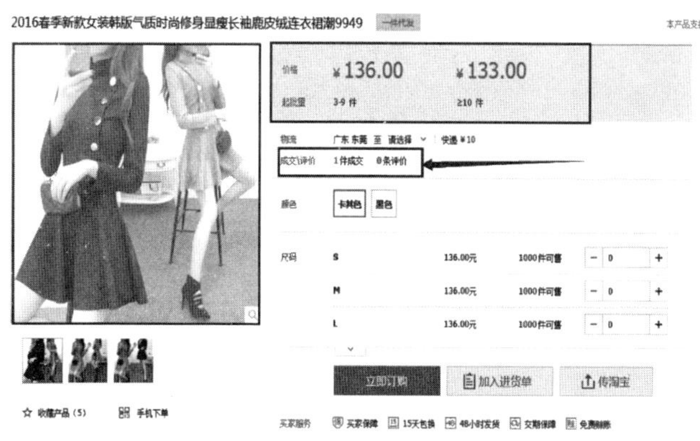

图 1 – 12　某店铺连衣裙定价

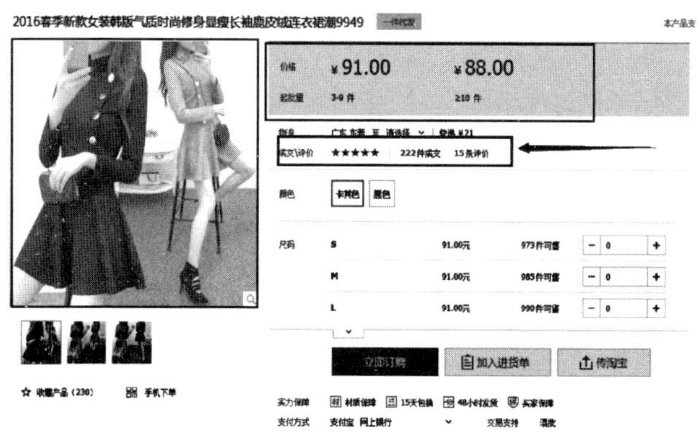

图 1 – 13　某店铺连衣裙定价

不过有些人会问图 1－14、图 1－15 到哪里看，这里和大家说一下，这张图在阿里指数的属性细分的价格带分布里。

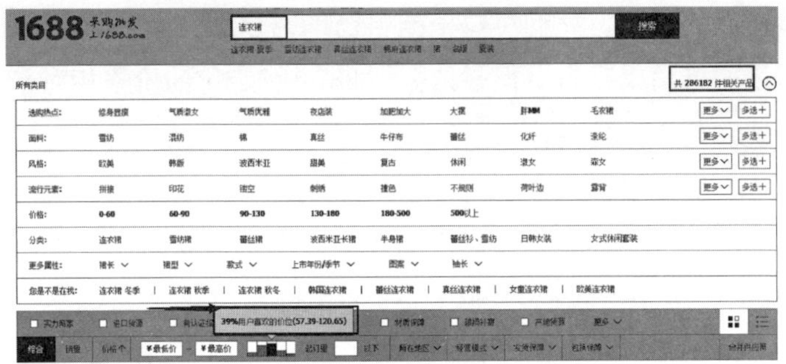

图 1－14　连衣裙的 1688 市场行情

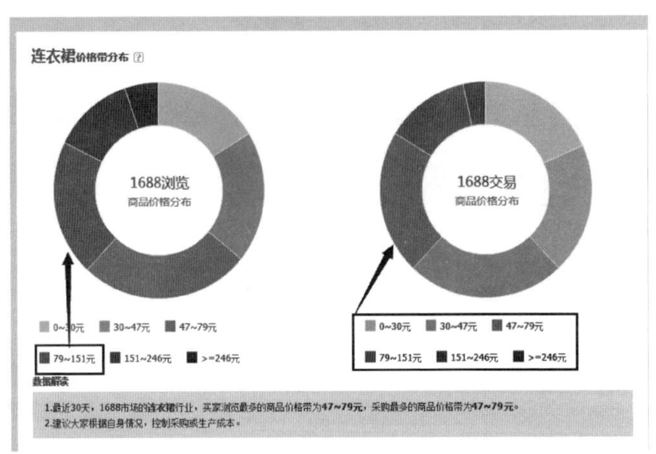

图 1－15　连衣裙价格带分布

2. 色系（外观）定位

每个行业都有每个行业的特种颜色，所以在做定位时，我们可以按照本行业的颜色进行特定的定位。比如，饰品适合比较活泼的粉色或者比较好看的颜色来陪衬。

我们来看看以下的案例：比如我是做 T 恤衫的，那我们来比较下图 1－16和图 1－17 哪个协调？

大家看完之后应该会有一个答案，从颜色、风格统一上来看，是图 1－16看起来舒服，还是图 1－17感觉好些呢？

图 1 – 16　T 恤衫色系定位

图 1 – 17　T 恤衫色系定位

你或许会说："我是做工业品的，我也能这样做吗？我适合什么颜色呢？能否能给我举个例子来说明下呢？"没问题，我们来看一下下面的这个案例。

图1－18、图1－19是一家做机械加工的店铺，看完这家店铺，你同样会有这样的感受：原来机械行业也照样可以做得很好，你觉得呢？“好”指产品定位以及装修和卖点提炼上。好店铺定位对于一个商家来说就犹如景区的游客有导游指路；好卖点可以让客户在同等条件下选择你的概率增加至少10%。

图1－18　机械加工店铺色系定位

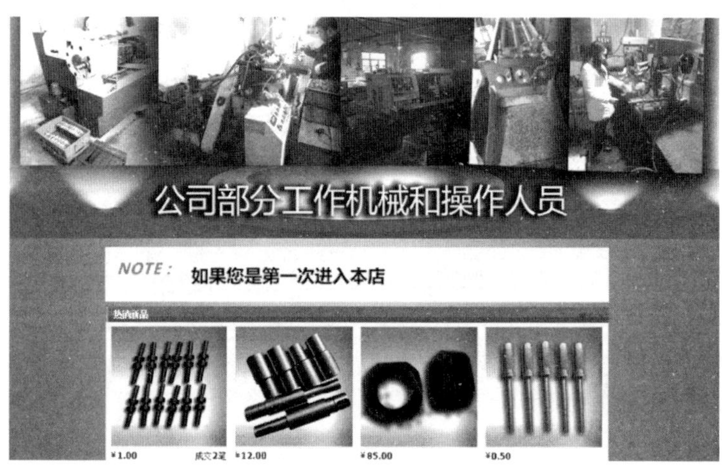

图1－19　机械加工店铺色系定位

3. 风格定位

每一家店铺都有自己的风格，都有自己比较擅长的产品，我们应该根据自己的特色产品来进行定位。当然这里也有个比例，建议比例为 75% ~ 80%（也就是说我们以什么产品为主，那我们就决定做什么风格），如我们看到下面的案例，如图 1－20、图 1－21 所示。

图 1－20　连衣裙的风格定位

图 1－21　连衣裙的风格定位

我们一看就知道图 1－20 是欧版的风格，而图 1－21 则属于韩版的风格。

（四）布局谋略

1. 产品定位布局

所谓布局就是一定要讲究技巧和方法，那么我们怎么运用战略战术进行布局呢？先将产品分几个档次，分完之后再进行布局，具体分为：**明星产品、利润产品、防御产品、入门产品、馈赠产品。**

为什么要这样区分呢？大家想一下，整个市场是你一个人或者是你一家在做这款产品吗？答案是：NO。所以对产品进行区分有利于自己在整个“战争”中取得胜利。

那么怎样一个比例是合理的呢？建议比例是：明星产品（35%），利润产品（30%），防御产品（20%），入门产品（10%），馈赠产品（5%）。为什么呢？

第一个是明星产品。明星产品一定是最具产品价值的产品（客户需求量大，自己也有优势，并且此产品的客户在某个环节上相对薄弱）。

第二个是利润产品。利润产品和别人的产品存在一定的差距，因为这款产品主要聚焦在产品的独特性上，且有着丰厚的利润空间。

第三个是防御产品。这类型的产品一看就知道是用于和同行之间的竞争，包括产品的款式和价格等。

第四个是入门产品。这类型产品主要聚焦在客户的注意力上面，是用来快速吸引客户目光的，所以价格和门槛都不高。

第五个是馈赠产品。怎么还有这种产品呢？这种产品有必要吗？有，一定要有啊。

那么假如我是做工业品的，怎么做呢？一样可以做。

比如，你是做机械加工的，客户向你订了所需要的螺丝，报了订单数量。你如期完成了，那么你可以在订单中多放一些你的包装袋或者多加一点产品在里面。为什么？你想，客户拿到产品后是不是有损耗？有损耗那就可能需要一些多余的产品来顶替，而你此刻把一些馈赠产品给客户了，是不是预先满足了客户的潜在需求？客户是不是很高兴？

图1－22就是明星产品，因为它在后缝处有特殊设计，更适合人体需要。

图 1－23 就是利润产品，因为不是所有的皮衣都叫真皮，也不是所有的皮衣都是狐狸毛的领子。同时这款产品也给我们带来了很大的利润。

图 1－22 明星产品

图 1－23 利润产品

另外，建议尽量将利润产品给自己的老客户，或者给客户中比较高端的客户，因为并不是什么客户都会选择这款产品的。

图 1－24 这款产品大家一看就知道很简单，把它放到市场主要用于防御；图 1－25 这款产品则没有太多门槛，属于只要看到就知道怎么去做的版型。

图 1－24 防御产品

图 1－25 入门产品

图 1－26 中的这款产品其实大家都知道，很简单的一件 T 恤衫，谁都能做，价格也不贵，而且把它作为赠品送给客户，客户也会欣然接受。

2. 服务布局

大家知道，服务不管对线下还是电商都非常重要，所以在电商的任何

图1－26　馈赠产品

阶段，服务都不容懈怠。而我们在1688批发市场，又要怎么去做好我们的服务布局呢？

售前布局：什么是售前布局？就是在你的产品卖出去之前就要做好布局。

一位客户来到你的店铺中，首先通过的第一个窗口就是你的旺旺。在用旺旺和客户沟通前，你就必须要做好一些准备工作。这些准备工作就是为了做售前的布局，包括以下内容：

（1）店主或者是运营人员首先必须要了解店铺所有的产品，知道产品的特性及和其他同类产品的区别。

（2）要了解客户的购买心理，知道各种各样的客户应该怎么应对（比如，挑剔型客户、繁琐型客户、跟从型客户，等等）。

（3）要学会“套近乎”以拉近客户的距离，引导客户下单。一名好的客服一定有一套比较成熟的话术，除了“套近乎”，当然还会有很多很多的技巧。

售中布局：售中布局第一个是要随时掌握自己公司产品的库存情况，然后第一时间回复客户的问题。

一名好的客服或者运营人员除了了解库存外，还要懂客户的心理。比如，客户来了，要如何从客户那里“套出”他之前是从哪位竞争对手那里购买的？又是因为什么情况现在不买了？有什么需求是客户没有满足的？

或者客户想要解决的产品问题是什么？这其实就是取得客户信任的一个点。

另外，不管怎样，一定要站在客户的角度去考虑问题，不能按照自己的思路去做事，不然就不能和客户打成一片，就更别说成交甚至以后成为老客户了。

售后布局：售后第一时间给客户发货，并且确认客户信息，协调仓库查货，无问题后安排发货打单及进行订单详细列表等。

还有个重要的事必须要做，那就是在发货前，要安排发放公司的宣传册或者是赠品及公司的上新时间（有些客户如果收到你的产品觉得满意，那他就会想知道你什么时间上新），且赠品一定要和产品相符，最好是能对产品有辅导或者是帮助作用。

另外，我们还要把客户随时引导到我们的“鱼塘”上，比如引导到我们的 QQ、微信、微信公众号及自己的 CRM 系统上。

如果有条件，还可以做一件事，那就是了解客户的生日或者公司纪念日。在特殊的日子给客户一种特殊的礼物，那样客户会很感动，也会对你印象深刻。

3. 团队管理布局

团队管理布局可以分为四个部分：一是成立初期布局，二是发展中期布局，三是效益时期布局，四是顶峰时期布局。

成立初期布局：一家公司或者一个团队在成立初期基本上是最苦的时候，所以出于各种各样的情形考虑，初期的布局一般不会需要太多的人，基本保持在 1 名客服、1 名美工的人数就能够维持网店的运营。

发展中期布局：这个时间段公司运营已经稍微有点起色，有了一定的能力和发展空间，也基本属于不亏本的状态，所以这个时间我们可以这样去做布局。

首先，美工是必须要的，要和其他网店做一些差异化的产品或者说明书；其次，需要 1 名运营人员，掌管店铺的所有新老款式上下架及详情页的优化；再次，需要 1 名物流人员，专管物流和发货；最后，需要 1 名客服，专门接待客户。

效益时期布局：因为此时公司已经有效益了，所以我们的建议是 2 名运营人员、2 名美工、3 名客服、1 名行政人员及 2 名物流人员。此时公司的任务是壮大队伍以产生更多的经济效益，所以可能就会有 2 个或者多个需要及多个店铺，因此 2 名运营人员和 2 名美工是非常合理的。

顶峰时期布局：这个时候就需要成立部门了，因为此时公司不管是经济效益，还是产品供应链，都很健全，所以就应根据公司发展成立以下部门：运营团队、美工团队、客服团队、仓储团队、行政团队、设计团队。具体需要多少人就要依据公司发展规划而定，美工部门包括摄影师和美工在内。

这里要详细说下设计团队，因为公司发展到这个阶段就必须要有自己的产品，不是拿别人的货，所以设计师此时对于公司来说就很重要。有没有好的产品或者能不能设计出好产品，设计师的责任很重大。

第二章
排名因素抄底
大揭秘

中国站排序规则总体介绍

在阿里巴巴中国站产品搜索中，目前排在最前面的是标王，后面 8 条是网销宝的推广信息。网销宝和标王的信息目前在产品搜索中展现得最多的不超过 9 条，这 9 条信息的出现和排序不包括在接下来要讲解的排序规则中。

这里讲的是在搜索结果中不付费推广的排序规则，这部分信息的排序不会受到网销宝、标王等付费产品的影响。

目前，在产品搜索中，影响排序的主要因素与之前相比大致一样，主要有相关性、交易因素、信息质量、公司因素、点击转化率、服务质量、个性化、反作弊等几个方面。

总体来说，信息标题与买家搜索的关键词相关性高、发布信息的会员具有诚信方面的保障、历史在线交易（注：在线交易指支付宝交易）情况良好、信息质量好、服务质量好的信息才有机会排名靠前。

一、产品搜索排序规则介绍

（一）相关性

相关性是指用户输入的关键词和搜索返回的产品搜索结果的匹配程度。当用户输入一个关键词，如“连衣裙”的时候，返回的产品中会包含“连衣裙”这个关键词，这就是相关性的原始含义。

相关性是排序中最重要也最基础的因素，产品信息和用户输入的关键词匹配是排名靠前的基础。相关性好，排名才有可能靠前；相关性不好，则一定不会排名靠前。

而且用户看到的往往是用户关键词所对应行业的产品信息，不相关行业的产品信息一般不会展现出来。相关性因素在很大程度上保证了产品信息的搜索排名是在雷同行业、类似产品之间进行，不大会产生“服装”与“钢材”之间的排名类比情况。

目前相关性主要与以下几个方面相关：

1. 产品标题

产品标题是衡量该产品与用户所搜关键词是否相关最重要的内容

之一，标题的填写应尽量规范化，不要堆砌多个产品词，也就是不要在标题里面填写不相关的内容。建议一个产品标题只包含1～2个相关的产品名称。当然也可在标题里面加入一些促销内容，以吸引用户眼球。

比如，“供应2017秋冬新款韩版修身圆领加厚长袖女式毛衣　毛绒装　毛裤　毛外套”，这个标题如果改成“供应2017秋冬新款韩版修身圆领加厚长袖女式毛衣　毛外套”就不错，“女式毛衣　毛绒装　毛裤　毛外套”这四个产品词堆在一起，会被系统判定成堆砌，从而使相关性得分不高，排名就会靠后。

关于什么样的标题算堆砌，我们会在第九章《如何写标题》中讲。

2. 产品类目

产品类目是指所发布的产品信息要归类准确。这个非常重要，如果类目填写错误，或者类目故意乱填，则会导致相关性低，排名靠后。因此，强烈建议为每条产品信息选择合适的类目。

举个例子，你卖的是雪纺连衣裙，则一定要把产品信息放在“连衣裙”这个类目下面。如果你放到其他类目如裤子类目下面，而别人都放在连衣裙下面，那肯定被阿里判定为类目放错，那么你想要排名到前面那是肯定不可能的。

3. 产品属性

目前，产品属性在产品信息的相关性上也有很重要的作用，建议产品属性如实填写，并尽可能地填写完整，不要乱填。如果被系统识别为有问题，也会降低产品的相关性。

比如，你卖的产品是女式毛衣，在女式毛衣这个类目下，有一个属性为“款式”，你选择款式里面的“套头”。这时，如果有人搜索“套头女式毛衣”，即使你的产品标题里面没有“套头”，只有“女式毛衣”，系统也会匹配到你的产品信息，认为你在属性里面填写的“套头”，与“套头毛衣”也是相关性高的产品。另外系统还自带了三个可以添加的空格属性，你在发布offer时可以依据产品的特性加上去。

工业品也可以，并且建议属性越详细越好。别人没利用的三个可以添加的属性，如果条件够你也可以添加进去。

关于什么是产品属性，请参考阿里巴巴批发市场服务中心的有关定义，具体步骤是：1688 服务中心——常见问题——知识分类——供应产品——产品发布和管理。

（二）交易因素

交易因素指产品的历史在线交易记录在搜索排序中会得到体现，在线交易记录是指在阿里巴巴中国站通过支付宝交易的记录，不包括网上银行交易和现金交易。拥有线上交易记录的产品信息，在同等条件下的搜索排名将会靠前，获得更多曝光机会。

目前排序是通过交易模型，用几十个交易特征来计算出一个综合的交易权重，并把这个权重引入到具体的排名中。在这些特征中，最重要的特征主要是以下几个。

1. 交易笔数

一条产品信息交易的笔数越多，其最终的交易权重就会越高，从而排名就会靠前。

2016 年修改规则为：交易总金额（90 天内）作为商品交易中的综合表现，作为搜索排序交易因素的最关键因素，交易总金额越高，交易因素得分越高，搜索排名越好（90 天内的交易都会对排名有帮助，越是近期的交易对排名的帮助越大）。

举例来说，产品 A 交易了 1 笔，产品 B 交易了 10 笔。那么，在其他条件相同的情况下，产品 B 一定比产品 A 排名靠前。我们搜索“电机转子”，会发现有 1 笔交易的东莞公司排在首页，而没交易的徐州某公司却没有在首页显示。

我们看到图 2 - 2 的产品和图 2 - 1 东莞某公司的产品主图几乎一模一样。

2. 交易人数

一般来说，一条产品信息交易的人数越多，说明它得到了更多人的认可，那么它的交易权重也会越高。

在图 2 - 3 中，在 1688 搜索框中搜索“机械加工”，我们看到的是交易人数多的公司排前面，比后面的公司排名要好，因为大家看采购人数就知道答案。

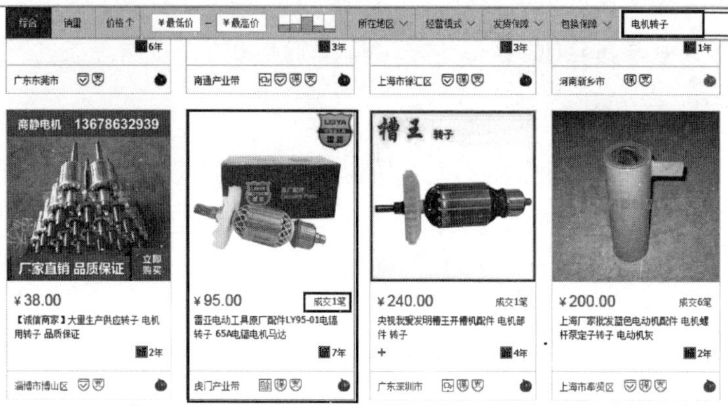

图 2－1 “电机转子”排名

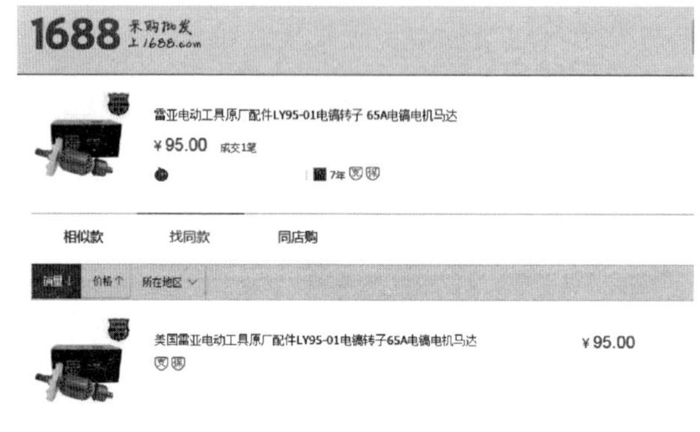

图 2－2 某公司产品主图

图 2－3 “机械加工”排名

3. 回头客

重复采购率高说明回头客多，在同等条件下重复采购率高的比采购率低的排名靠前。图 2－4 与图 2－5 中，图 2－4 的产品重复采购率为 33.33%，而图 2－5 中的产品重复采购率则是 0%，在同等条件下排名一定是前者比后者靠前。

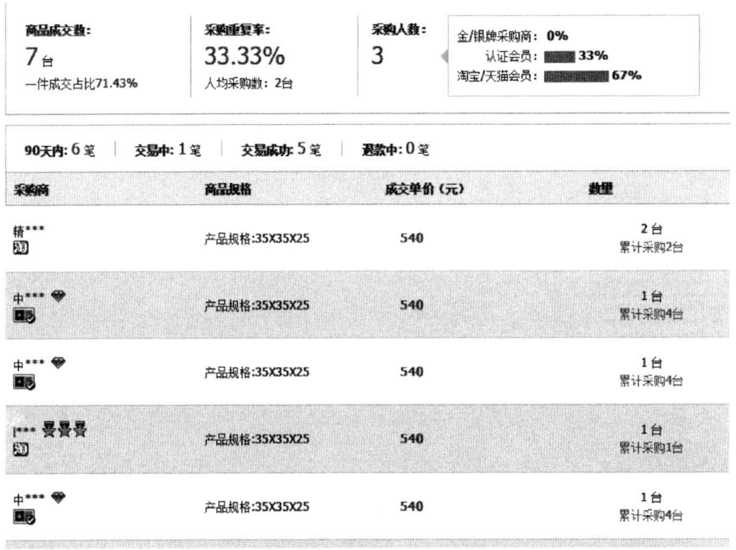
商品成交数：7台 一件成交占比71.43%
采购重复率：33.33% 人均采购数：2台
采购人数：3
金/银牌采购商：0%
认证会员：33%
淘宝/天猫会员：67%

90天内：6笔 | 交易中：1笔 | 交易成功：5笔 | 退款中：0笔

采购商	商品规格	成交单价（元）	数量
情***	产品规格:35X35X25	540	2台 累计采购2台
中***	产品规格:35X35X25	540	1台 累计采购4台
中***	产品规格:35X35X25	540	1台 累计采购4台
l***	产品规格:35X35X25	540	1台 累计采购1台
中***	产品规格:35X35X25	540	1台 累计采购4台

图 2－4　商品成交信息 1

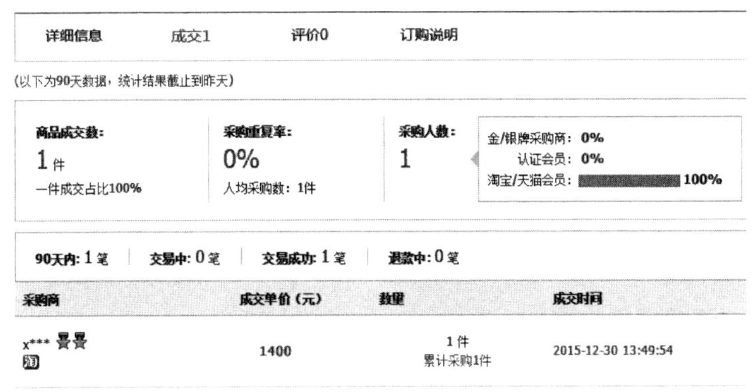
详细信息　成交1　评价0　订购说明

（以下为90天数据，统计结果截止到昨天）

商品成交数：1件 一件成交占比100%
采购重复率：0% 人均采购数：1件
采购人数：1
金/银牌采购商：0%
认证会员：0%
淘宝/天猫会员：100%

90天内：1笔 | 交易中：0笔 | 交易成功：1笔 | 退款中：0笔

采购商	成交单价（元）	数量	成交时间
x***	1400	1件 累计采购1件	2015-12-30 13:49:54

图 2－5　商品成交信息 2

回头客是指购买后又再次来购买的客户。回头客比例越高，反映你的产品质量、公司服务和信誉越好，同时也说明公司的客户转化能力强。如

图2-6、图2-7所示。

图2-6 某产品成交量

图2-7 某产品重复采购率

4. 交易转化率

交易转化率是指多名客户看了你的产品以后，其中产生了采购行为的客户比例。转化率越高，排名越靠前。举例来说，在同等条件下，A店铺的交易转化率为4%，而B店铺的交易转化率为2%，那么A店铺的单款排名相对会高于B店铺。

5. 好评率

好评率是指产品从开始在线交易至今积累的历史买家评价，因一到五星评价比例不同而有不同程度的好评率。

一般好评多的商家成交率相对高一点，因为很多买家衡量卖家好与不好的标准之一就是去看其好评率怎样。五星好评越多越好，当然建议尽量不要100%全五星，这样也会让人有点怀疑（也就是几乎没有人能做到100%），所以偶尔一两个四星、三星之类的评价对自己的店铺没有坏处。图2－8为某店铺买家评价。

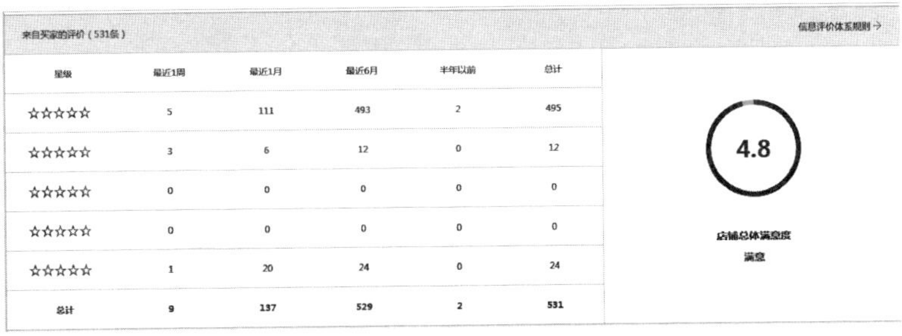

来自买家的评价（531条）　　信息评价体系规则 →

星级	最近1周	最近1月	最近6月	半年以前	总计
☆☆☆☆☆	5	111	493	2	495
☆☆☆☆☆	3	6	12	0	12
☆☆☆☆☆	0	0	0	0	0
☆☆☆☆☆	0	0	0	0	0
☆☆☆☆☆	1	20	24	0	24
总计	9	137	529	2	531

4.8
店铺总体满意度
满意

图2－8　某店铺买家评价

6. 其他特征

其他交易特征还有很多，包括客单价、退货率、退款率、旺旺回复速度等，主要保证让买家有更好的体验。

建议：在提高商品质量和服务能力时，尽量选择在线支付宝交易，提升用户转化率，减少用户的投诉和退货（备注：2015年最新规定，交易因素在阿里排名规则中占的比重比较大）。

（三）信息质量

信息质量指产品信息的质量情况，包括信息完整度、描述是否清楚、图片是否清晰等。信息质量高，店铺的权重会比同等条件下信息质量不高的店铺高。

这方面的信息请参考信息质量相关说明《如何发布高质量的产品信息?》，具体路径是：1688服务中心——常见问题——知识分类——供应产品。

我们的建议是：

（1）填写准确完整的产品信息，包括属性信息、价格、详情信息等，并且尽可能填写准确，以获得较高的信息质量星级（信息质量星级的查看路径是：1688 服务中心——常见问题——知识分类——供应产品）。

（2）上传清晰的产品图片，像素是 750×750，为给买家更好地指引产品，应尽量增加实拍图。

（3）做好产品详情页面，应图片清晰，文字描述清楚，图片和文字描述吻合，不要出现不相关的内容。

（四）公司因素

综合公司因素是一个统称，主要包括诚信与保障、公司交易、橱窗、金牌供应商（金牌供应商 2015 年下线，现在是深度验厂）等。

1. 诚信与保障

诚信一直以来是阿里巴巴所倡导的，真实、有效的资料更容易获得买家的信任。

目前阿里巴巴或由第三方认证公司提供一些认证服务，比如企业实名认证（诚信通）、个人实名认证、实地认证等。是否使用了这些认证服务，在排序中予以了考虑。

当用户搜索热门关键词的时候，如“毛巾”，前三页的产品大多都是诚信通会员提供的，这是因为诚信通会员经企业实名认证，信息更为透明可靠。

建议使用相关认证服务，如企业实名认证（诚信通的参考路径为：1688 服务中心——常见问题——会员认证——实地认证。实地认证因 1688 升级，已退出历史舞台，改为深度验厂，但可以自己选择且应尽量选择工厂）。

建议加入买家保障（买家保障可以给卖家增加权重，金额为 3000 元），具体请参考官网信息（1688 服务中心——常见问题——在线交易——买家保障）。

2. 公司交易

除了单个产品的交易因素外，公司的旺铺整体交易情况也会在排序里面考虑，整个旺铺的交易人数、回头客等特征均会计算出公司的交易情况，并影响搜索排名。

3. 橱窗

橱窗主要用于帮助卖家打造自己的人气产品和方便卖家营销，因此橱窗产品会被认为比一般的产品信息质量更优，并且在抽取中会被优先抽取。所以，建议供应商把自己的热卖产品或者想要重点经营的产品设置成橱窗。

阿里巴巴会根据一家店铺的交易情况进行奖励，橱窗里的产品需要自己在阿里巴巴后台进行手动设置。如果某一星期的交易额比上一个星期多，那么阿里巴巴会自动增加橱窗给店主。

备注：橱窗一定要利用好，放到橱窗里的产品一定要选择主打款、爆款或者是想要推的款式。

4. 金牌供应商（2015 年已取消，现在为实力商家）

金牌供应商是供应商综合实力的体现。实力商家是阿里巴巴 2015 年推出的一项新活动，推出以后绝大部分的资源向这些参加了实力商家的店铺倾斜。

是否参加了实力商家，我们在店铺中可以看到，如图 2－9 所示：

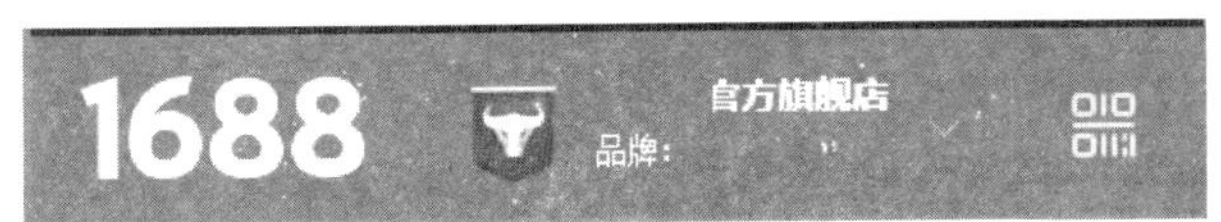

图 2－9　实力商家的位置

实力商家分为三种情况：源头厂家、官方旗舰店、品牌代理店。如图 2－10 所示。

图 2－10　实力商家的三种情况

具体哪些行业能参加实力商家或者所需费用是多少？是否能开票？怎么开？有什么保障？有什么权利与义务，我们可以通过实力商家了解。

（五）点击转化率

搜索的点击转化率，指一条产品信息在产品搜索中得到曝光的机会越多，那么被买家点击的机会也应该更多。如果曝光很多，但没什么人点击，那么你的产品排到前面肯定是有问题的。

所以，标题描述清楚、图片主体明确、图片清晰是能够吸引买家眼球和增加点击量的。点击转化率是转化率之一，可以通过做好主题、想好卖点来做好这件事，我们可以通过图2－11来了解。

图2－11 如何提升点击转化率

（六）服务质量

服务质量是指卖家在售前咨询、售中、售后服务阶段所提供的服务，能否符合买家的需求。目前，旺旺是否保持在线并及时回复其他用户咨询，是考量服务质量的重要部分。我们的建议是：保持旺旺在线，并及时回复旺旺上的用户咨询。

（七）个性化

目前在搜索中我们也逐步开始加入个性化的因素。目前个性化主要是聚类分层，即将部分行为表现类似或偏好相同的买家聚成一类，然后当这一类人在使用搜索时，给予更加符合他们偏好或者需求的产品信息。

个性化目前还处于探索阶段，面向的用户群体量还比较小，后续排序会逐步加大对这块的投入，在排序上挖掘更多的个性化特征作用。

（八）反作弊

反作弊是针对搜索规则之外一些不合理的行为进行识别，然后在排序中予以惩罚，保证市场的公平公正，让诚信经营的卖家权益得到有效保障。

目前搜索反作弊主要包括以下几个方面：交易反作弊、点击反作弊、堆砌反作弊、类目反作弊、价格反作弊、信息除重等。

（九）其他因素

其他因素包括随机因素、主营产品违反诚信规则的相应处罚等。

我们的建议如下：

（1）不频繁重发信息，保持产品的信息新鲜度及价格真实，产品描述最新即可。信息的发布时间不是买家选择合作供应商的重要因素，买家更看重信息的真实性。因为新发和重发权重不一样，详见搜索排序时间公告：阿里规则——实施细则——基础展示——信息发布规则。

（2）建议诚信通会员珍惜橱窗、搜索推荐和优先展示的机会，将最好的产品展示给买家（前面已讲）。

（3）发布专业内容。这是因为买家需要的不是大量的、重复的信息，而是介绍更加专业、内容全面的产品信息，并且重复信息会被阿里巴巴机器搜索到并判定为作弊。

阿里发布的关于惩罚的规则《重复信息的惩罚规则》具体可参照：阿里规则——实施细则——基础展示类——供应产品信息质量违规处理规则。

（4）违反诚信规则的相应处罚方面。当然也不要发布违反国家法律法规、反党言论、涉嫌侵害他人利益、干扰阿里巴巴运营秩序或违背禁售限售规则的产品信息，否则将会受到相应的阿里规则处罚。

具体处罚我们可以参照路径：阿里规则——禁限售专题——禁限售规则及解读。也可以看在阿里规则——公告——关于《违禁信息发布处理规则》上的修订通知。

二、公司搜索排序规则和优化建议

公司搜索的排序包括相关性、诚信和保障、信息质量和服务质量4个主要方面。其中相关性、诚信和保障、服务质量的含义与产品搜索相同；信息质量方面，排序的主要因素是公司信息的整体完整度和旺铺内的信息质量。

我们的建议如下：如实填写公司名称、主营产品、省份、城市信息，并且填写完整公司信息，进行优质的公司介绍。如何填写及后续怎么做，会在每章节说明。发布与公司业务相关的产品信息，并且提升旺铺内信息质量平均分，加入诚信通会员，通过认证结果体现信用情况；对于诚信通会员，建议加入诚信保障。

三、阿里巴巴中国站搜索反作弊规则介绍

搜索排序规则在搜索排名论坛中作过系统的介绍，但对于一些扰乱市场的违规行为的作弊处罚一直没有进行过正式的讲解。因此，以下内容专门针对搜索反作弊规则做一些简要介绍，并用案例进行配合说明。

搜索作弊行为目前主要包括如下几种：

（1）虚假交易。

（2）重复铺货。

（3）标题堆砌。

（4）类目错放。

（5）虚假价格。

（6）标题属性不一致。

（7）图片不合格。

（一）虚假交易

定义：指以不正当方式提升排序为目的，提供虚构、伪造的交易凭证或在线生成虚假交易数据的行为。

关于虚假交易的详细介绍，详见路径为：1688 服务中心——知识分类——维权与举报——虚假交易。可查看虚假交易类型、虚假交易判定、如何申诉等。

不正当手段包括但不限于如下行为：

（1）自买自卖。

（2）买卖双方虚构无实际钱货往来的交易或者虚构与实际钱货往来不符的交易。

（3）上传伪造、变造的交易凭证（包含但不限于合同、发票等）。

（4）其他阿里巴巴认定为虚假交易的情形。

处理：系统识别后会对涉嫌刷销量或信用的商品进行搜索降权处理，同时，搜索中会把刷销量的纪录予以去除，不记入历史交易记录。作弊严重的卖家，会直接对其全部产品进行搜索屏蔽。

建议：不要通过恶意刷销量或信用来提高产品在搜索中的排名，一旦被发现，不仅会影响搜索排名，还会影响在整个阿里巴巴中国站的信用记录和运营活动的参与。同时，不要频繁大幅度修改产品价格。

（二）重复铺货

对于标题相同或重要属性和图片相同的商品，即判定为信息重复。重复商品在搜索结果里会不予展现或最多展现一条；对于不同的商品，必须在商品的标题、描述、图片等方面体现商品的不同，否则将被判定为重复铺货。

重复铺货分为轻度重复和重度重复两种情况。具体介绍可参考：1688 阿里规则——规则总览——实施细则——基础展示类——供应产品重复信息处理规则。

处理：目前系统会对同一家公司的所有产品信息进行重复度识别，即只要是同一家公司的产品，不管是在一家旺铺还是多家旺铺里面发布，系统都会进行关联识别。

系统识别后，对轻度重复铺货的商品在搜索中最多展现一条，即买家（浏览者）通过某个关键词搜索同类产品时，搜索结果中只展示匹配度最高的一条产品信息，其他轻度重复信息将不在搜索结果中展示，但仍然会展示在用户的旺铺或公司黄页里，而重度重复信息则会被强制删除（详见重复铺货定义中两种情况后的具体可参考路径）。

其实重复铺货这个问题是可以解决的，但是需要技巧。做到两条产品信息 70% 及以下相似，那就可以避免这个问题。

建议：针对同一款产品，尽量只发一条，也不要在多家旺铺里面重复发布（两家店铺做同样的产品也需要技巧，尽量不要做到一模一样，这样对两家店铺都好）。

（三）标题堆砌

卖家发布产品信息时，在标题中使用多个产品词或品牌词描述商品，甚至使用和本商品无关的字眼，使采购商无法准确地找到需要的商品，从而扰乱了市场机制，卖家的这种行为会被搜索判定为标题堆砌，并在搜索中对商品进行降权处理。

“2016 春季小白鞋新款真皮小白鞋懒人鞋厚底小白鞋乐福鞋小白鞋女鞋”，这个标题中我们看到小白鞋出现了好几次，然后又有乐福鞋与女鞋出现在标题中，这样的标题就会被判定为标题堆砌，并且没有机会被展现在阿里巴巴首页当中。

当然，细分下来我们会看到以下内容，大家一定要注意，在自己的店铺中千万不要出现这样的情况：

（1）产品标题中出现多个不同的产品词，如图 2－12 所示。

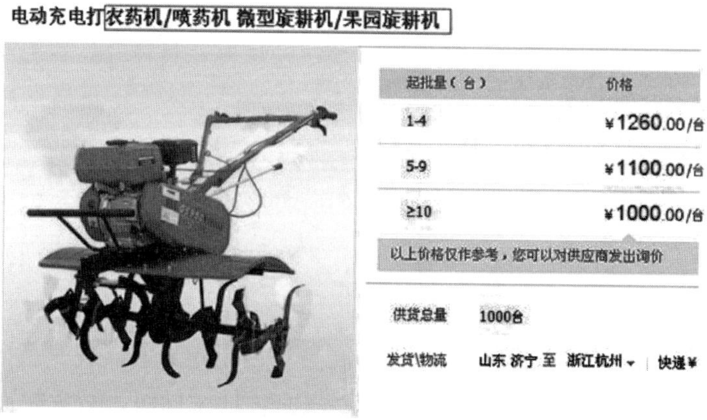

图 2－12　某产品标题——产品词

（2）产品标题中出现多个品牌或型号词，如图2－13所示。

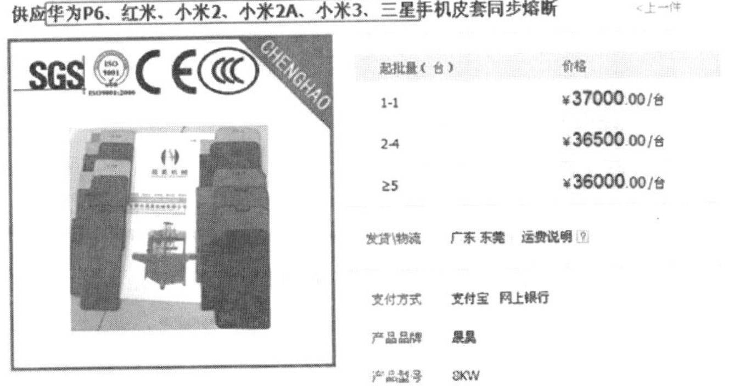

图2－13　某产品标题——品牌或型号词

（3）产品标题中出现多个不符合常理的修饰词，如图2－14所示。

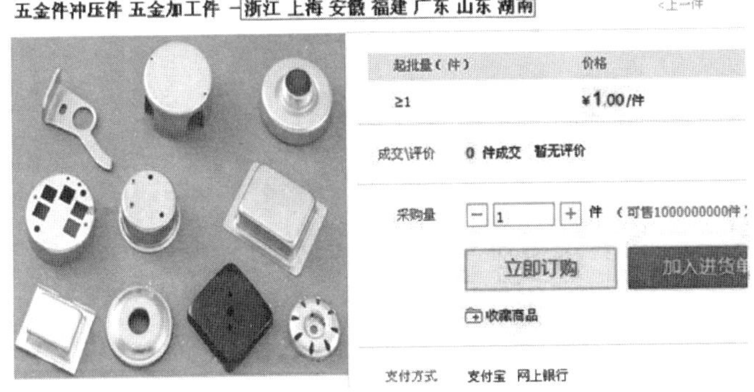

图2－14　某产品标题——不符合常理的修饰词

（4）产品标题中出现与其自身品牌无关的品牌词，如图2－15所示。

图2－15　某产品标题——无关的品牌词

搜索处理方式：堆砌标题产品名一旦被系统识别，会直接被降权处理，那么在搜索首页就看不到你的产品。

建议：标题填写和优化时，产品词、品牌词等尽量不要过多，以1~2个为最佳。

（四）类目放错

“类目放置错误”指用户发布信息时，供应产品的分类设置与实际分类不相符，具体详见：1688阿里规则——规则总览——实施细则——基础展示类。

搜索处理方式：目前的搜索对类目放置错误的产品信息会直接降低相关性，相关性差的产品，排名将很难靠前。

建议：产品发布时一定要放置在正确的类目下，否则搜索的相关性很差，直接影响产品排名。

（五）虚假价格

“虚假价格”指用户发布信息时，产品的售卖价格与行业同类产品的市场价格相差甚远，故意以超低价格或超高价格来达到搜索排名靠前或错误引导买家的目的，详见：1688阿里规则——规则总览——实施细则——基础展示类。

目前“虚假价格”主要包括以下几种情况：

（1）价格过低，如图2－16所示。

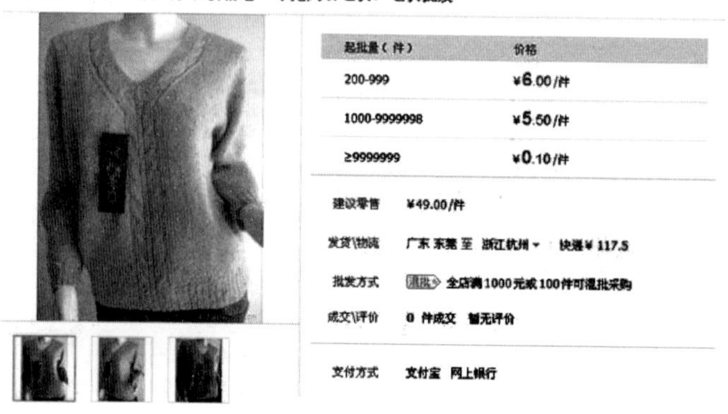

图2－16　某产品价格过低

（2）价格过高，如图 2－17 所示。

图 2－17　某产品价格过高

搜索处理方式：对于被识别为虚假价格的产品信息，系统会自动进行搜索降权处理。对于价格严重虚假的产品信息，会进行强制下架处理。

建议：价格需如实填写，价格过低或过高均可能被系统识别并予以降权。

（六）标题属性不一致

“标题属性不一致”指产品在标题中的描述与产品属性内容或产品图片不一致。

目前“商品置换”主要包括以下几种情况：

（1）产品标题与属性填写不一致：这会被阿里机器自动判定，并且会在生意参谋里面反应出来。如果遇到这种情况就应该改属性或者是标题，做到标题和属性一致。图 2－18、图 2－19 显示某产品标题与属性不一致。

图 2－18　某产品标题

详细信息 | 成交(0) / 评价(0) | 订购说明 | 联系方式

产品类别：手表	货号：代理代销	机芯：机械
表带材质：不锈钢	表盘形状：圆形	防水：可以
适用人群：成人	特殊功能：日历	风格：休闲
适用送礼场合：商务馈赠,节日,生日	加印LOGO：可以	加工定制：是
外壳材质：金属	显示类型：指针	适用性别：男

图2－19　某产品属性

（2）产品标题与产品图片不一致。

图2－20中案例的标题明明是男士皮毛一体外套，可是图片却是女士连衣裙。

搜索处理方式：对于这种填写不一致的产品信息，搜索会进行降权处理。

建议：产品信息应如实描述，并尽可能准确地填写产品标题、属性及上传图片，如查到有类似情况应及时更改图片或者标题，但一定不要放错类目。

男式皮毛一体外套 精品欧美外套加工 男式皮毛一体外套 服装加工

图2－20　某产品标题与图片不一致

（七）图片不合格

图片不合格指的是在1688市场里面，产品的图片不符合1688市场标准，和要求的尺寸及规格不一样，包括产品图片不清晰、主题不突出、整体质量差等。

（1）主图尺寸过小，如图2－21所示。

（2）文字“牛皮癣”，如图2－22所示。

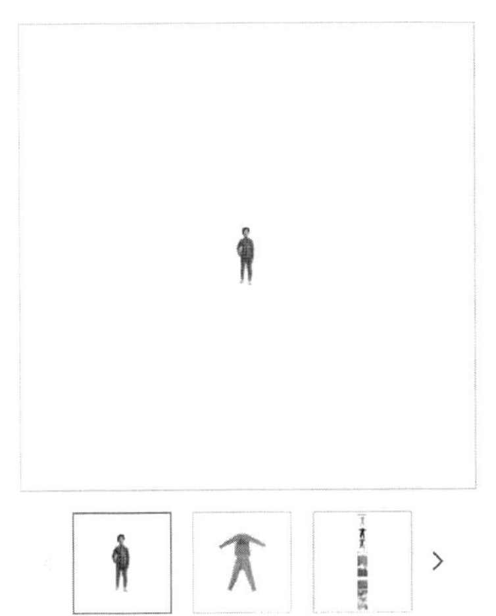

图2－21　某产品主图尺寸过小

图2－22　某产品文字“牛皮癣”

（3）小图拼接，如图2－23所示。

搜索处理方式：主图图片一旦被系统识别为质量不合格，将会影响产品在搜索结果中的排名，情节严重者实施降权处理（具体处理参考：阿里巴巴1688商友圈——阿里搜索——帖子题目：新供应商必看贴，搜索系列——主图质量影响排序篇）。

建议：发布产品信息的图片以清晰、主产品突出为好。

图2－23　某产品小图拼接

第三章
阿里巴巴店铺诊断

人病了有医院，如果一家店铺不是很健康，我们有没有什么方法可以自己进行诊断呢？只要你看完本章内容，并对自己的店铺进行对照，那么你也能学会对自己的店铺进行诊断的方法和技巧。我们将从以下几方面教大家进行自我诊断。

一、店铺及产品定位明确

这方面笔者很有发言权，因为笔者走了两年弯路才总结出现在这个成功经验。所以我的建议是：先对店铺和产品进行定位，定位好再去做店铺，再去铺货，这样操作起来方便且很容易成功。

我们常说小而美，因为小而美符合社会发展趋势和互联网思维。

下面来看两个店铺案例，一对比你就知道是否有差距了。

我们从1688网站首页搜索贴纸，有两家店铺，点进去我们看到A家基本都是和贴纸相关的产品，比如可爱的韩国贴纸、箱贴、行李箱贴纸、卡通贴纸，等等。

我们搜同样的关键词，进入B店铺会发现：同样是一个词进去，而B家店铺里面做的东西有很多，包括印刷标签、贴纸、不干胶、笔记本、其他文具等。

比较A家店铺与B家店铺，不知道各位看后会有什么样的感觉？会不会感觉B家就像杂货铺，A家像专卖店。当然不是说不能这么做，只是在现在的这种环境下，人们的选择比较意识及审美观已经提升，要满足客户需求才是最好、最明智的做法。

二、产品信息数量

一家店铺最理想或是最好的产品信息数量是400条左右，为什么这么说？因为只要细心的朋友就会发现，若是重发产品信息，阿里巴巴会提醒你今天还能重发多少条信息。比如你发布了80条产品信息，全部重发系统会提醒你，你今天还能重发320条信息。

产品信息数量的作用，就是当信息数量多时，我们累积的权重相应会高一点（权重，说白一点就是阿里巴巴或者是网络的一种衡量产品的方法）。另外，如果信息多，排名这块可以构建一个金字塔式的结构，只要了解阿里巴巴的规则，按规则交易那该店铺的排名相对来说就会很好（当然不建议去作弊）。

三、在线接待能力

相信大家平时会有一个共性，那就是考核一家公司会先从这家公司的规模来衡量，包括公司经营面积、公司员工、公司上班空间，等等。而我们在网络上很难像线下那样去考察，换句话，我要买个东西，我不可能为了一个金额很小的订单跑到对方公司去考察。

顾客在网上买东西，在心理上至少要找个平衡，这个平衡有没有什么地方可以体现出来？当然是有的，这就是店铺的在线接待能力。这里体现在网上你有多少名客服，多少个售前、售中、售后的客服。

不要小瞧这么一个环节，因为这是和客户见面之前公司实力的体现及信任的体现。同等条件下，我们可能会选择客服多的或者工作人员多的，而不会选择客服少的。我们看下图3－1和图3－2的两家店铺，你感觉哪家公司规模大一点呢？

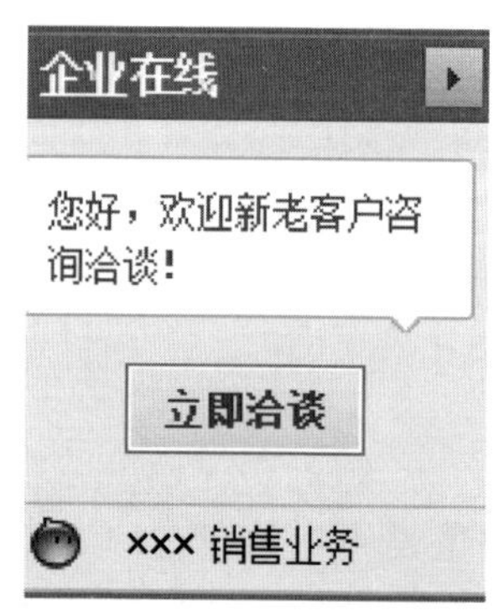

图3－1　A企业在线接待能力

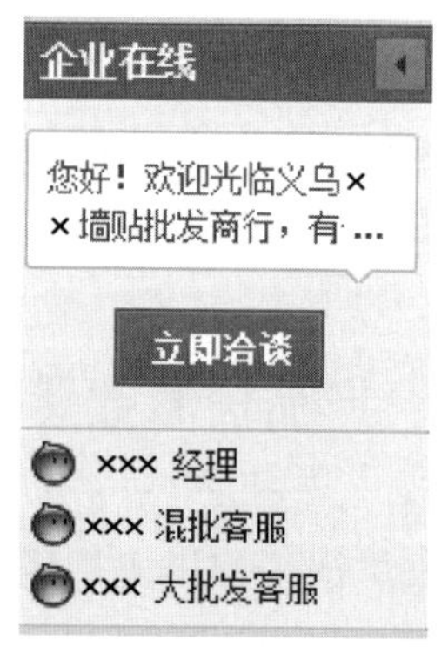

图3－2　B企业在线接待能力

四、我们的脸：店招

店招就相当于人的“脸”，在店铺的首页或者详情页中我们都能看到。它看似是一个很小的东西，但是却会起到很好的作用。一个好的店招就相当于人的一张会说话的脸。

店招应该要怎样才好呢？一个好的店招首先颜色和整个店铺的色调是一致的，其次会有联系方式、经营产品等（店招如何做以及怎样才算协调，怎样会让人记住且能帮到店主，我们将在下一章节“店铺装修”中详细阐述）。

五、轮播图

一家店铺的轮播图非常重要，但是真正能做好轮播图的人确实不多。一个好的轮播图就是一个好的广告位，且在店铺中是免费的，所以轮播图必须利用好。

一个好的轮播图到底包含了哪些内容呢？我们建议一个轮播图应包含以下内容：首先是好的产品，或者是爆款，抑或是准备做的主推款；其次是产品卖点、客户见证，另外也应该加上超链接（具体规格或做法，详见我们下一章节中的“店铺装修”）。

六、网站布局

一个 1688 网站需要一个好的布局，因为客户进来后会有一个习惯，我们做好布局正好就是迎合了客户的需求，迎合他们的购物习惯。对于 1688 网站，我们给出的建议是做一个“F”型的构造布局。可能也有部分人不理解什么是“F 型”，我们来看图 3 –3，它是依据客户的习惯总结而来。

或许也有人说还是不太明白，那我们再来看图 3 –4（备注：图中被白色包裹的灰色部分为客户点击最多地方），从图 3 –4 可以更明显地看出哪些地方客户点击观看最多，哪些地方的产品或者位置应该是我们要布局好的。

研究完怎样去布局自己的网站，你或许还不能一下子全部做好，但至少你知道了网站应该要重点关注哪块，也知道了接下来要从哪里去下功夫。

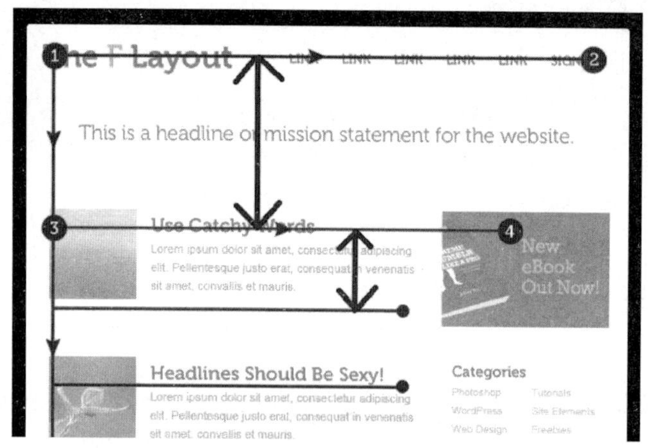

图3-3 “F”型构造布局

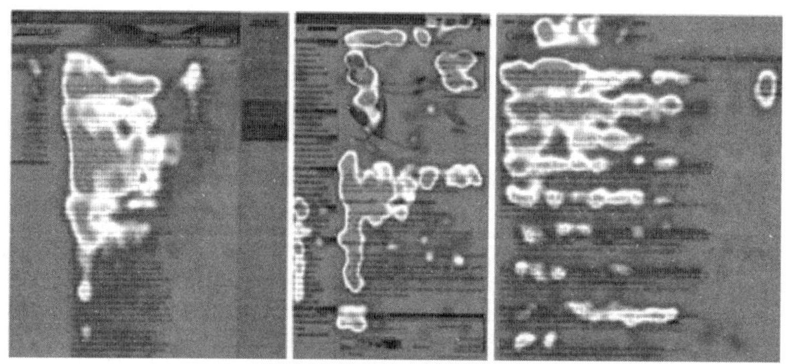

图3-4 客户点击区域图

七、标题SEO

客户在不熟悉我们的条件下，通过什么来找到我们？是搜索框搜索。而搜索框搜索最重要的又是什么？答案是：标题SEO！所以标题SEO对于一家店铺的排名非常重要，我们在一个平台就要了解平台的规则，只有了解了规则才能更好地利用平台。

对于标题 SEO，笔者给的建议是：首先，完整了解 1688 市场排名规则；其次，写标题时热度高的主关键词可以少用，将长尾关键词写在自己的标题中。

另外还有一个小建议是：尽量写满 30 个字、60 个字符（标准是 25 至 30 个字，也就是 50 至 60 个字符），不要浪费。我们来看图 3 – 5 的案例，会发现排在 1688 首页的标题基本上都是 25 至 30 个字左右，且大部分以长尾词为主！

图 3 – 5　贴纸标题

八、产品分类

很多人到外面旅游时会有这样的经历：要去一个地方，当自己不认识的时候，就需要看地图，因为地图上标示了目的地位置。同样的道理，在我们自己的网站上，产品分类就相当于是一张导航地图，当客户进来了之后，他看到产品分类就知道要找的东西在哪。

一家店铺要做好会有很多的细节，但产品分类也是必不可少的，所以我们必须分好类。

怎么分类比较合适呢？可以以产品规格、产品系列、产品关联、产品上架月份等进行分类，如图 3 – 6、图 3 – 7 所示。

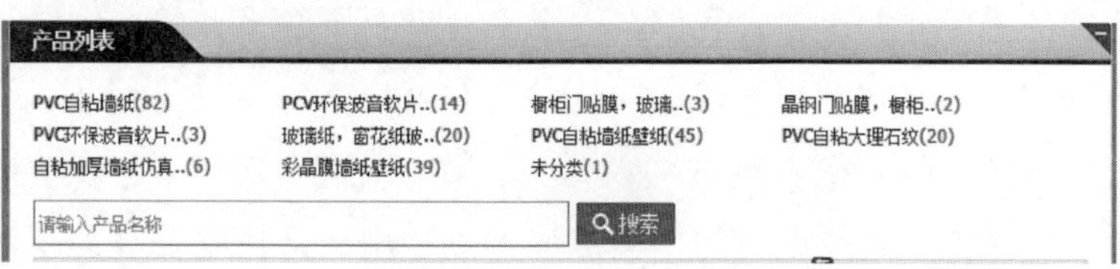

图 3－6　某店铺产品分类

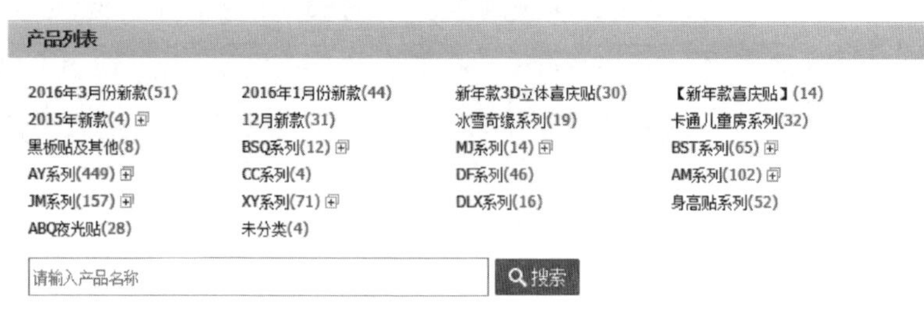

图 3－7　某店铺产品分类

九、产品主图

一家店铺只要发布产品信息，就一定需要产品主图，且产品主图在这条信息中有着非常大的作用，所以我们无论如何都要做好产品主图。

有些人可能会问：“我自己用手机拍的产品图片，怎么放上去看着不标准，好像不是左边缺一点就是右边缺一点呢？我们有没什么方法做到很标准呢？”当然有。

如果用手机拍，可以把图片放大，然后用 QQ 截图把图片截成 750×750 像素的。

我们经常会看到类似图 3－8 的主图，特别是在工业品上面。图 3－8 没有 750×750 像素，尺寸非常小，可能是 150～200 像素的。

有人会说这个不标准，那标准的到底是什么样呢？我们来看图 3－9 就知道了。同样是减速机产品，但是展现出来的效果却完全不一样。当我们把鼠标放到上面去的时候，还可以看到有一个放大镜的效果。另外，产品主图也清晰完整。

注：关于产品主图的详细介绍及步骤，详见下面章节。

图 3-8　某产品的主图

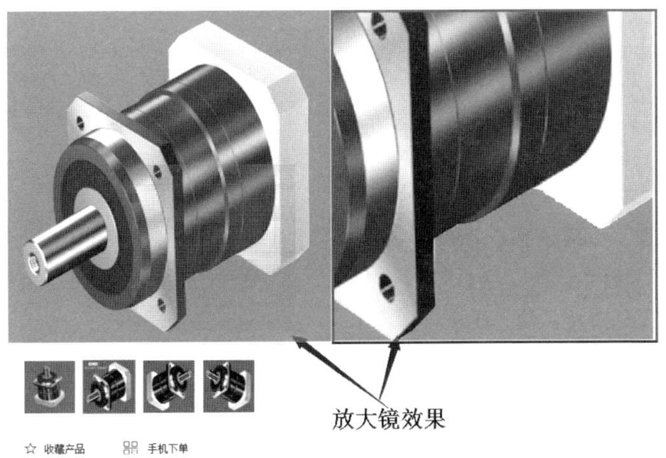

图 3-9　标准的主图

十、是否使用五星级产品信息模板

我们发布的产品信息一定要完整，这样有助于给我们店铺加分和加权重。也就是说，我们不要偷懒，发布信息时应把知道的所有产品信息参数或者属性全部都填写完整。

当然也有人会说，就算我填完了可能还是没办法达到五星级，怎么办呢？有没有什么快捷方式？或者说能不能给我一个标准的能复制模板？当然可以，因为模板是要用到代码的，代码不是谁都懂，所以我在这里给大家一个模板代码，只要复制代码，然后用到自己店铺就可以了。

下面是模板代码：

```
< TR >
< TD class = textColorClass style = "HEIGHT: 30px; BACKGROUND: #65b1eb 0px 0px; FONT-WEIGHT: bold; COLOR: #1151a2; PADDING-LEFT: 20px" >使用效果图 < /TD > < /TR >
< TR >
< TD style = "WORD-BREAK: break-all; PADDING-BOTTOM: 10px; PADDING-TOP: 10px; PADDING-LEFT: 10px; PADDING-RIGHT: 10px" >
< P style = "FONT-SIZE: 16px; PADDING-BOTTOM: 10px; PADDING-TOP: 10px" >这里放第一段内容 < /P >
< P style = "FONT-SIZE: 16px; PADDING-BOTTOM: 10px; PADDING-TOP: 10px" >这里放第二段内容 < /P >
< P style = "FONT-SIZE: 16px; PADDING-BOTTOM: 10px; PADDING-TOP: 10px" >这里放第三段内容 < /P >
< P style = "FONT-SIZE: 16px; PADDING-BOTTOM: 10px; PADDING-TOP: 10px" >复制整行，还可以放更多段 < /P > < /TD > < /TR >
< /TBODY > < /TABLE >
< TR >
< TD class = textColorClass style = "HEIGHT: 30px; BACKGROUND: #65b1eb 0px 0px; FONT-WEIGHT: bold; COLOR: #1151a2; PADDING-LEFT: 20px" >产品优劣对比 < /TD > < /TR >
< TR >
< TD style = "WORD-BREAK: break-all; PADDING-BOTTOM: 10px; PADDING-TOP: 10px; PADDING-LEFT: 10px; PADDING-RIGHT: 10px" >
< P style = "FONT-SIZE: 16px; PADDING-BOTTOM: 10px; PADDING-TOP: 10px" >这里放第一段内容 < /P >
< P style = "FONT-SIZE: 16px; PADDING-BOTTOM: 10px; PAD-
```

```
DING-TOP: 10px">这里放第二段内容 </P>
    <P style="FONT-SIZE: 16px; PADDING-BOTTOM: 10px; PAD-
DING-TOP: 10px">这里放第三段内容 </P>
```

……（这里篇幅有限，完整内容将以电子版赠送）

看到这么多代码，可能很多人会有点头晕，看不懂这到底是什么。笔者也不是程序员，所以有很多代码也说不出它的由来，但是我们可以巧妙地应用它，只要知道怎么编辑，然后拿来自己用就好了。

有人可能想知道这些代码翻译出来到底是什么样子，我们就直接翻译出来给大家看一下，如图 3-10 所示。

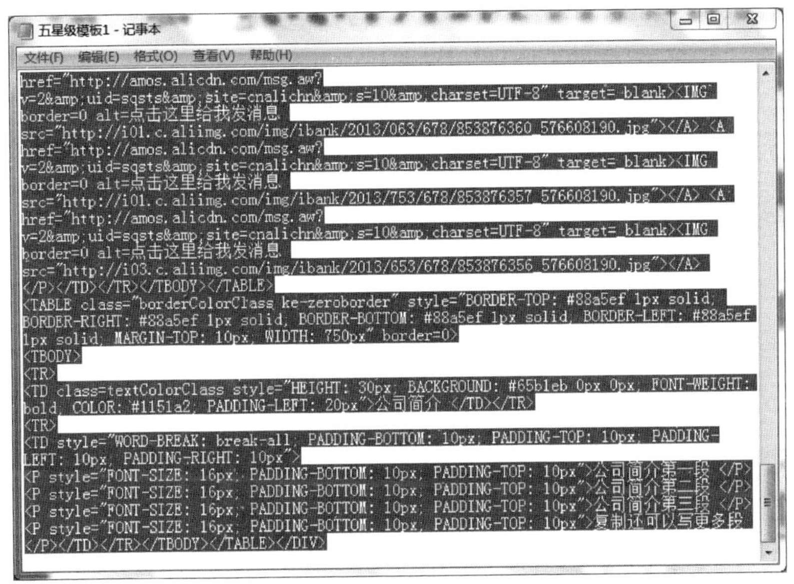

```
五星级模板1 - 记事本
文件(F) 编辑(E) 格式(O) 查看(V) 帮助(H)
href="http://amos.alicdn.com/msg.aw?
v=2&amp;uid=sqsts&amp;site=cnalichn&amp;s=10&amp;charset=UTF-8" target=_blank><IMG
border=0 alt=点击这里给我发消息
src="http://i01.c.aliimg.com/img/ibank/2013/063/678/853876360_576608190.jpg"></A> <A
href="http://amos.alicdn.com/msg.aw?
v=2&amp;uid=sqsts&amp;site=cnalichn&amp;s=10&amp;charset=UTF-8" target=_blank><IMG
border=0 alt=点击这里给我发消息
src="http://i01.c.aliimg.com/img/ibank/2013/753/678/853876357_576608190.jpg"></A> <A
href="http://amos.alicdn.com/msg.aw?
v=2&amp;uid=sqsts&amp;site=cnalichn&amp;s=10&amp;charset=UTF-8" target=_blank><IMG
border=0 alt=点击这里给我发消息
src="http://i03.c.aliimg.com/img/ibank/2013/653/678/853876356_576608190.jpg"></A>
</P></TD></TR></TBODY></TABLE>
<TABLE class="borderColorClass ke-zeroborder" style="BORDER-TOP: #88a5ef 1px solid;
BORDER-RIGHT: #88a5ef 1px solid; BORDER-BOTTOM: #88a5ef 1px solid; BORDER-LEFT: #88a5ef
1px solid; MARGIN-TOP: 10px; WIDTH: 750px" border=0>
<TBODY>
<TR>
<TD class=textColorClass style="HEIGHT: 30px; BACKGROUND: #65b1eb 0px 0px; FONT-WEIGHT:
bold; COLOR: #1151a2; PADDING-LEFT: 20px">公司简介 </TD></TR>
<TR>
<TD style="WORD-BREAK: break-all; PADDING-BOTTOM: 10px; PADDING-TOP: 10px; PADDING-
LEFT: 10px; PADDING-RIGHT: 10px">
<P style="FONT-SIZE: 16px; PADDING-BOTTOM: 10px; PADDING-TOP: 10px">公司简介第一段 </P>
<P style="FONT-SIZE: 16px; PADDING-BOTTOM: 10px; PADDING-TOP: 10px">公司简介第二段 </P>
<P style="FONT-SIZE: 16px; PADDING-BOTTOM: 10px; PADDING-TOP: 10px">公司简介第三段 </P>
<P style="FONT-SIZE: 16px; PADDING-BOTTOM: 10px; PADDING-TOP: 10px">复制还可以写更多段
</P></TD></TR></TBODY></TABLE></DIV>
```

图 3-10　模板代码翻译

图 3-10 的内容是由上面的所有代码建立的一个文档，我们可以把所有代码复制之后建一个文本文档，代码放里面，然后复制粘贴到 offer 的详情中。

还有一个简单方法，那就是打开阿里巴巴商机助理，然后再打开编辑详情——源代码（先复制文档的代码，然后粘贴到源代码中）——编辑。在编辑里面我们就可以看到成品的代码，如图 3-11 所示），这里的文字和背景颜色都可以改变。如果不会变颜色，可以改变成我们需要的文字，或者改成客户喜欢的顺序。

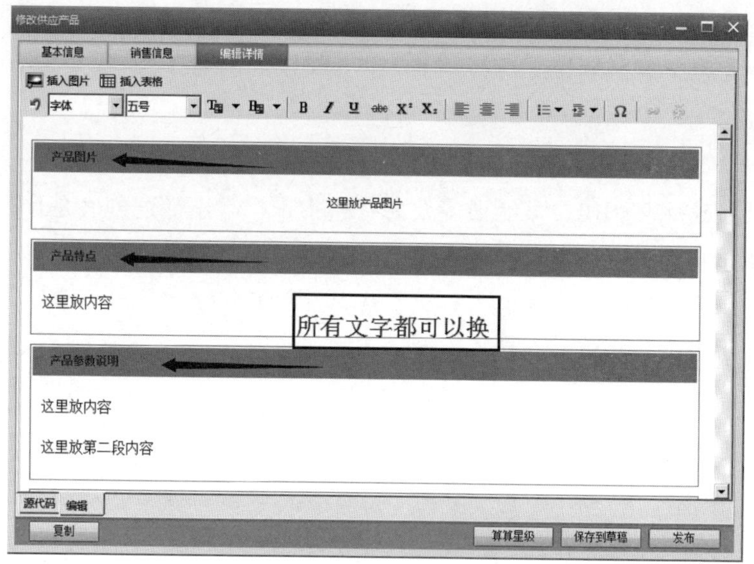

图3－11　成品的代码

十一、产品的属性是否完整

产品的属性对于1688市场排名非常重要，建议大家把知道的所有属性尽量全部填写起来。另外，阿里巴巴还有三个自带的可以添加的属性，我们也可以自己添加。

我原来有款产品是减速机，标题上面根本就不含有减速机的字样，但是客户在1688搜索框搜索减速机时，却找到了我的产品，这就是“属性”的意义。如图3－12所示：

详细信息　　成交0　　评价0　　订购说明

加工定制	是	类别	行星减速机	齿轮类型	圆柱齿轮减速机
安装形式	立式	布局形式	同轴式	齿面硬度	硬齿面
用途	减速机	品牌	NICLAS	型号	AB60-40
输入转速	3000（rpm）	额定功率	200-400（kw）	输出转速范围	2000（rpm）
许用扭矩	56（N.m）	使用范围	直连	级数	双级
减速比	40	规格	AB60-40-S2-P1		

图3－12　减速机

图 3－13 用了阿里巴巴商机助理，当然，也可以直接在网页发布信息时利用这个自定义属性。

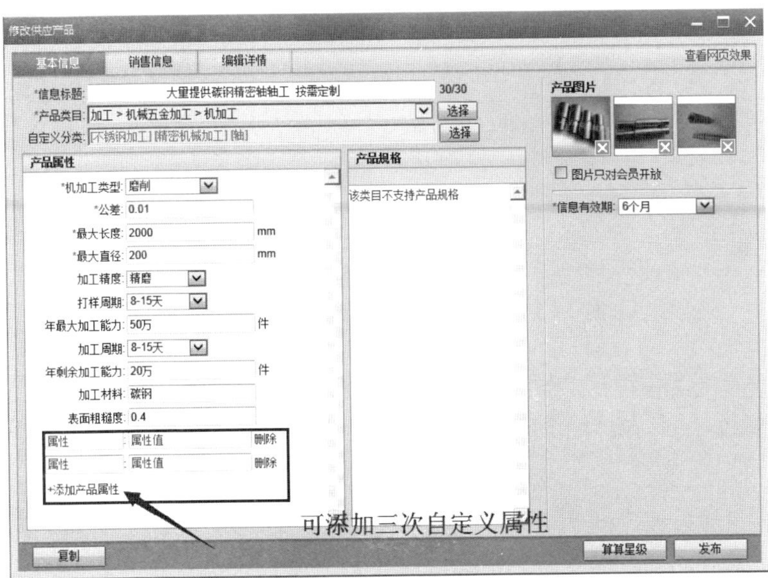

图 3－13　自定义属性

十二、是否参加了阿里巴巴的活动

利用平台就要了解平台的玩法，在阿里巴巴批发市场同样会有无限多的玩法。工业品有工业品的玩法，快消品有快消品的玩法，两者也同样会有一些重合的玩法，如产业带、免费拿样、混合批发、优惠券、生意经、商友圈等。

除了同样的玩法，也有不同的玩法，比如，快消品有一分钱拿样（部分工业品有）、伙拼、快订，以及平时的一些清仓或是团购活动，像无线大促、今日团等。具体快消品及工业品可以参加的活动，将会在图 3－14 告诉大家。

报名参加的方式、技巧等将会在站内营销推广的章节讲。可以告诉各位的是：不管是工业品还是快消品，这些活动一定要参加，对自己的店铺会有好处。

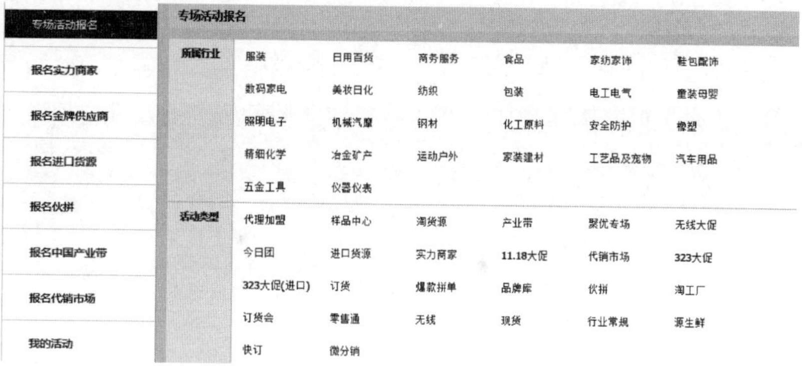

专场活动报名

报名实力商家
报名金牌供应商
报名进口货源
报名伙拼
报名中国产业带
报名代销市场
我的活动

专场活动报名

所属行业	服装	日用百货	商务服务	食品	家纺家饰	鞋包配饰
	数码家电	美妆日化	纺织	包装	电工电气	童装母婴
	照明电子	机械汽摩	钢材	化工原料	安全防护	橡塑
	精细化学	冶金矿产	运动户外	家装建材	工艺品及宠物	汽车用品
	五金工具	仪器仪表				
活动类型	代理加盟	样品中心	淘货源	产业带	聚优专场	无线大促
	今日团	进口货源	实力商家	11.18大促	代销市场	323大促
	323大促(进口)	订货	爆款拼单	品牌库	伙拼	淘工厂
	订货会	零售通	无线	现货	行业常规	源生鲜
	快订	微分销				

图 3 – 14　快消品及工业品可以参加的活动

十三、产品详情页

客户通过搜索进入店铺，进店铺后可能第一个看到的就是产品详情页。一个好的产品详情页不但能留住客户，而且会提升自己的客单价及转化率，让客户流连忘返。

很多人将详情页随便写一下或者随便放一两张图片在上面，其实这样根本不利于店铺提升转化率，客户的跳失率也会相当高。这时你又要问了：什么样的详情页算是好详情页呢？好的和差的详情页区别到底在哪里呢？

我们可以总结一下，好的详情页大概会包括以下几个方面：

（1）产品的标准图片（包括正面、反面、侧面）。

（2）产品的参数介绍。

（3）产品运输说明。

（4）正伪对比照。

（5）售后说明。

（6）产品稀缺性。

（7）客户见证。

（8）紧迫感。

（9）催促客户下单项。

（10）引导客户好评项。

（11）关联营销等。

我们看图 3－15，对比下就知道这家店铺做得是否规整了。也许你会说：我应该怎么做？里面有什么技巧需要注意吗？当然有，我们会在下面的章节中详细阐述。

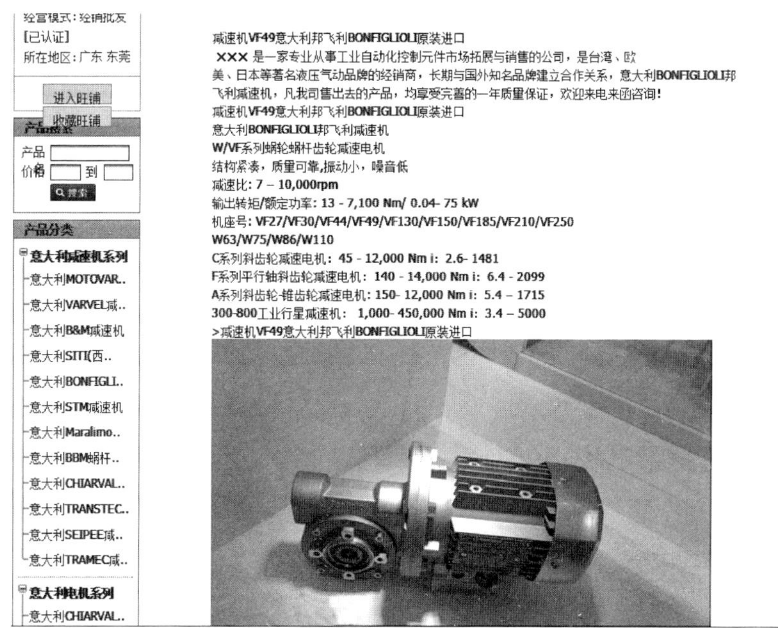

图 3－15　某店铺产品详情页

十四、关联营销

一位客户进到店铺，可能对一款产品非常感兴趣，然后他把鼠标拉到了最下面，这时候他最想看到的是店铺的关联营销。为什么呢？因为他已经在店铺里花费时间了，还怕再花几分钟吗？客人之所以留下来，是因为他还想看看有没有什么他未能满足的产品信息可以浏览。这时，你的机会来了。

纵观好店铺的详情页，90% 以上的店铺老板都会做关联营销，且都做好了关联营销，我们来看一个关联营销的案例吧，如图 3－16 所示。

图3-16　某店铺的关联营销

十五、客服及培训

千万不要把客服看作是简单打字交流的工作，他是网络营销中不可或缺的一部分。一名好的客服能够挖掘客户的各种需求，或者能通过各种各样的对话聊天解决客户的难题，并且能让客户相信自己、相信公司。

一名好的客服向客户反馈的时间是在10秒以内，不好的或者不会做客服的一般反馈时间过长，并且和客户聊天的语气比较生硬。

例如，我们到线下实体店去买件衣服，一到店里，如果遇到普通的售货员，她们普遍的做法是说“你随便看看，有喜欢的可以试一下”；而厉害的高手一般会先观察分析这位客户是真想买还是假想买，然后再依据客户喜好来说一些暖心的话或者套近乎的话，接着距离拉近了再劝客户买下，而且她可能还会给对方搭配方案。

第四章
店铺装修
“乾坤大挪移”

店铺装修是一件非常重要的事，并且会被很多人忽略，当然也有一些人因为没有美工被挡在门外。我们这次将从两部分进行分析，一部分是有美工的店铺应怎样装修，另一部分是没有美工的店铺应怎样装修。我们要装修，就要在装修之前对普通店铺和旺铺做对比分析，从而了解旺铺的一些功能。

第一，普通店铺可能只有首页，每一种分类都要从左边的分类栏进入。而装修过的旺铺除首页外，还可以增加许多页面。

第二，旺铺的首页可以显示 950 ×（90 ~ 200）像素或者是 1920 ×（90 ~ 200）像素的店招，公告的大小和位置可以自由设定，并且除首页外，还可以设置多个页面，这些页面的海报和公告都可以自行设计和制定，尺寸在 950 ×（400 ~ 500）像素或者 1920 ×（400 ~ 500）像素。

第三，刚入门不久的普通店长可能不太懂布局设计，也不会推荐产品，选择时只有随意显示的几件商品。而有一定经验的店长，一般推荐的产品都是经过千挑万选的，不但会在多个页面中设置不同的推荐产品，还按类目推荐或是按关键字推荐。

所以我们一定要对自己经营的产品进行分类和布局：

（1）了解自己设置的分类是否合理，条理要清晰，便于买家查找。

（2）可以根据自己设置的分类对旺铺的几个页面进行布局。

接下来，我们从以下几个方面来讲述店铺装修。

一、做好阿里巴巴店招核心点

（一）确定好店铺整体的风格

装修一定要结合自己的产品和行业的实际情况，找到合适的店铺装修风格与色彩搭配及整体的排版，包括自己产品的定位。首页不需要太复杂和太花哨，店铺装修不是越豪华越好，好的装修永远是最适合、最搭配。

（二）装修大方向

Banner（新产品海报或者活动页面）——公司实力（公司资历及第三份认证证书）——工厂照片（真实流程照片及工厂实力照片）——客户案例（曾经合作的客户 logo 及证明电话）——价格优势（同行对比以突出性

价比）——售后保障（使客户放心）——主推产品。按照这个方向进行装修，客户对您店铺整体的满意度会高很多，而且对店铺的专业性也会更加肯定。它最终的目的是增大店铺的转化率。

商品描述模板是用在商品描述页面的，就是详情页。商品模板让你的商品描述页面更漂亮、更规范，同时，记得做好关联营销。

二、专业店铺的核心因素

一家专业的旺铺必须做到以下几点：

（1）清晰的店铺色系定位风格。

（2）美观合理的店铺布局。

（3）丰富详实的店铺内容。

三、专业的旺铺店招进入渠道

专业的旺铺需要精心构架和精心装修，它的每个环节都需要经过深思熟虑的构架才会放到店铺上去。我们将带大家实战操作一下店铺是如何装修的。

（一）输入自己的用户名和密码

登录进入1688首页，然后选择我的阿里进入后台，找到我的服务——旺铺——装修旺铺，如图4－1和图4－2所示。

图4－1　进入旺铺的操作

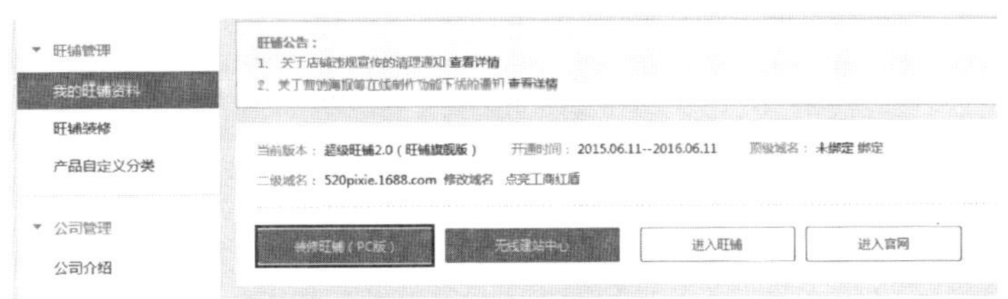

图 4－2　装修旺铺

进入装修后台后，我们可以看到旺铺装修包括三个方面：页面管理、模板管理、自定义风格，如图 4－3 所示。

页面名称	操作	位置排序	显示在导航上
首页	装修页面		
供应产品	装修页面		
公司档案	装修页面		
公司相册	装修页面		
公司动态	装修页面		
联系方式	装修页面		

图 4－3　旺铺装修的三方面

页面管理包括三部分内容，即装修页面、位置排序、显示在导航上。

位置排序指的是在网站首页导航栏横排的位置。你想排第几位就选择往上或者是往下调整，调到第几位在网站导航条就排第几位。

显示在导航条上有个勾选，如果勾选了显示在导航条上，那就会显示在导航条前面，操作里面的装修页面基本不用动。

另外，左侧的产品详情页，我们也基本不需要动，因为常规的按照系统的模式就可以，如图 4－4 所示。

图 4－4　页面管理

（二）免费模板的应用与管理

有人说自己没有美工，不会处理图片，也不会做店招。接下来我们就以没有美工的模式来给大家详细讲解如何做好店招。

我们在装修后台中看到第二个是模板管理，左侧有四个选项：当前使用的模板、我购买的模板、我备份的模板、免费模板。

当前使用的模板是指店铺现在所用的模板，打开就是现在店铺首页显示的样子。

我购买的模板指的是你花钱购买的模板，打开首页就能看到，如果没有买模板那就是空白。我们自己不会做可以有两种模式，一是到模板市场买自己想要的模板，价格从40元每月到600元每月不等，二是到下面的免费模板里淘宝。如图4－5所示。

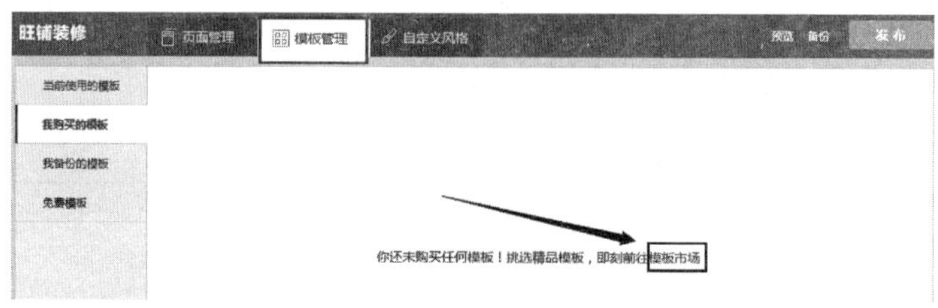

图4－5　我购买的模板

我备份的模板是指想将自己之前的模板换成好的模板，或者是换成自己想要的风格，然后为了避免不必要的损失选择备份，之前备份的会有时间显示。这里重点讲一下免费模板，如图4－6所示。

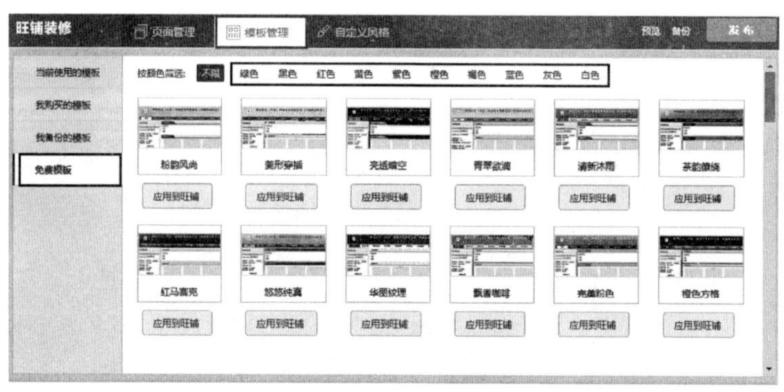

图4－6　免费模板

免费模板是谁都可以用的，方便了很多人。

这里主要讲两个方面的注意点：

（1）选择模板时，一定要选择适合自己行业的模板，千万不能乱选一个，也不能自己觉得好看就放上去。

（2）选模板时，一定要选和自己行业相对应的色系。举例来说，工业产品适合冷色系，如以蓝色为主，就不能用粉色系来装扮工业产品，而饰品、化妆品则用粉色系比较适合。

你或许会有点奇怪，为什么不讲自定义风格？是的，这里先不讲，在下面的自定义店招中会讲到。

（三）自定义店招设计技巧

招牌就是我们的店招，在店铺最上边，打开任何一个页面，店招都会显示在上面。下面讲一下店招的个性化设置及设计。店招的大小有两种：

（1）宽屏模式：952×（90～200）像素。

（2）全屏模式：1920×（90～200）像素。

这两种规格要注意，建议选择高度为200像素的全屏展示，这样显得大气一点，如图4－7所示。

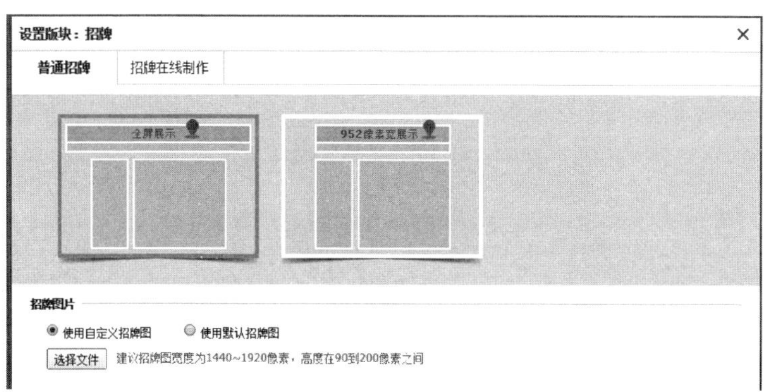

图4－7　招牌制作

招牌在线制作，如图4－8和图4－9所示。

我们可以从这里面选择自己的行业，如果没有自己的行业可以选择其他。另外就是选主题或者是颜色，要选择适合自己的颜色来制订店招。登录阿里巴巴账号，进入我的阿里——服务——旺铺——装修旺铺（pc端），大家可以去试下。

图 4－8　招牌在线制作

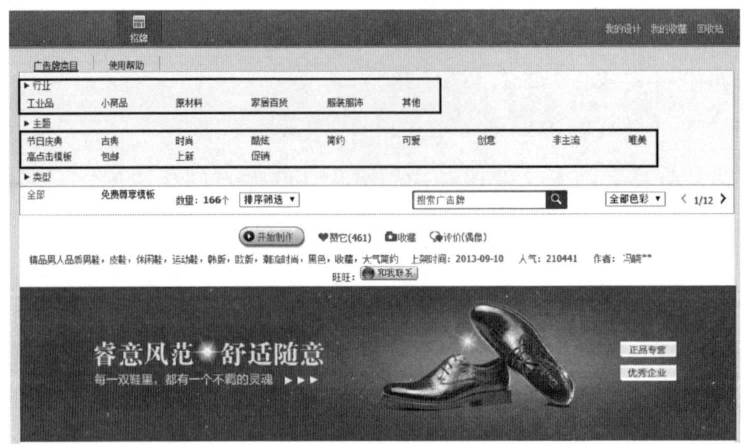

图 4－9　招牌制作

四、店招打造核心技法

（一）店招的四大作用

（1）**店招能很好地展示自己的店铺形象**。我们看人时常常先看脸，同样，在网络上看店铺可能就会去先看店铺的店招，这里的店招就相当于一个人的脸。

（2）**店招能体现店铺的名称及主营方向**。店招里一般都会有公司的名称，最好也应有自己的主营方向。

（3）**店招是留住客户的一个环节**。一个好的店招能够留住客户，且能让客户找到他想要的产品，并让他快速找到店主的联系方式。

（4）**店招也是连接客户与产品的桥梁**。店招要具备一定的“说话”能力，这方面内容我们将在后面的细节中阐释。

我们来看看下面这几个店招，你觉得怎样？如图4－10、图4－11所示。

图4－10　某公司店招

图4－11　某公司店招

或许你的答案和我一样，感觉好像差了什么，不是很喜欢，对不对？那么，什么样的店招才会让人感觉舒服一点，并且让人满意呢？有什么技巧在里面吗？如图4－12、图4－13所示。

图4－12　某店铺店招

图4－13　某店铺店招

通过比较图4－10、图4－11、图4－12、图4－13，可以看到，图4－12和图4－13具备以下几点优势：

（1）视觉很舒服，比较有特点。

（2）文案有吸引力。

（3）主体比较突出。

（4）排版比较协调。

（二）好店招包含的要点

（1）必须告诉客户你是谁（也就是公司名称或者品牌Logo）。

（2）告诉客户你做什么产品（有些店铺很杂，客户根本不知道以什么产品为主，所以要包含产品名称或者行业名称）

（3）产品的卖点或品牌实力（有时你的一个卖点就是客户所需要解决的痛点，或许就因为它而吸引到客户）。

（4）告诉客户怎么联系你（这里一定要留下联系方式，包括电话、QQ、手机、微信等）。

（5）必须要有一个“鱼塘”（鱼塘是用来养鱼的，也就是留住客户，让客户在鱼塘里能有存在感）。

（三）店招设计排版技法

我们有三种排版技巧，具体是：“一枝独秀”“双龙出海”“三足鼎立”。

“一枝独秀”就是排版时用一个版块展示上述五个必须包含的内容，如图4－14所示。

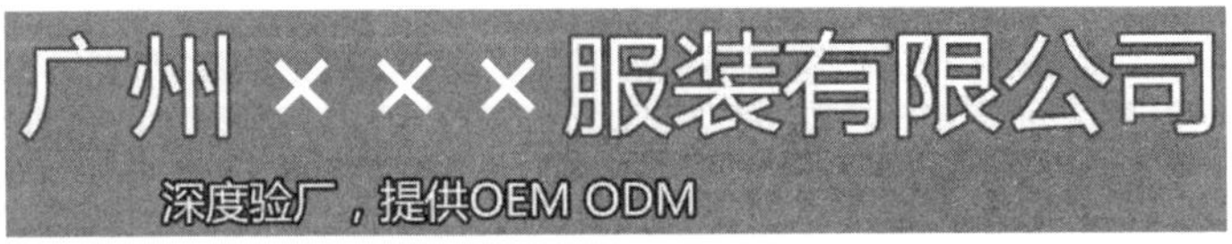

广州×××服装有限公司
深度验厂，提供OEM ODM

图4－14　“一枝独秀”

“双龙出海”指的是在设计排版时，分为两个版块，并且同样包含五个必须包含的内容，如图4－15所示。

XXX
分销授权　官方认证
阿里巴巴旗舰店

图4－15　“双龙出海”

“三足鼎立”指排版时将店招分解为三块，也包含有五个必须包含的内容。分三块相对来说排版会难一点，需要点技术，如图4－16和图4－17所示。

图4－16 “三足鼎立”案例一

图4－17 “三足鼎立”案例二

（四）店招设计注意法则

（1）**设计时颜色不宜过多**。一种颜色过于单调，太多颜色又显得花哨。

（2）**视觉点（卖点提炼）不宜过多**。卖点太多会让人眼花缭乱，排版也会有问题；卖点太少写不出来重点，所以要注意好细节。

（3）**整体风格应和店内装修风格一致**。当我们看到彩虹时会发现它的颜色放在一起特别美，但是当我们看到一半红配一半绿时，一般会感觉很难看。同样，店铺的风格如果不一致，可能会让人感到不舒服，特别是当店铺里有客户讨厌的颜色时。

最后还有个小细节要说明：背景颜色要和整体颜色一致。背景图片要和背景色调基本一致。

自定义风格也很重要，这里有两块需要说明：一是旺铺背景，二是版块风格。

旺铺背景里面的背景颜色、背景图片要和行业颜色及整体颜色一致。平铺方式我们可以选择平铺、横向平铺、纵向平铺、不平铺。要看尺寸大小，如果尺寸足够选择平铺就行，不够可以选择横向或者纵向平铺。背景图可以固定，如果不固定，我们会看到上面有背景，下面的就没背景了。所以一般可以选择背景图不随屏幕滚动，如图4－18所示。

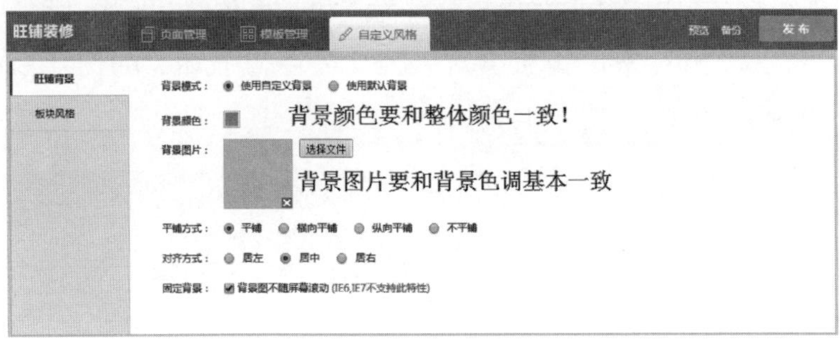

图 4-18　店招设计

版块风格中，标题区域的背景颜色应该和主体颜色差不多或者说稍微深一点，可以上传背景图片，图片的尺寸是 752×28 像素。内容区域我们可以不用管，因为把控不了或许会很难看，所以建议不要动这块区域。如图 4-19 所示。

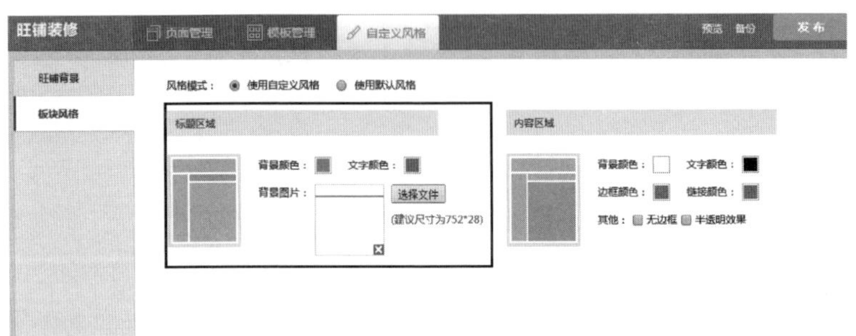

图 4-19　版块风格

五、无敌轮播图制造公式

（一）轮播图概述

轮播图是阿里巴巴给商家的一个很好的店铺内部广告位，只要符合阿里巴巴的规则，轮播图的位置店家可以自行安排设计。轮播图中可以放五张图片，五个超链接。

下面我们来看轮播图的真容及细节，也是和店招一样从后台进入，到店铺装修里面然后再进入轮播图。如图 4-20 所示。

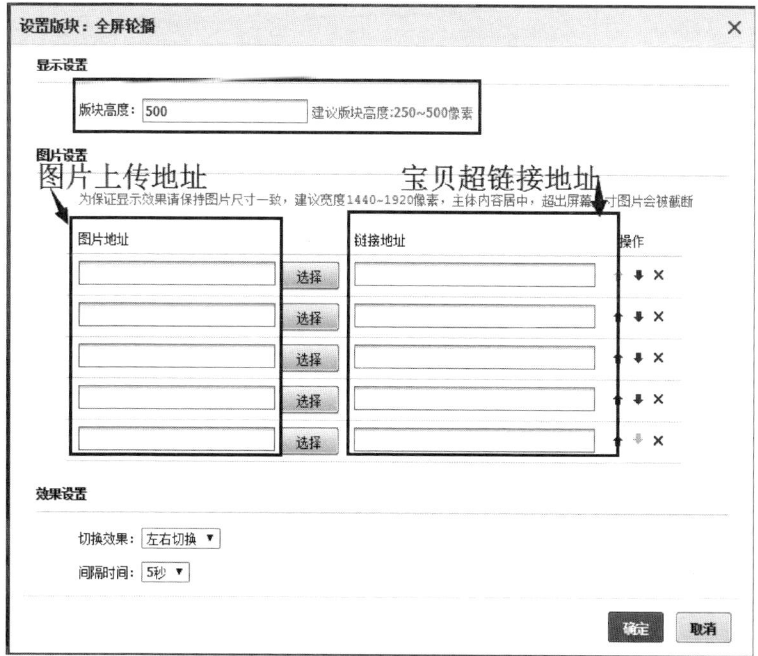

图 4－20　轮播图

轮播图的版块高度可以设置，高度是 250～500 像素（建议设置成 400～500 像素），这样看起来更醒目，更有视觉冲击力。图片地址可以点击选择，如果之前上传了图片，那么我们可以选择之前上传的相册，然后找到该图片，点击确定，如图 4－21 所示。如果之前没上传，那么点击我的电脑，选择相册，选择图片上传后点击确定，如图 4－22 所示。确定完之后就可以在五个横框中看到链接了。

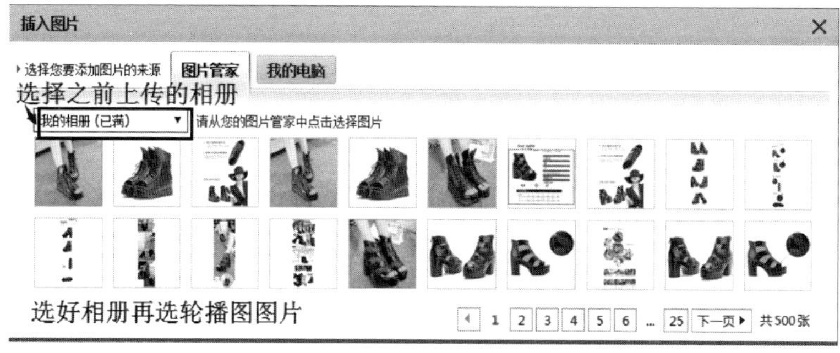

图 4－21　已传图片的地址选择

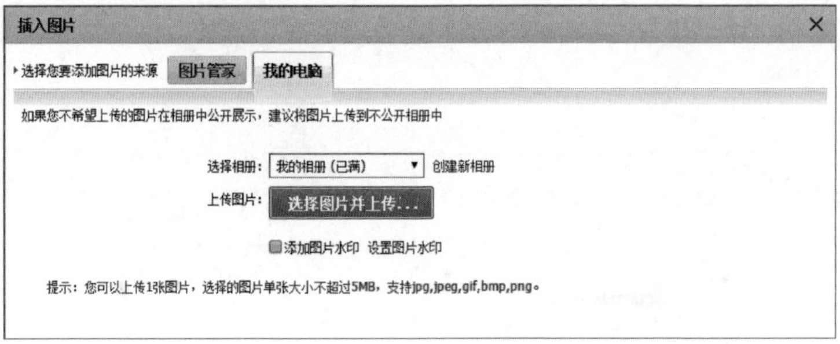

图 4－22　未传图片的地址选择

另外，我们应在后面的框中加入超链接（也可以叫锚文本），直接链接到产品的页面。

有个小建议：轮播图中的产品一定要慎重选择，一定要选爆款、引流款或者有爆款潜质准备做爆款的款式。

轮播图中建议放 3～5 件产品，并加上超链接，基本上 3 件就可以。如果要对这 3～5 件产品进行排序，我们可以使用旁边的工具，它有往上升和往下降的功能。

我们看图 4－23。

图 4－23　轮播图中的产品排序

操作时可以升降序，依据自己或者客户的爱好决定谁在前面；效果也可以切换，可以换成左右切换或上下切换；当然也可以设置间隔时间，可以设置成5秒或者3秒。

（二）轮播图设计“常见错误”

我们来看图4－24、图4－25、图4－26和图4－27，你是否眼熟或者有过类似的做法呢？

图4－24　轮播图1

图4－25　轮播图2

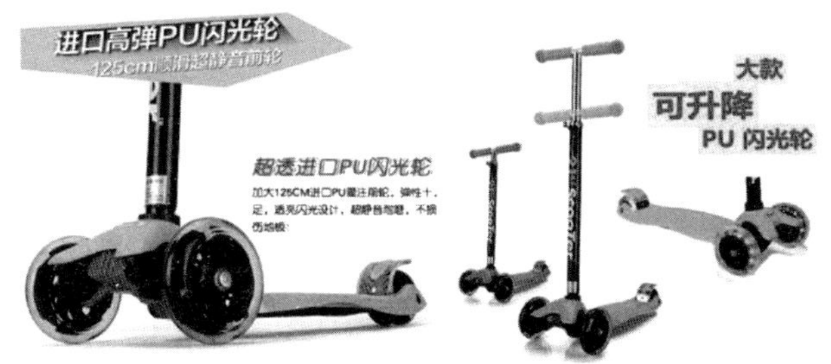

图4－26　轮播图3

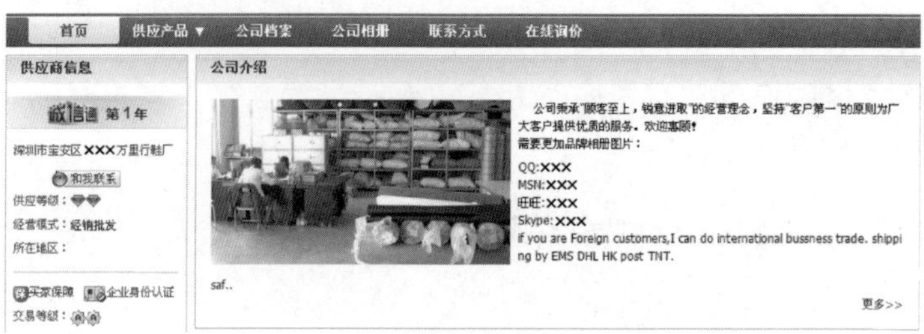

图 4 – 27　轮播图 4

图 4 – 24 轮播图的尺寸不对，或者说直接就没有轮播图。

图 4 – 25 轮播图不专业。大家看图 4 – 25，是否给你许多遐想，让你觉得好像卖在几个东西，如车子、衣服、垃圾桶。

图 4 – 26 轮播图颜色上红、蓝、绿搭配混乱、刺眼、不协调。

图 4 – 27 浪费了广告位，也就是没有轮播图。并且卖点提炼不正确。

（三）轮播图的五种类型

（1）中规中矩型（是怎样就怎样展示），如图 4 – 28 所示。

图 4 – 28　中规中矩型

（2）意境想象型（一款产品给你一个意境想象），如图 4 – 29 所示。

图 4 – 29　意境想象型

（3）强大号召型（给人一种号召，引人共鸣），如图4－30所示。

图4－30　强大号召型

（4）琳琅满目型（产品数量比较多，怕别人看到自己的产品少，或者生怕别人看不到产品），如图4－31所示。

图4－31　琳琅满目型

（5）趣味幽默型（直接让产品搞怪，给人留下深刻印象），如图4－32所示。

图4－32　趣味幽默型

（四）轮播图的五大必备要素

（1）轮播图色调要与店铺整体色调风格一致（尽量做到美观统一）。

（2）轮播图必须是爆款产品或者主推产品（一切为了销量）。

（3）轮播图的产品要加上超链接（让客户能快速找到这个产品）。

（4）产品的卖点提炼（一款好产品一定要有一个好的卖点）。

（5）最好有客户见证（一名好的客户见证会给你增色不少，特别是大家都知道的品牌）。

（五）轮播图卖点提炼宝典

（1）确有其实。实是指实实在在、确实存在的点。要知道卖点永远代替不了实物，我们的轮播图可以在实实在在的实物上稍微放大一点，但切记不要夸大到子虚乌有的地步。比如，你是行业或者全国的十强，那你怎么证明？如果有行业或者全国行业协会的证明，那是不是就可以证明？

（2）确有其理。理是指道理，也就是确确实实存在这样的道理。要让支撑我们产品的卖点靠得住、容易懂、便于记忆和传播。当然还有一点必须强调，那就是要用消费者看得懂的语言去表达卖点，如图4－33所示，否则即使表达了很多人还是看不懂。

图4－33　确有其理

（3）确有其需。需指需求，你所诉求的卖点，其市场需求或潜在需求必须实实在在，这种需要最好是尚未被很好满足的急需，如国产消光粉不能解决快速分散问题。

图4－34是某化工用品的轮播图。再举一个例子，如鞋子大家都要穿，但是人们对鞋子的起码要求是什么？耐磨、耐穿、不开胶、不断线。我们

可以以此做文章，迎合大家的需求，如图 4 – 35 所示。

万能的消光粉、通用性第一

超级易分散的消光粉 随便搅两下就分散

垄断弹性漆体系

图 4 – 34 某化工用品的轮播图

图 4 – 35 某品牌鞋子的轮播图

（4）确有其特。特指特点，也就是你所提炼的核心卖点要尽量优于或区别于其他同类产品，要有自己的个性，突出自身的特点。

大家都知道王老吉，那它最初的卖点是什么？那就是“怕上火喝王老吉”。王老吉的成分里含夏枯草，有降火作用。

我们经常在电视上看到一句广告语——“经常用脑，多喝六个核桃”。这句广告语一下子就能抓住人的心。

（5）确有其途。途指用途，或者是途径。你所提炼的核心卖点必须有能够传递给目标消费者的途径，最好是捷径。传播必然有代价，需要能达到相应的传播效果。

在图 4 – 36 中，我们看到主要产品金属软管确实有防水、防油、防老化的作用。

我们再看图 4 – 37，有人会问它的特点是什么，那就是比其他马丁靴更时尚、更耐穿，能多穿长达半年之久（要对自己的产品有信心。另外，这款鞋能否真的比其他鞋耐穿半年，还要看个人穿鞋习惯）。

（6）领导者。也就是在行业里销量比较好，能够领跑此行业。

你所提炼的核心卖点必须有数据说明，或者在某一领域能说明你是这行业的领导者。

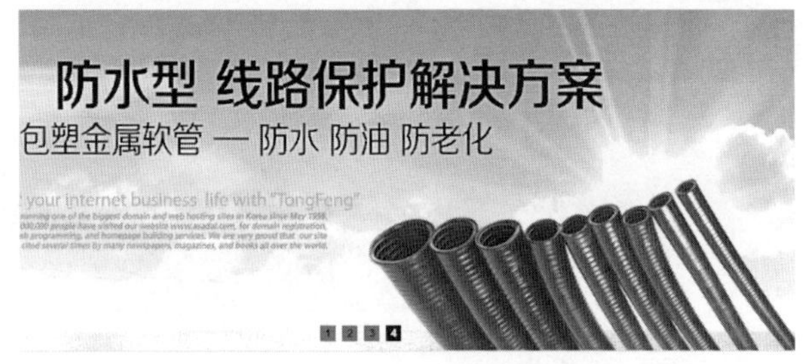

图 4－36 某金属软管广告图

图 4－37 某品牌马丁靴广告图

（7）数据说明。人们往往很容易记住一串对自己重要的数字，而这些数字是你以前没注意的，或者是被你的竞争对手所忽略的。我们可以借助一些经过测试的数据，或者是围绕产品所做的一些测试数据来说明宝贝的卖点。如图 4－38 所示。

图 4－38 某品牌鞋广告

（8）畅销。畅销指的是销量上比其他同行更有优势，我们可以从此点出发找出一些数据来说明。

当然，现在广告法作了修改，阿里巴巴的一些规则也改了，不能有部分违禁词。但是大家明白，头脑是灵活的。举例来说，假如“超”是违禁词，那是不是可以换成“多”？“第一名”是违禁词，那是不是可以换成

“比第二名多”？如图 4 -39 所示。

图 4 -39　某品牌鞋广告

六、文案提炼秘籍

我们知道了提炼卖点的方法，但有时总感觉缺点什么，那就是文案。

文案不一定有卖点，但卖点一定由文案阐述出来。一件好的作品或爆品中，文案一定能解决以下四个问题：

找到客户未解决且想解决的痛点；

激发客户的购买欲望；

放大自己产品的优势；

刺激客户赶快行动。

文案在很多教科书上有注解，包括百度都可能有解释，也经常有人认为文案就是一段文字或者随便写点文字。但事实如此吗？我们先看一个案例再引出正确答案，如图 4 -40 所示。

图 4 -40　某产品文案

我们再看图 4－41 和图 4－42 所示。

图 4－41　某活动文案

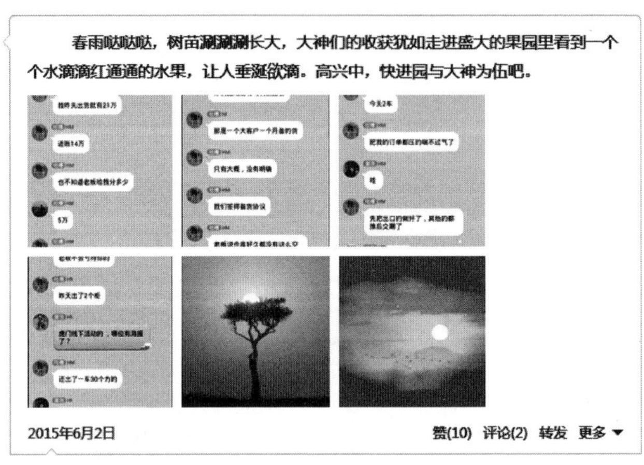

图 4－42　某产品文案

不知道大家看了这些之后是否有点感觉？是否能总结出一些规律？接下来我给文案下一个标准的定义。正确的文案应该是：能让人产生画面感，激发客户或者粉丝的情感，且让人记住的文字。

第五章
推广图与主图
“六脉神剑”

一、推广图设计技巧

一张好的推广图对于店铺来说非常重要。因为在前期的广告推广过程中，几乎所有的工作都是围绕点击率进行的。

如果点击率不好，转化率、成交量等都是浮云。在优化点击率的过程中，推广图无疑是重中之重，是首先需要考虑的一个因素。

（一）推广图是什么

有一次我出去参加电商聚会，有朋友问我：“老聂你认为推广图重要吗?”一下将我问住了，我就想这应该是很多人都想了解的问题。

当时我就举了一个例子，说很多年前我们看人一般只看第一印象，但现在我们会考虑很多东西，比如，如果是美女，她们会精心打扮一番，会化好妆，会穿着得体，介绍也会很特殊，让人一下子就记住了。

仔细一想，我们所做的这些不就是在推销自己？用在电商路上，不就像我们的推广图吗？一家网店由很多部分组成，而我们有脸、鼻子、头发、衣服、首饰、言行举止等，一个人的各部分不也类似于网店的各部分吗?

图 5－1 中的产品是 ××汽车，你可以从图片或者推广图中看到什么？有人说是产品信息。是的，有产品信息。

图 5－1　××汽车推广图

但我们剖析一下这张图，可以看到图里并没有出现汽车，但是你会通过画面上的几笔勾勒及图形看出讲的是汽车，而车的速度则是通过下面的水平线和一些像音律一样的东西体现出来。所以看了这张推广图，好不好各位应该有答案。

我们看到图5－2是鱼的图片，但是它通过嘴巴表现出来，让人产生联想。中间加上文字说明，让我们能立刻明白到底推广的是什么。

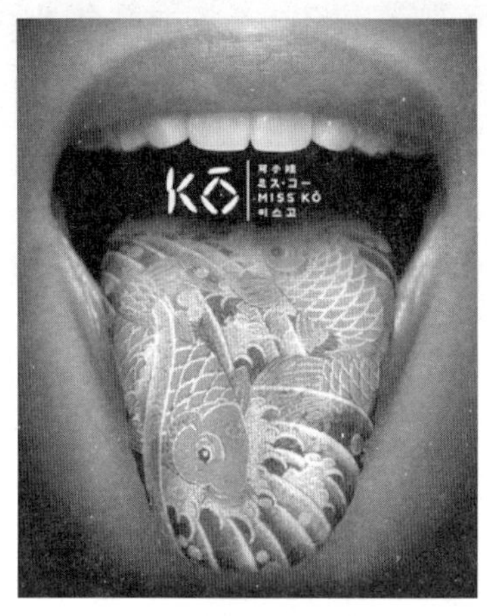

图5－2　某鱼产品推广图

（二）一张推广图应该包含什么样的特点

在图5－3和图5－4中，大家看到的都是电扇，都是落地扇。如果单凭直觉判断你可能还真不知道哪个好，回答不出来。但是我相信大家看了图片加文字后就会有答案了，你会选择哪个？估计答案是一致的，那就是图5－4的电扇。实际上，图5－4的点击率要高于图5－3的3倍左右。

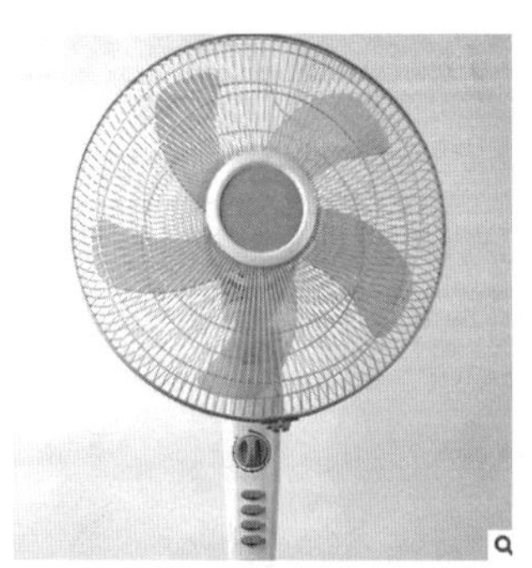

图5－3　某电扇推广图

图5－4　某电扇推广图

有人也许会问：为什么会这样？仅仅是因为一张图写了文字，另外一张没有吗？不仅仅是这个，还因为人是感官动物，没看到实物前可能就会通过这些推广图来判断产品好坏。

确实是这样，图 5　3 因为无卖点，让人无法知道它好在哪里。而图 5 –4 能让买家清楚地知道这件商品最大的特点是什么，以及有什么特色和保障，直接将买家想要了解的全部展现在面前，让买家明明白白消费。这样既迎合了客户想要了解产品的心理，也能够为客服节省时间。

总体而言，一张推广图包含了产品特点、卖点文案、客户所关心的需求、优惠信息等。

（三）推广图技法大全

做推广图需要花时间和精力去设计，对于很多不太懂美工的人来说，这可能是件头疼的事。在此给大家总结几种推广图技法，如果懂美工可以参考，如果不懂美工，设计时可以把它当作教科书，参照进行设计。

备注：我们将在下面进行一个区隔，告诉大家符号表示什么，如图 5 –5 所示。

图 5 –5　符号的含义

（1）左边文字右边产品模式，如图 5 –6 所示。

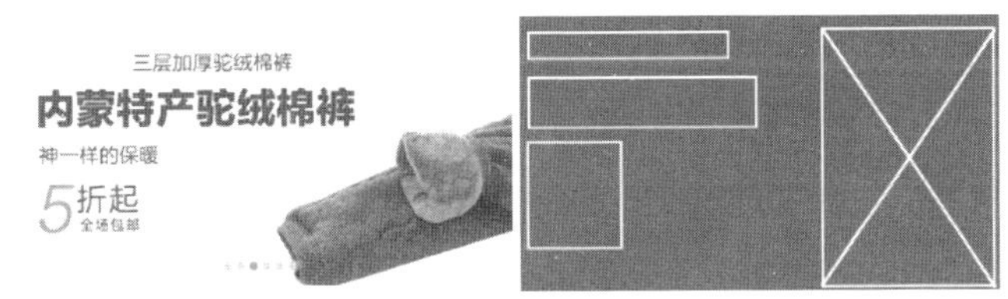

图 5 –6　左边文字右边产品模式

（2）左边文字遮过右边产品模式，如图 5 –7 所示。

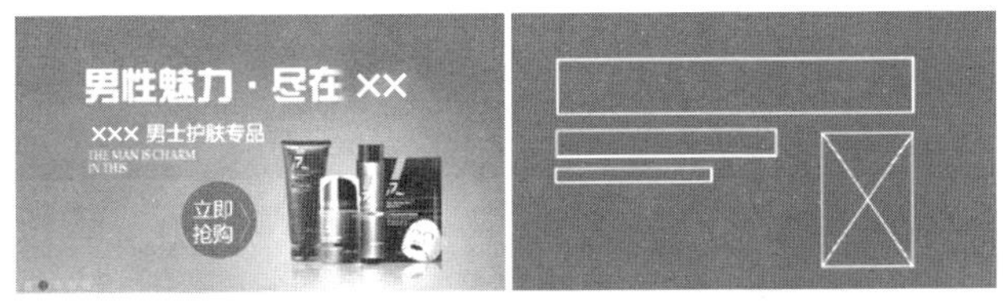

图 5 –7　左边文字遮过右边产品模式

（3）左右产品中间文字模式，如图5－8所示。

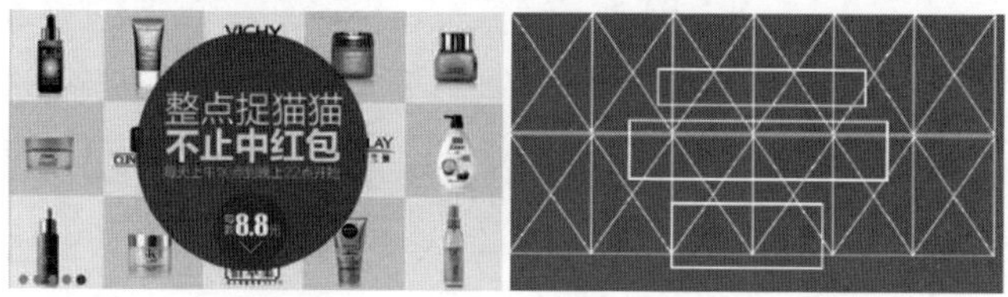

图5－8　左右产品中间文字模式

（4）上文下图模式，如图5－9所示。

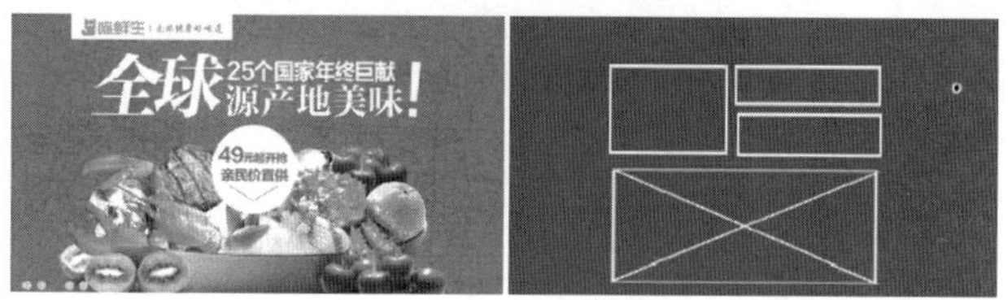

图5－9　上文下图模式

（5）文字包围产品模式，如图5－10所示。

图5－10　文字包围产品模式

二、主图设计捷径

客户在进入店铺之前，首先看到的就是主图。如果主图做得不美观，根本就吸引不了客户的眼球，那么客户就不会到我们的店铺里来。

（一）主图的意义

（1）凸显自己的产品，尽量让阿里巴巴显示只有一家店铺在销售此款，这样客户会认为你这款产品在阿里巴巴是独一无二的。

（2）提高自己店铺的辨识度，提高客户认知水平需从小事慢慢做起。

（3）提高点击率，在排名靠前的情况下，利用突出的主图，吸引客户去点击你的产品。

（4）展现产品品质。因为网络购物客户看不到实物，只能通过图片来看品质。要是图片看起来差，就算东西再好，客户也不会想点击。

（二）主图的内容

（1）产品。

（2）Logo。

（3）卖点（联系方式、活动促销）。

（4）背景。

注意要点：

（1）制作主图时，自己店铺的 Logo 或者名称要带上。

（2）背景颜色统一，主图的背景颜色要根据你的同行或者整个行业及你的店铺来确定。

（3）主图内的产品要做到高清不变形，变形的产品会误导客户。

（4）排版要简洁美观。

（三）好差主图对比

原因：图 5 – 11 排版杂乱，容易使客户产生视觉疲劳。像礼盒和袋子这些不应该出现，因为店铺主要是卖茶具套装的。至于要怎么卖，有什么包装，这些在详情页说明里面介绍就好了，不要加在主图上面，影响产品的整体观看。

原因：图 5 – 12 字太多，字的版面占了主图的 1/3，甚至更多，上面

图 5 – 11　差图 1

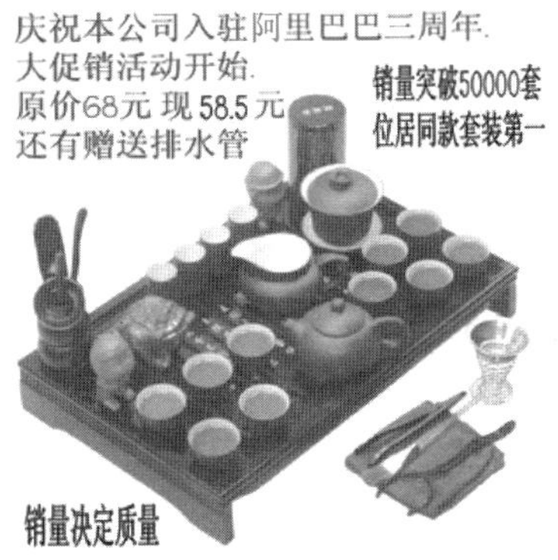

图 5 – 12　差图 2

写的信息都是与产品无关紧要的内容。本来图片是可以的，但是因为加上了文字，导致整体质量下降。

作为产品本身来讲，茶盘是一件高档产品，加上文字后，产品的档次就给拉低了。当然，加文字是可以的，但是不能乱七八糟地加。

图5－13与图5－12是同一家公司的产品，这张图虽然没有加文字，但是存在两个问题。

图5－13　差图3

问题一：手机拍摄，背景不统一，没有经过任何的处理。虽然大家都讲究实物拍摄，但是千万不能拿手机拍摄，还不做处理。这样拍出来的图片像素低，更会导致客户视觉偏差，到时候收到的实物和图片不符，麻烦可不是一点点，而且用手机拍摄，色差会比较大。所以图5－13差就差在拍摄上面。

问题二：浪费空间资源。那么大的主图位置，只有一点点用来显示产品，这样客户看起来比较累，可能会直接跳过，而且图片没有经过处理，就看不出放大的效果。

图5－14、图5－15太杂乱，无法给客户视觉享受。

图5－14　差图4

原因：

（1）版面字太多，杂乱信息占了1/3的位置，且字太小无法看清；

（2）产品不明确，一张图片上有多件产品；

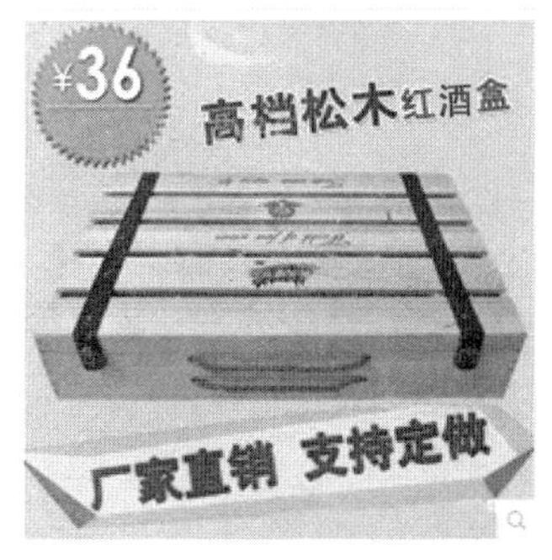

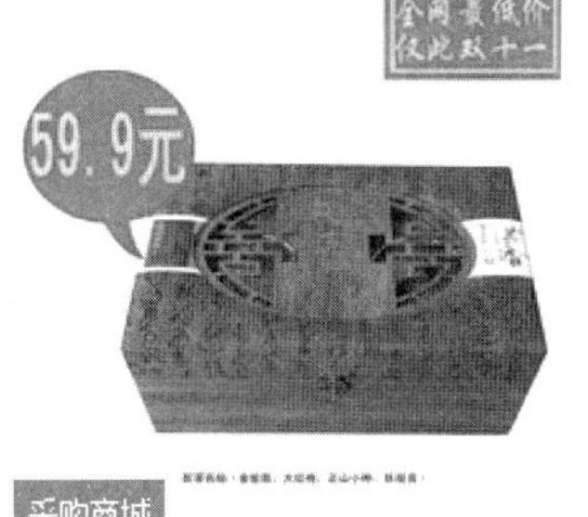

图 5－15　差图 5

（3）像素低，不清晰，影响观看；

（4）排版混乱，影响美观；

（5）手机拍摄，整体质量下降，辨识度低，看起来没档次。

说完了差的主图，接下来说什么是好的主图。

原因：图 5－16 底色统一，版面整洁，产品主图大而清晰，具有一定的辨识度，可以给客户带来视觉上的享受。

图 5－16　好图 1

原因：图 5－17 背景色统一，还做到了高清展示。最重要的是产品做成了正方形的图片，上面还带了卖点，这样看起来就会非常直观，使客户一目了然，而不是加过多的文字，造成累赘。我们要做到精简。

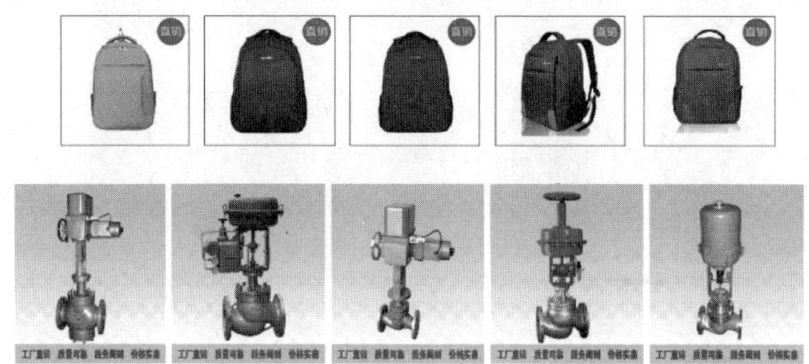

图5－17　好图2

（四）关于主图的制作

1. 关于拍摄

做好主图的前提是把产品拍好，拍摄产品也是有讲究的。

大家看图5－18和图5－19，第一眼看到你会选哪张？应该都会选图5－19吧。手机拍的图片明暗不一、模糊，背景还是水泥地。而图5－19看起来精致漂亮，清晰度高，还是单色的背景，这样看起来很有质感，很舒服。图5－18看起来很廉价，其实价格比图5－19贵。

图5－18　手机拍摄

图5－19　相机拍摄

我们在拍摄产品时一定不要用手机拍摄，为什么？因为手机拍摄不仅像素不高，而且拍出来的效果没有相机好，所以首先要有相机，做好拍摄工作，可以事半功倍。

在拍摄产品时，一定要选择单色作为拍摄背景，这样不仅拍出来的效果好，还利于美工处理图片。一般背景色可以选择黑白灰色系来拍摄，具体根据自己的情况而定。

2. 相机拍摄产品主图的好处

（1）图片清晰，反映产品品质，显示档次。

（2）单一背景色，拍摄效果好，利于美工处理。

（3）给客户一定的视觉享受。

3. 关于拍摄注意点

（1）不要用手机拍摄。因为手机拍摄像素低，效果不理想，显得不专业，有时自己不会构图，处理起来也麻烦。

（2）用相机拍摄。因为相机拍摄清晰度高，效果较手机佳，更专业，反映产品品质，显示档次。

（3）单色背景。因为单一背景色的拍摄效果好，利于美工处理。

（五）关于主图排版美观

懂得拍摄产品主图还不行，做到统一、整齐、美观，才是完美的主图。

1. Logo 或边框

在产品主图中加上自己的 Logo，这样不仅看起来统一，还美观。如果你的产品和别人的类似，但是因为你加上了自己的 Logo，客户在看到一页显示中有许多是你们家的产品，肯定会选择你们家店铺进去看看，这就是品牌效应。

做 Logo 虽然不能让客户下单，但是可以让客户记住你们。等到下次搜索时，客户只要看到这个标志就知道是谁，这样就等于在无形中做了宣传。

大家看图 5－20，像这样统一的 Logo 做起来是不是美观多了？不仅底色统一，而且像素高，作为客户肯定想多浏览这样的店铺。但注意 Logo 不要做得太大，放在左上角位置，能看到就好了。

2. 水印

在这个盗图的网商时代，大家为了防止自己家的图片被盗，纷纷加上各种水印，但是这样的做法只会影响客户的观感。大家有必要明白一个道

图 5－20　某产品 Logo

理，那就是加水印可以，但是不要加在主图上面，因为盗图主要盗的不是主图而是详情页。

详情页里包括了产品说明和细节图，还有其他的内容，只要把详情页面加上水印就好了，千万不要在主图上加，这样会影响美感。

另外，有的主图加的水印杂乱无章，有大有小，有的有电话号码，有的没有电话号码。在阿里巴巴，如果主图文字太大，会有不利影响。作为客户来说，目的是看产品，清清楚楚看到自己想看的东西，就想点进去。如果在主图上添加了各种水印，会给客户带来干扰，使客户看图很费劲。

如果做到整齐与美观，客户看产品就是个视觉享受的过程，才会停住脚步。而且加了水印会给人一种打广告的感觉，这样客户多少会有点不喜欢。所以说要加就加 Logo，不要加水印。

3. 主图排版注意事项

（1）Logo 建议加在左上角，因为符合人浏览信息的习惯。Logo 可以提高店铺辨识度，还可以做隐性宣传；

（2）不要添加太多文字在主图上，促销信息要精简，易于阅读；

（3）水印不要加在主图上，因为影响观看产品，要加就加在详情页；

（4）要做成正方形图片，这样会有一定的放大效果，并要保证产品图片不变形；

（5）底色要统一，图片要高清。

4. 关于主图排版美观注意点

（1）加 Logo，提高辨识度，强化视觉营销；

（2）去水印，让客户可以更清楚地看到产品；

（3）加卖点，让客户更直观地知道店铺活动。

（六）关于主图制作

很多朋友都不知道怎么去制作图片，使自己的产品图片清晰且尺寸正确，现在我来教大家怎么做。

图 5 -21 和图 5 -22，你们觉得哪张好看？

图 5 -21　某产品主图

图 5 -22　某产品主图

为什么图 5 -21 看起来那么大，而图 5 -22 那么小？原因就是图 5 -21做成了正方形。因为正方形图片具有放大效果，所以显示的时候看起来会比较大。具体的操作方法如下：

（1）新建一个 800 ×800 像素或者是 750 ×750 像素的图层（阿里巴巴一般是 750 ×750 像素就可以，如果是淘宝，就是 800 ×800 像素）。

（2）点击文件——置入——把要处理的图片置入到文档中——点击确定。大家可以看到现在图片是长方形的，如果就这样上传，阿里巴巴里面显示的时候会很小，所以要做成正方形的图片。

因为拍摄时用的是单一背景色——白色，所以美工处理起来很方便，这样处理后是不是比之前的大了很多？（如 5 -23、图 5 -24 所示）然后保存成 JPG 格式的图片就好了。

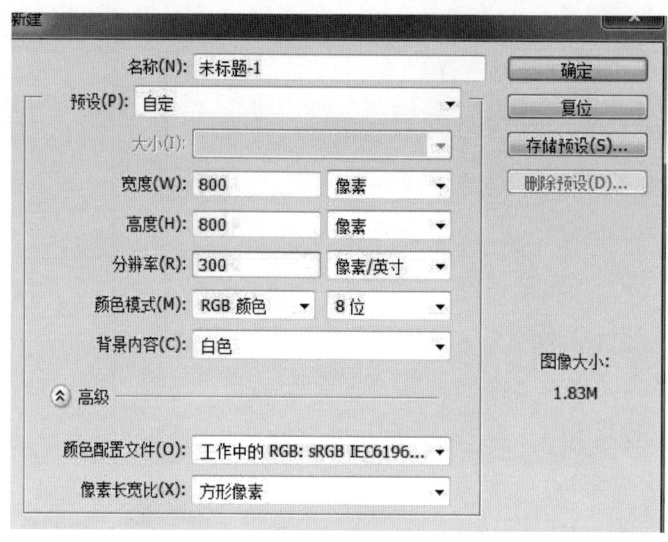

图 5－23　步骤 1

图 5－24　步骤 2

图 5－25 用的是 PS 处理方法，考虑到有些人可能会用到 CDR，我在这里也分享下。

CDR 的使用步骤是：

（1）新建一个像素文档，然后用矩形工具画一个 800×800 像素的矩形框，如图 5－26 所示。

图 5－25　步骤 3

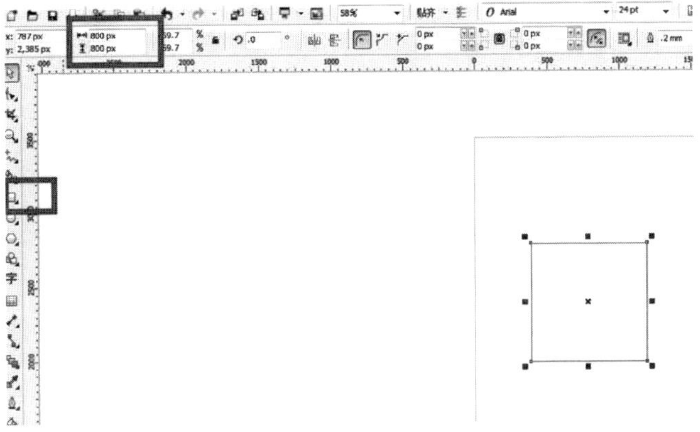

图 5－26　步骤 1

（2）将要修改的图片直接拖入文档，如图 5－27 所示。

（3）选中要放到线框里面的产品点效果——选择图框精准线——点击放置在容器内，如图 5－28 所示。

一般图片会“跑到”线框里面，点击放置在容器中时，会出现向右的箭头，只要将箭头点到要放的线框里面就可以了，如图 5－29 所示。

（4）右键点击图片——编辑内容，以此来调整大小，调整到合适大小后，单击右键——结束编辑——导出为 JPG 格式的图片，如图 5－30 所示。

边框和 Logo 大家根据实际情况来加就行，我就不在这里演示了。

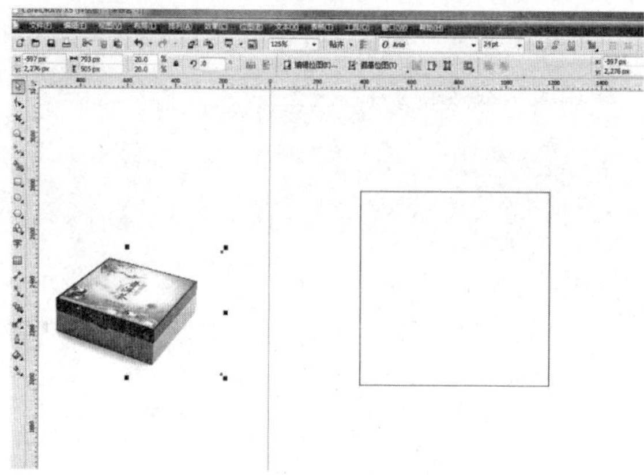

图 5－27　步骤 2

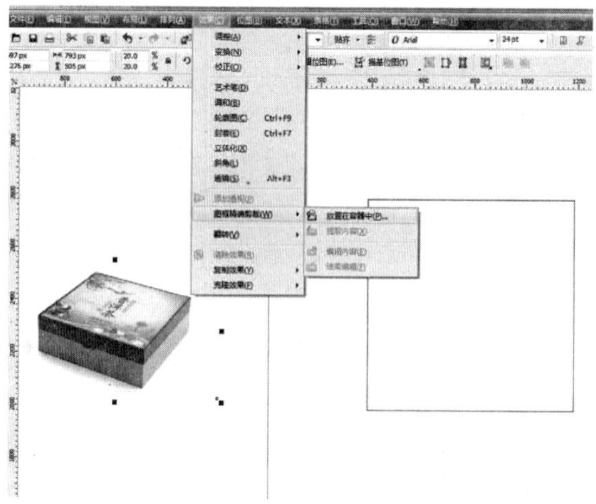

图 5－28　步骤 3

图 5－29　步骤 4

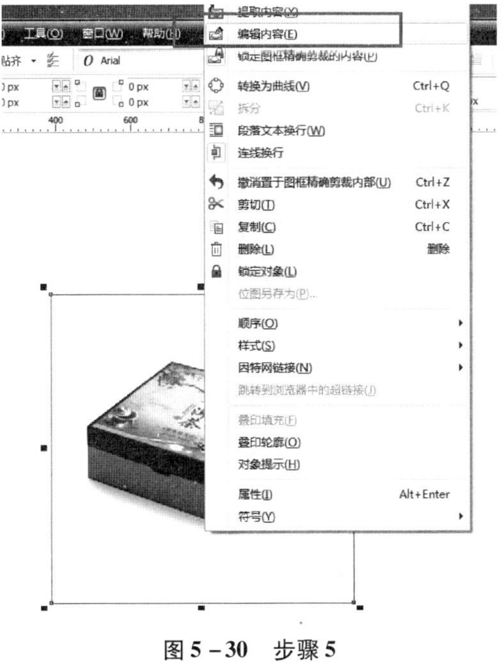

图5－30 步骤5

（七）主图制作主要事项

（1）加Logo，建议加在左上角或者右上角，符合人们浏览信息的习惯，还可以做隐性宣传。

（2）不要添加过多文字在主图上，促销信息要做到精简，易于阅读。

（3）水印不要加在主图上，因为会影响产品观看，要加就加在详情页。

（4）应做成正方形图片，像素建议在750×750以上，这样会有一定的放大镜效果，要保证产品图片不变形。

（5）底色背景应统一，图片应是高清的。主图的背景颜色要根据整个行业及你的店铺特点来定，通常是采用黑白灰三色。

（6）排版要简洁美观。

第六章
关键词的
查找与选择

简单来说，关键字就是用户在使用搜索引擎时输入的、能够最大程度地概括用户所要查找信息内容的字或者词，是信息的概括化和集中化。

在搜索引擎优化 SEO 行业谈到的关键字，往往指网页的核心和主要内容。对于搜索引擎来说，你的网页主要讲哪方面的内容，那个方面就可以总结出一个（更多时候会是多个）关键字。

精准的关键词可以增加曝光量、点击率和转化率。

这里主要讲的是无需下载工具，怎样查找关键词及关键词的选择。

一、关键词的查找

（一）站内常用关键词查询方法

1. 阿里巴巴下拉框

我们在阿里巴巴主页输入关键词“电动门”，就会看到下拉框里有很多和关键词对应的词，如图 6－1 所示。这些词有不少是我们需要的，因为这些词是阿里巴巴根据用户搜索习惯、搜索次数等基数积累而来。

图 6－1　阿里巴巴下拉框

这些词是客户搜索习惯里涉及率较高的词，也就是会包含一些我们想要的精准搜索的长尾词，它能够让客户最迅速、最准确地找到他想要的商品。

2. 你是不是在找

输入关键词时，所打开页面的上面部分会出现许多关键词。这些词也是根据客户搜索习惯来设置的，很多客户会根据他们的需要直接选取，这也有助于我们寻找行业的长尾词。

我们可以试着在这些选项里进行勾选，也能看出一些对我们来说有用的信息，以及那些会对我们带来流量和搜索量的词，如图6－2所示：

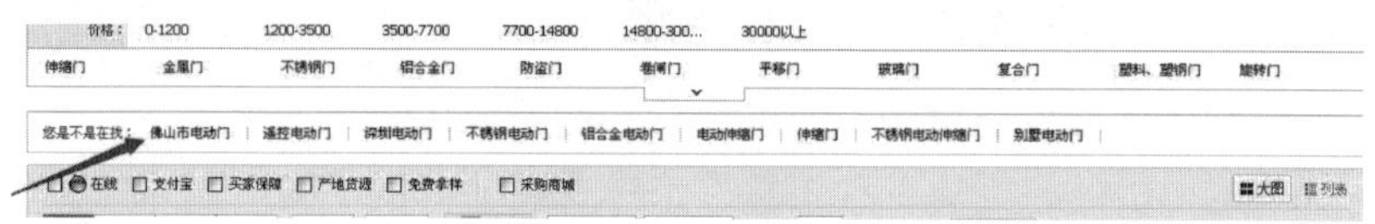

图6－2 关键词

图6－3的信息框对我们很有用。假如客户急需一件产品，他一定会比较急切地想要找到店长。

图6－3 在线信息框

旺旺在线一般表示店长可以联系，客户可能就会直接找店长谈，咨询产品参数及其他具体情况；而此时如果我们的旺旺不在线，客户可能会因此而跑开。同时，能不能使用支付宝、是否开通买家保障、是否标注产地货源、能否先拿样、有没有加入一些活动或我们的实力是否被行业及阿里认可，都是会影响访客的因素，希望能够引起大家注意。

3. 生意参谋

生意参谋也是一个非常关键的点，我们在生意参谋里需要注意以下几点：

（1）人。

通过引流搜索词，大家可以看到客户最关心的是什么，或者说客户是通过什么关键词搜索到我们的。

（2）货。

（3）选词助手。

选词助手需付费，只有付1800元给阿里巴巴才能使用，不过它的功能很强大，如图6－4、图6－5、图6－6所示。

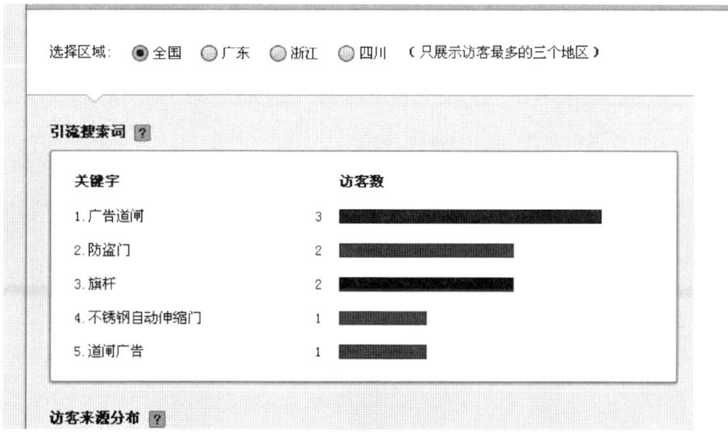

图 6－4　访客数

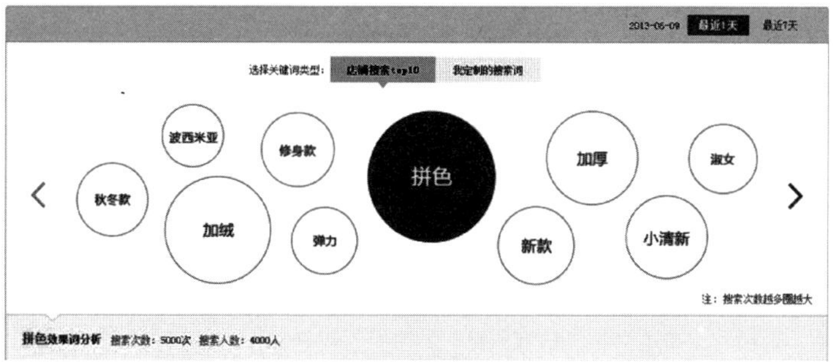

图 6－5　店铺搜索

相关搜索词	搜索次数	搜索趋势	全站商品数	点击率	操作
巴宝莉	832	↑ 5.23%	1918	32.7%	+定制
burberry	732	↓ 25.23%	1916	25.23%	已定制
burberry巴宝莉	120	↑ 25.23%	2356	48.32%	+定制
巴宝莉男	102	↓ 25.23%	358	25.23%	+定制
burberry巴宝莉男装	98	↑ 25.23%	84	15.23%	已定制
巴宝莉童装	77	↓ 25.23%	75	7.12%	已定制
巴宝莉女	74	↑ 61.23%	100	25.23%	+定制
burberry童装	70	↓ 4.99%	419	20.67%	+定制
burberry包	65	↓ 1.39%	100	25.23%	+定制
burberry女包	60	↓ 1.28%	419	20.67%	+定制

图 6－6　选词助手

（4）网销宝。

大家将网销宝比喻为阿里的直通车，都认为它是要付费的，但是今天我来教大家如何免费使用它，如何用它查询我们需要的关键词。

打开网销宝具体步骤为：登录 1688 的用户名和密码——我的阿里——应用——网销宝。进入之后，直接打开标王。之后，我们就会看到图 6－7 所示的情景。

图 6－7 网销宝标王

接下来要怎么做？在搜索框中输入你想要的关键词，如真皮女鞋，如图 6－8 所示。

查询关键词 本期竞拍时间：2016-02-16 10:00:00-2016-02-19 10:00:00 本期秒杀时间：2016-02-22 10:00:00-2016-02-26 23:59:00

Q真皮女鞋 小宝推荐词

您搜索的关键词真皮女鞋 已经被 ×××××贸易有限公司以2578元于2016-01-12 10:06:03购买

批量购买

关键词	搜索热度	竞购热度	历史售卖次数	体验价
×××女鞋			14	¥328
××女鞋			4	¥328
鞋子女鞋真皮			7	¥308
防水台女鞋			24	¥318
××女鞋			23	¥338
欧美真皮女鞋			10	¥328
纯色真皮女鞋			2	¥298
2013女鞋			10	¥298
夏季女鞋真皮			4	¥298
大码真皮女鞋			4	¥298

图 6－8 搜索真皮女鞋

搜索之后你会发现这里有很多长尾词，但请记住这些词不是随便乱选的，你要选的是搜索热度高、竞争热度低的词。

细心的读者会发现，这里还有个无线标王及 PC 标王。是的，我们的建议是：如果可以，请选择 PC 和无线标王里都有的词，为什么？因为手机和 PC 端都有人搜索。如图 6-9 所示。

PC标王(电脑端投放)　无线标王(手机端投放)　什么是无线标王?

无线秒杀进行中　我的竞拍　我购买的标王信息　我的收藏

无线秒杀结束倒计时：1天 00小时 23分 59秒

竞拍成功的词将不能再参与秒杀，建议您参与竞拍。标王仅针对现金开户的网销宝会员开放购买,立即充值网销宝　全年售卖一览

查询关键词　本期竞拍时间：2016-02-16 10:00:00-2016-02-19 11:00:00　本期秒杀时间：2016-02-22 11:00:00-2016-02-26 23:59:00

请输入关键词　小宝推荐词

您搜索的关键词真皮女鞋 已经被 ×××××× 鞋厂以1388元于2016-01-12 10:57:59购买

关键词	搜索热度	竞购热度	历史售卖次数	体验价
×××女鞋	-	-	0	¥318
韩国女鞋	-	-	1	¥308
欧洲站女鞋	-	-	2	¥448
××女鞋	-	-	0	¥308
鞋子女鞋真皮	-	-	0	¥298
防水台女鞋	-	-	0	¥298
温岭女鞋	-	-	0	¥298
复古女鞋	-	-	0	¥298

图 6-9　无线标王

（5）阿里指数。

阿里指数中有个细节要注意，那就是选择关键词时，要有技巧地去选，不是乱选。在上升榜里，我们要选搜索趋势高、搜索指数高的词。在热搜榜里要选搜索指数高、全站商品数少的词（但不要选少得可怜的）。如图 6-10 所示。

图 6-10　阿里指数排行

以上讲的是阿里比较实用的关键词查找方法。

（二）站外关键词延升工具

1. 站长工具

站长工具是 SEO 人员常用的必备工具，对于查询关键词有非常重要的

作用，如图 6－11 所示。无论是新手还是老手，都应好好利用站长工具。它是根据网友对于百度搜索数据所形成的数据抓取而来。

图 6－11　站长工具

我们在站长工具里看到了搜索指数及关键词的收录量（如图 6－12 所示），一名成熟的 SEO 人员能够抓住这些信息，并且利用自身技术把想要的关键词优化，进而展现在平台上。

图 6－12　关键词分析

2. 爱站网

爱站网也有个工具箱，能够深入挖掘你想要的关键词，其功能与站长工具差不多。在工具箱中找到关键词挖掘，然后输入你想要的关键词，就可以得到搜索量、收录数。当然比较好的是它会告诉你优化的难易程度。

3. 查询啦

查询啦工具和站长工具有点类似，但又不尽相同。个人感觉查询啦稍微好一点，因为它多了一个工具可以查询行业的关键词。如我们在对话框中输入一个关键词“真皮皮鞋”，会出现如图 6－13 所示的截图。

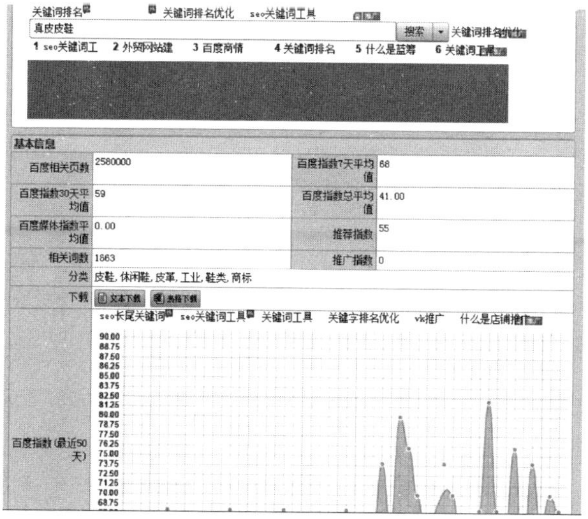

图 6－13　真皮皮鞋查询

用查询啦，不仅可以看到百度指数，还能看到相关页数或者搜索的相关知识，如图 6－14 所示。

序号	关键词	相关页	7天	30天	总	媒体	推广	相关数	推荐	分类	相关知识
1	真皮皮鞋厂	923000	—	—	—	—	0	73	39	家具，皮鞋	真皮皮鞋厂
2	真皮皮鞋水	13500000	—	—	—	—	0	29	30		真皮皮鞋水
3	买真皮皮鞋	10600000	—	—	—	—	0	45	31		买真皮皮鞋
4	男真皮皮鞋	44300000	—	—	—	—	0	98	31		男真皮皮鞋
5	真皮皮鞋加盟	10100000	—	—	—	—	0	124	29		真皮皮鞋加盟
6	男士真皮皮鞋	47100000	—	—	—	—	0	516	31		男士真皮皮鞋
7	真皮皮鞋保养	1980000	—	—	—	—	0	1479	39	皮鞋，休闲鞋	真皮皮鞋保养
8	真皮皮鞋批发	20000000	—	—	—	—	-3	684	30		真皮皮鞋批发
9	真皮皮鞋价格	23300000	—	—	—	—	-3	954	31		真皮皮鞋价格
10	特别真皮皮鞋	373000	—	—	—	—	0	97	46	皮鞋，时尚	特别真皮皮鞋
11	真皮皮鞋品牌	19000000	—	—	—	—	-3	1125	31		真皮皮鞋品牌
12	女式真皮皮鞋	5790000	—	—	—	—	0	266	34		女式真皮皮鞋
13	中国真皮皮鞋	7550000	—	—	—	—	0	33	33		中国真皮皮鞋
14	男式真皮皮鞋	6030000	—	—	—	—	0	58	35		男式真皮皮鞋
15	女士真皮皮鞋	7870000	—	—	—	—	0	1824	33		女士真皮皮鞋
16	真皮皮鞋成本	91300000	—	—	—	—	0	59	32	皮鞋，皮革	真皮皮鞋成本
17	真皮皮鞋清洗	13200000	—	—	—	—	0	31	30		真皮皮鞋清洗
18	真皮皮鞋鉴别	29100000	—	—	—	—	1	29	31		真皮皮鞋鉴别
19	品牌真皮皮鞋	22000000	—	—	—	—	0	47	2		品牌真皮皮鞋
20	真皮皮鞋英文	13300000	—	—	—	—	0	84	29	时尚，服饰	真皮皮鞋英文
21	男女真皮皮鞋	6830000	—	—	—	—	0	26	33	皮鞋，时尚	男女真皮皮鞋

图 6－14　真皮皮鞋的相关关键词

4. 金花关键词工具（飞达鲁关键词工具）

金花关键词工具和飞达鲁关键词工具都是很常用的关键词工具。可以到百度去下载，下载完之后，同样可以查询到很多我们想要的关键词。在搜索框中输入关键词，可以得到百度指数、淘宝指数、相关页及来源，等等。

当然，还有最后一个方法，也是我觉得比较笨的方法之一，就是问那些采购的朋友们，如果他们要买这个东西会用什么词或如何在网上搜，或者我也会问他：你最初是通过什么词找到我们的？得到的答案常常会是啼笑皆非的词，有些或许也有用，但我根本就想不到的词。

二、关键词选择

选择关键词的诀窍在于全面考虑词汇与你所提供产品或服务的相关性、网民关注程度、表现形式等。

（一）关键词细分技巧

我们可以从买家和卖家的角度来考虑。买家希望在前面快速找到物美价廉的好产品，卖家希望自己的产品和公司能够显示在首页方便客户挑选。所以作为卖家的我们，就必须静下心思考以下问题：

（1）我的产品或服务应用到哪些地方？它们的需求度怎样？

（2）哪些地方的客户需要这款产品？

（3）这款产品能帮客户解决什么问题？

（4）我的客户是通过什么样的关键词找到我的？在第几页？他们是怎么搜索的？是否所有人都是通过这个途径找到我的？

（二）选择关键词的原则

做网络营销和电商有个不成文的规定，那就是要避重就轻。什么意思？就是当你刚开始设置关键词时，不管是热门行业还是中等热门的行业（冷僻行业除外），一定要先从长尾关键词或者是精准关键词做起。

因为精准关键词或者长尾关键词的竞争热度不是很高，做起来比较容易；另外，进来的客户比较精准，这样成交转化率也就会相应提升。

做关键词应先做精准关键词、长尾关键词的排名，然后再去做主关键词。这样相对来说就很容易，并且自然而然会把主关键词排上去。所以选关键词时，先考虑精准词、长尾词，别一上去就选大词、热词，否则你会很吃力。

（三）关键词还可以用网民的搜索类型

网民的搜索类型及搜索习惯有以下几种，如传统导航型搜索、直接产品型搜索、一问一答型搜索。

（1）传统导航型搜索：使用此种搜索方式的人比较传统，他很清楚自己要找到一个电商平台，就直接到网站导航条去搜索自己想要的产品。他习惯用导航这个工具来为自己节省时间，从而直接找到自己想要的宝贝。我们看到其实1688就是一个导航型搜索。

（2）直接产品型搜索：客户非常清楚自己想要什么，他会直接在需要搜索的地方去找自己喜欢的产品，如要搜索智能手机、iphone7、苹果手机、爱疯手机等。

（3）一问一答型搜索：这种客户相对其他两种客户来说，更懂互联网或者是电商。他们在电商平台，如1688平台上搜索某项具体的内容，如韩版女装包邮、电机保修方法、百度快照怎么优化等。

如果用心，你会发现这类型的网民目的性很强，或者说他们的需求很明显。只要能解决他们的问题，他们就会在能解决问题的那些商家中选择，也就是说精准度加强了，客户的转化率就相对来说更高了，客户黏度也就相应增加。

（四）关键词如何定位

例如我们是做电饭煲的，那么首先我们要做的是百度一下电饭煲这个关键词，看看它有多大的竞争度。我们找到相关网页24,000,000个，说明这个关键词竞争异常的激烈，而且都是网站首页，如图6－15所示。

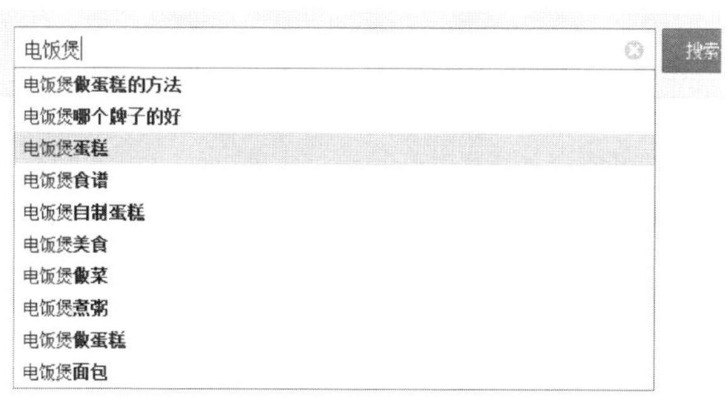

图6－15　搜索关键词“电饭煲”

百度搜索框还有一个功能，就是输入“电饭煲”这个关键词就能跳出相关关键词。看完之后，我们可能还会查看百度指数，挑出一个最合适的关键词来做。因为有些词容易，有些词很难，要做到先简后难。

（五）选择关键词的方法

（1）不选竞争热度高的热词。热词很难做，需要很强的技巧，并且竞争也是相当激烈，投入和产出比非常不平衡。如果你有技巧，可能投入200元，能获得上万元的订单。但若你没技巧，你可能会发现投入上万元，成交额甚至只有1%。

你可能会问：怎样才能知道关键词热度高还是不高？你可以通过以下路径查找：我的阿里——服务——所有服务——网销宝——标王——查询关键词——输入关键词。具体可参照图6－16，这里有个规律，那就是选择搜索热度高、竞购热度低的词。

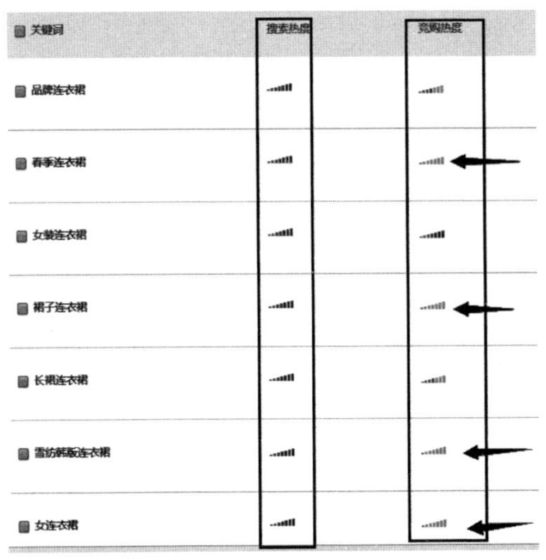

图6－16　关键词热度

（2）不选偏僻冷门词。偏僻冷门词就是这个关键词本身知道的人就很少，所以在网络上搜索的人也就更少。这样的词即便你做到了首页，成交的概率还是很小。这种词建议大家不要选，与其做这样的词，还不如去研究其他热门一点的长尾词，把时间花在产出明确的地方。

（3）巧选词。建议选择一个合适的关键词，一定要选搜索热度至少超过3格或者以上的，要不然做了这个词也没多大意义。

这里我们可以得出以下结论：

4 个字关键词：同行竞争比较激烈，优化时间较长，当然要看个人技术。

7～9 个字关键词：长尾精准词，同行竞争少，容易做上去（研究用户搜索行为，搜出同行关注少、关键词转化率最高的词，有计划的将之做到首页，自然排名前五的位置）。

例如，我们是做高档电热水壶的，材质是不锈钢的，我们可以组成的词是“高档不锈钢电热水壶”。

通过业务员直接面对客户，可以清楚地知道客人对该产品的叫法。客服也可以知道网络客户搜索的关键词是什么，从而站在客户的角度，分析客户平时搜索时习惯性用哪些关键词来查询。用客户或潜在客户的搜索词当关键词，可以更好地提高客户体验度。

（六）巧用相关搜索

词条引荐（站长工具）：（51 拉统计、站长工具）通过软件知道客人用什么关键词进店。

我们是客户也是商家，所以要做好自己的店铺，最好的方式是模拟客户进店的心情或者行为，也就是说多问自己为什么。

比如，为什么买这家的产品？为什么看这款产品？为什么相信店家？为什么老板会说自己的比别人好？比别人好到底好在哪里？我看中她家的到底是哪一点？从买家需求的角度出发进行考虑，商家就基本能解决客户的需求，自然而然转化率也会比较高。

（七）查看同行排名靠前或优秀网站的关键词

同行监控：通过 B2B 阿里或其他渠道，搜索同行关键词，并做对比分析。

市场趋势分析：从批发市场了解最近流行元素。

网络了解：百度指数、阿里指数。

分析同行：真实交易。

同行的排名靠前，说明他们的关键词选得好，我们可以参考着去做。另外，也可以审核自己的关键词哪里不到位，将没有做到的补充起来。

（八）其他 B2B 关键词设计的 4 种模式

大家可以根据图 6－17、图 6－18、图 6－19、图 6－20 提示的四种模式去策划其他 B2B 关键词。

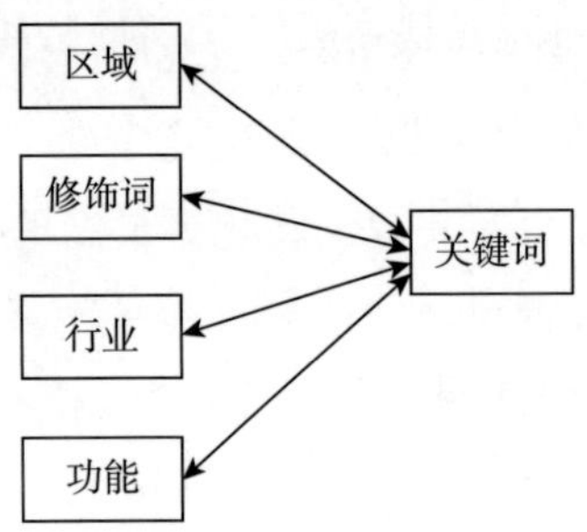

图 6－17　关键词设计方法 1

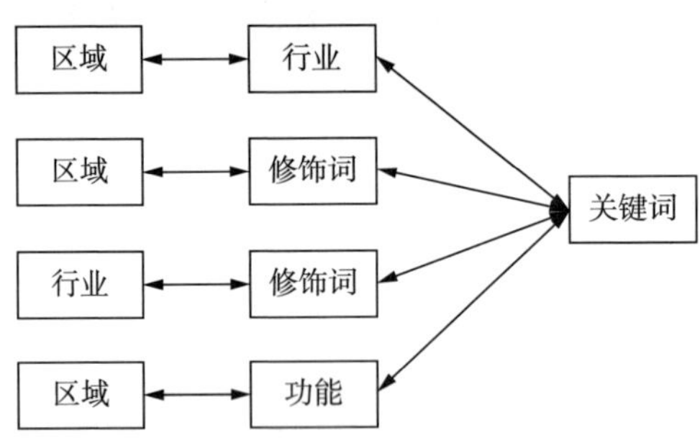

图 6－18　关键词设计方法 2

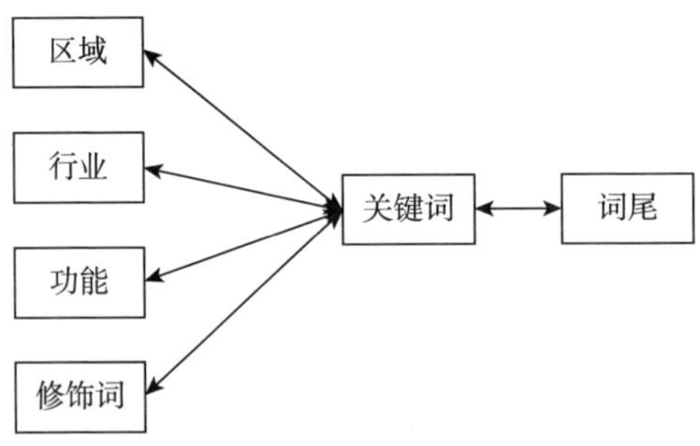

图 6－19　关键词设计方法 3

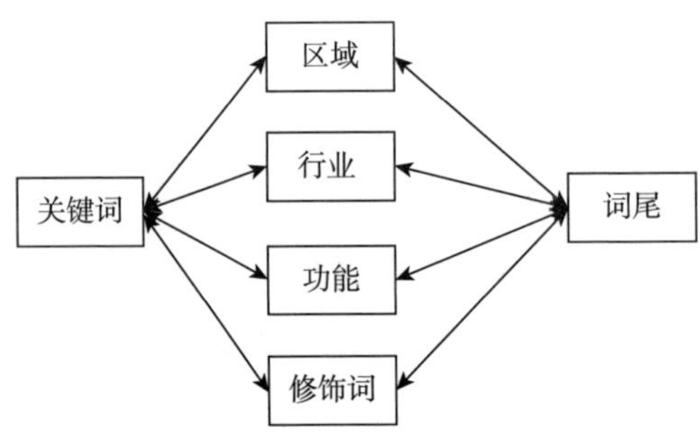

图 6－20　关键词设计方法 4

什么是修饰词？修饰词就是在关键词前面加 1 ~ 2 个词进行修饰，比如，新款、打折、2016 年、特价、尺码全、优质、规模大、新、热门、流行、实惠、便宜、爆款、自己的品牌名、韩版、时尚、流行等。

什么是词尾？词尾就是在关键词的后面适当加上产品的属性词，对主关键词进行补充和修饰。比如：自己提供的服务（30 天保修）、15 天包换、实力商家、×××公司认可、×××优质制造商、货到付款、可做月结，等等。当然，词尾可以是 2 个字，也可以是词组，应用得好还可以提升客户的信任度，有利于交易的达成。

关键词的设计，可以从以上任何一种方式中使用两项或者两项以上组成一个新的关键词。

第七章
首页标题 SEO “尚方宝剑”

做一个好的标题不容易，做到阿里巴巴首页就更加不易，所以这里需要很多的技巧。有数据表明，绝大部分的客户或者成交金额来自于电商平台的前 3 ~5 页，那究竟有些什么规律或者技巧？

我们将从五个方面给大家详细阐述：

（1）产品标题的构成。

（2）挖掘和确定产品标题中的关键词。

（3）写产品标题的原则。

（4）写产品标题要注意什么。

（5）如何优化产品标题，让店铺排名靠前。

产品标题也是影响店铺排名的一个重要因素。

一、产品标题的构成

标题是核心信息内容的浓缩，表述清晰并且包含关键信息的标题更容易让用户掌握产品具体情况，从而引起买家更多的兴趣。

一条好的产品信息标题 = 属性 + 优点 + 形容词 + 诱惑词 + 产品名字（关键词）

（1）属性。例如男装裤，属性就是什么布料的，是纯棉的，还是麻的、锦纶的、涤纶的，等等。为什么标题要加属性？有什么好处？

产品的标题其实就是产品的属性和相关性，总的来说，属性代表了产品特质，而产品特质就是标题的来源，只有了解属性，才能更好地优化标题。

（2）优点。以男裤为例，每种布料都有其优点，如保暖、透气、耐磨、宽松、舒适、修身等。简明扼要，让客户一看就明白产品的典型优势。

（3）形容词。如时尚靓丽、简约风范、尽显线条等，以加深客户对产品的联想性了解。

（4）诱惑词。如促销、打折、特价、包邮，以增加对方打开产品链接的兴趣。

（5）产品名字。它也是关键词，需要尽量以明确、精练的文字，让顾客一眼就能够明白它是什么。建议使用与本商品相关的关键词来增加产品被搜索到的概率。

二、挖掘和确定产品标题中的关键词

商品标题中关键词最重要的作用就是让顾客搜索到、注意到。因此，卖家应该在有限的关键词额度中，找到最合适、利用率最高的关键词，这对于提升商品点击率至关重要。那么，如何获得预选的关键词？我们可以利用以下工具，把店铺的产品热门关键词和长尾关键词先挖掘出来。

（1）阿里巴巴下拉框。

（2）你是不是在找。

（3）生意参谋。

（4）网销宝。

（5）阿里指数。

（6）百度推广。

（7）百度指数。

（8）百度搜索下拉框。

（9）相关搜索词。

（10）站长工具。

（11）爱站。

在完成了预选关键词的收集之后，要做的工作就是从中找到最合适的几个关键词。

那么如何选择关键词？诀窍也是有的。

首先，判断关键词的竞争性。关键词被使用得越多，这个词的竞争性就越大；能搜索到的同类产品结果就越多，那么这样的关键词使用价值就越小。因为竞争太激烈，买家不容易从前几页搜索结果中发现自己的商品。

其次，关键词的搜索量分析，也就是需求分析。没有人搜索的关键词是没有任何使用价值的。

标题中关键词的应用原则：

（1）冷热相宜。具体什么程度是相宜？冷门的排第一页，热门的至少要排前 5 页。冷门的可以是自己造的，但也不是随意捏造，要符合逻辑，符合一定的搜索规律。

（2）间隔有序。很多商友用关键词组合成一句很长的有语病的话作为标题，这样也是不可取的。标题要清晰，让别人一看就知道你是卖什么的，不然需要花费较长时间才能明白你是做什么的，那么进你店铺的概率就很小了，不过主要还是排名不能靠前。

（3）相关性好。可以从不同的角度去描述你的产品，但是，切记关键词不能滥用。不要去堆砌，想把关键词用完是一件很容易的事情，但是我们作为商人，让这些流量转变成有效的交易就可以了。如果你的关键词相关性不好，胡乱排放，那么你的信息标题还不如用一个关键词取代，这样会更有相关性。

（4）新鲜度要好。很多关键词现在排名是第一页，可是下一刻排名就会有所变动，你重发，很多同行也跟着重发，那么就需要我们在信息标题分布时错开时间段。比如，今天早上 8 点，我重发的这条信息标题有很好的排名，下午就不行了，那你完全可以在下午 1 点重发另外一条含有同样关键词的信息，以取得好的排名。

（5）修饰词。很多人会组合关键词，但就是没有人看，主要原因是产品标题中的关键词要用一定的修饰词去搭配，不然卖这样产品的人非常多，凭什么别人就进你的店里？所以要靠一些修饰类的词语，吸引客人的眼球，吊住客人的胃口。

（6）标题中的关键词要严谨。比如，用关键词“小商品”，客人搜“小商品”就会搜到我，但是客人也可以去搜“小商品批发”，那么我的这条信息就没有太大优势了，排名自然会靠后一点，除非这个词非常的冷门，否则也可以排很好的位置。所以关键词的严谨性也要引起注意，往往细节决定成败。

三、写产品标题的原则

确定标题时，关键是把商品中最重要的卖点用精练的语言表达出来。

你可以列出1～5个卖点，然后选择其中最重要的3个卖点，想方设法地融入你的标题中。

买家在乎的不外乎是产品的优势、特点、价值或者利益这几个部分。只有符合他们所想，才能产生效果。撰写具有吸引力的宝贝标题需要遵循以下基本原则：

（1）商品标题的字数是有限制的，一般在30个汉字（60个字符）以内，否则就无法发布。

（2）只有是顾客切实需要的东西，他们才会点击，所以，商品标题千万不能让人产生误解。一定要做到准确且简单明了，让买家能在一扫而过的时间内轻松读懂。

如果你的产品有几种不同的称呼，最好都填上去。一个完整全面的标题更容易让买家注意到你的商品，而且这样的商品也更容易被买家搜索到。

（3）买家在浏览搜索出来的商品列表时，一般不会细看。这时候，吸引买家注意就很必要了。可以在商品标题上适当加一些粗重的符号，增加抓住他们注意力的可能。同时，由于商品标题可能会比较长，使用符号也可以起到分隔文字的目的，使标题看起来不臃肿，容易理解，增加可读性。但是这些符号不能乱用，用太多会让人眼花缭乱。

（4）吸引消费者的感官词的使用也是有技巧的，要懂得宣传自己网店的优势和特色。如果你是5A店铺，或者信誉比较高，那么就可以在商品标题中使用类似“5A店铺”“百分百好评”等词。

就算你的网店还没有积攒起信誉，什么都没有，你也可以使用“特价”“促销”“超值”“新品上市”等诱人的词语。还有一些很具有煽动性的感官词，如“卖疯了”“月销千件”“爆款”“国际明星最爱”等，擅长使用这些能够调动人情绪的词语，对店铺的生意非常有帮助。

（5）商品标题也不是随便什么文字都可以往上加的，必须严格遵守阿里巴巴等交易网站的规则，不然很容易遭到处罚。比如，商品标题内容需要和商品本身一致，不能为了获取点击率就毫无原则地起标题，干扰用户搜索。商品标题中出现的所有文字描述都要真实，不得在商品标题中使用“最大”“最全”“最低价”等字样。如果在商品标题中出现“非翻新”

“非二手”“非港行”“非组装”“非拼装”“绝非”等词，都属于乱用关键词的行为。

（6）除非你的店铺名和品牌名一样，不然就不要把店铺名或者是关于店铺的描述放上去。只介绍产品，别介绍店铺，也就是不要把店铺名字搬上商品标题，占用宝贵的标题字数限额。

四、写产品标题要注意什么

（1）标题要清楚、完整、形象、简洁。

（2）关键词要符合买家习惯，标题的关键词切忌罗列堆砌，在设置时，要结合时下的热门关键词。

那什么是堆砌关键词？

“2016 新品秋冬款”“ 女气质修身职业毛呢背心裙”“ 连衣裙”“ 毛呢裙 997A 款”，其中背心裙、连衣裙、毛呢裙三个产品名称词同时出现，各自有独立的含义，属于堆砌，如果能写成毛呢连衣裙就不是堆砌关键词。

“mp3、mp3 player、music mp3 player”这样的标题关键词堆砌不仅不能帮助提升排名，反而会被搜索降权处罚。这些属于同义词堆砌。

堆砌产品关键词对店铺有什么影响？

堆砌关键词，你的标题质量就会降低，甚至会被降权处罚，对店铺排名非常不利。排名下降，展现量自然也下降，访客就会减少，销量自然就低，环环相扣。

如何防止使用堆砌关键词？

写标题时自己先检查是否有多次重复出现的关键词或同义词，另外也可以利用一些工具，例如生意参谋来分析产品标题质量，如果提示标题关键词堆砌，则要尽快做修改。

（3）合理搭配，尽量写满 30 个字。

为何要尽量写满 30 个字？

产品的标题有字数限制，对于产品的描述越详细全面，关键词搭配越合理，客户搜索到的概率就更大，但这一定是在产品标题不堆砌的前提下。

（4）区别对待批发与零售。如果产品是以零售为主，标题设置时通俗易懂即可；如果产品是以批发为主，那标题就要尽量专业一些。如今阿里巴巴批发市场有一件代发业务，所以现在差距不大，可以在用户行为上下功夫。

（5）突出产品核心关键词，比如我们是做连衣裙的，那么就要突出连衣裙的风格。

（6）发布5星级产品标题，可以利用生意参谋数据做参考。5星标准是一家店铺必备的要素，发布的五星标准信息越多，店铺的权重也就越大，排1688首页的机会就比其他人多。

五、如何优化产品标题

（一）避免使用大量的类似或重复标题

重复标题不利于用户体验，而且没有个性，在搜索结果中，消费者点击率也不会高。标题逻辑不通，点击率就会偏低，应该尽量让自己的产品标题多样化，使每样商品都有属于自己的关键词。

如果两个商品标题的关键词有过多雷同，虽然产品曝光率会提高，但可能会被认为重复铺货，所以标题一定要多样化。最聪明的做法是找到首页的竞争者，模仿他们的标题进行组合，写出适合自己的标题。

（二）标题中不要故意堆砌一些品牌名称或关键词

很多商家为了让买家通过多种途径都能搜索到自己，会在标题中设置很多名牌、品牌的名称（当然自己公司的可以写，其他品牌不建议写）或者产品属性的多个关键词进行堆砌，认为这样买家搜索到的概率会提升很多。其实这与目前的搜索规则是相违背的，会被降权搜索，反而降低自己的搜索概率。

举例来说，用户想搜索LV手袋，商品的标题中出现“可媲美LV的真皮手袋”，类目是正确放置在了箱包皮具下，可并不是用户想要找的商品，同样会被相关性算法判定为不相关的商品。总之，相关性的目的就是为了让用户更加精准地找到他们想要购买的商品。

（二）不要使用特殊符号

别把重要的信息用特殊符号包括或者代表起来，少将类似★●☆的特殊符号放在标题中以希望可以引起买家的注意。特殊符号其实对商品的搜索有影响，因为阿里巴巴的搜索规则里没有搜索识别符号的，都是根据文字进行匹配识别，另外买家不会使用符号来进行搜索。

（四）标题中可以添加商品的属性，但是不要故意去模仿其他的商品或者店铺

标题中可以添加商品的属性，但是不要故意模仿其他商品或者店铺，例如现在比较热门的词、流行的词，类似呛口小辣椒、柠檬绿茶这些，搜索部门会定期进行屏蔽。

（五）注意敏感词过滤

阿里搜索有自动过滤功能，如果标题中有“高仿”“山寨”等词汇，系统会自动过滤。当然，一些当下敏感的政治词汇也会被搜索过滤。写标题不去触碰敏感词汇，那么你的商品就不怕被降序。

六、标题写法技巧

（1）类目词在最前。就是标题中如果有涉及类目的词就需要放在最前面，如女装、男装、童装、西洋参等。

（2）高搜索词放中间。一般高搜索词放在中间是可以两头兼顾的，也就是说高搜索词不管是从前面搜还是从后面搜，都能给你匹配到这个关键词。如女装批发、男装批发、西洋参批发等。

（3）紧密词不能拆。一般行内有拆词和分词的搜索习惯，紧密词放在一起不宜分开，所以我们在拆词、分词时就要注意。比如，长白山西洋参批发，这组词紧密度比较好，拆开的话它的权重就被分散了。

（4）核心词拆开组。一个标题一般都有一个最核心的核心词，其次是核心词，这里我们建议大家把核心词分开来组，因为核心词拆开组有利于我们在搜索引擎方面扩大影响力。如“吉林长白山西洋参批发”，我们就

可以拆成“吉林西洋参批发、长白山西洋生批发”，这样搜索面扩大了，利于客户搜索。

（5）重复词留长尾。我们有时候会看到带尾巴的词，或者说累赘词。什么意思？举例来说，“西洋参批发整只装”“西洋参整只装”，我们留长尾就行，用“西洋参批发整只装”的标题就行。

（6）一标题一空格。我们经常在标题中应用很多杂七杂八的符号，如“、”“/”“【”等，有人会说这是不是让我们不用标点符号？非也，而是让我们更加规范化。搜索引擎尤其青睐空格符，所以我们要投其所好。做网商应从两方面着手，一是投客户所好，二是投搜索引擎所好。

（7）空格多热词补。一般一个标题不建议放太多的空格，1~2个空格足够，最多也就3个。如果空格多了，我们可以将过多的空格换成热词去补位。如“原生态　高中低档　滋补佳品西洋参”可以换成“原生态高中低档最新滋补佳品西洋参批发”。

（8）语句通顺连贯。不管是写文章、朗读，还是我们平时演讲，都要讲究语句连贯通顺。同样的道理，搜索引擎也非常喜欢通顺的语句和标题。我们给大家的秘诀是：读起来顺嘴、看起来顺眼、听起来顺耳。

产品标题主要遵循以上规则来写，但具体要如何操作，还要依靠大家去勤奋实验，自己去尝试着突出核心关键词，挖掘长尾关键词，做好各关键词的分词与布局。

第八章
详情页留客
“吸心大法”

给大家讲一个小故事。我有一次去温州，和几位温州同学聚会。

席间一位女同学就说：“聂老师，我最近发现一个问题，我去实体店购物，营业员给我介绍产品时，我会被她吸引。比如，通常情况下我想买一瓶防晒霜，在营业员介绍下我可能还会买滋润霜及润手霜；在网上购物时，我和客服沟通，只要这位客服态度热情，能读懂我，我可能还会买杯子，也会买杯垫、杯盖、装盒，这是什么原因？”

我稍作分析告诉她：“你在网上购物时除了和客服聊天，是否还会去做一件事，那就是看完产品后，是否会打开看下面的关联营销？另外，在线下你到商店，营业员是否对你进行一些搭配的介绍，将产品和产品进行了一个关联？”她说：“是的。”我告诉她：“这就是核心所在，你是被关联营销所引导。”

虽然是故事，但是在人们日常生活中常会发生，那么我们来看看到底详情页有什么样的作用呢？它能让买家产生良好的第一印象，详细的介绍让客户了解我们的产品，延长买家停留时间，提升转化率。

怎样做才能让客户对我们的产品有深刻印象，从而减少跳失率，使客户在店铺停留时间更长，增加交易机会？

一、产品详情页制作三个主要的因素

（一）图文并茂

我们在制作详情页的时候，不要只发单一的文字，也不要只发图片。单一的文字没有太大的吸引力，而只发图片，一些技术参数客户又不了解。

就像卖衣服，你说是收腰设计，可是不配图，客户相信吗？在这里，大家要注意的是，图文结合一定要细。放了整体图片，也应该从细节上的图片展示出来，旁边可以加以文字说明。如果你卖衣服，就要突出衣服材质，拍张细节图，说明衣服的材质是什么，旁边再配以文字说明。

（二）分段说明

放图时，要注意图片和文字的分布结合，不要出现文字位于最上面，图片还在最下面的情况。要分段来说明，如你卖机械设备，可以在第一部分说明大概情况，展示机械性能、使用范围、使用效果。再如卖衣服，可以说明衣服材质、穿上的效果、与同行对比的优势。

（三）要突出特色

这款产品最大的卖点是什么，要着重凸显出来。在详情页，可以用不同的颜色、字体大小来突出卖点。整体的字体颜色不超过三种，只需要在卖点处加深字体颜色就可以。

如我的产品卖点是可以节省 30% 的油漆成本，还可以节省 70% 的空气、60% 的天然水，那么，我就用明亮的颜色凸显出来，还可调大一两号字体。另外，产品特色也需要详细说明。

二、详情页内容分布技巧

（一）做一个好的内页规划或是向导

我们可以想象这样的场景，当我们去一个陌生的地方旅游时，靠个人去摸索这里有什么、发生过什么，可能会觉得有点迷茫或者说不知该如何下手。但如果有个导游，就会发现一步一步有规律去走很容易。在电商路上导航，其实和我们的导游是一样的道理。一个好的导航能让客户轻松找到自己想要的东西。

（二）关联营销（做好爆款引流和引导营销）

从详情页的顶部开始，我们要设计好流程，对进来的每一位客户都能进行疏通和引导。引流和引导做得好，成交才能越好，客单价也才会越高。

顶部关联营销，布局就很重要，所以选择时要选重要的款。同时，站在客户的角度，关联营销是要让客户去说话，让客户带动客户。要尽可能让客户在店铺里完成一站采购，而且采购得爽。同时要注意关联营销，搭配的量不要太多，一般建议是 5 ~ 12 个为好。

同类产品关联，小爆款可以选择搭配的产品，如卡片机与长焦机关联，长焦机与单反机关联等。

自动混气喷枪，可以放一些手动混气喷枪。客户选择手动进去，你放上自动的，他看到后，有可能也会需求自动的，毕竟现在设备都是自动化趋势。比如，我是做圆珠笔的，那么我会选择用同类的圆珠笔进行关联营销。如图 8 –1 所示。

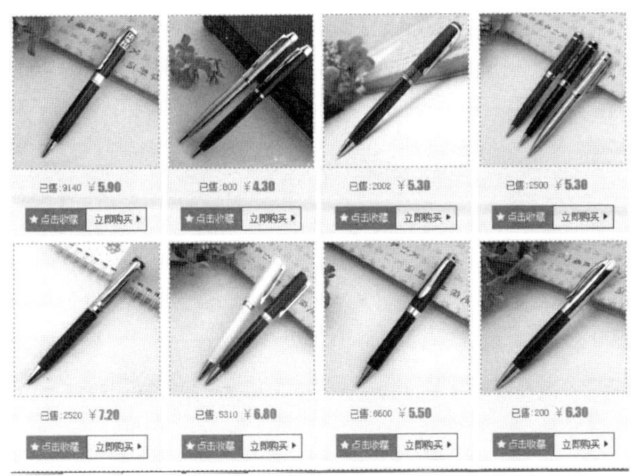

图 8 –1　关联营销

互补产品关联：例如，你的产品是上衣，就可以放一些裙子、裤子进行关联。你是卖设备的，也可以放上这个设备常用的配件进行关联。说不定客户买设备时，顺带购买了一批常用的易损配件。但不建议在自己店铺的详情页里加其他店铺的链接，因为容易导致客户分流。如图 8 –2 所示。

图 8 –2　互补产品关联

反季产品：畅销羽绒服搭配夏季的连衣裙，等羽绒服的流量下去后，春季到来了，连衣裙的流量自然而然上来了。

新款与热销款搭配长期的大量的事实说明，关联营销中基本的技巧是一款热销产品搭配一款最新产品（这款产品最好是经过市场和数据检验再做关联，前期别乱放进去）。

（三）客户最想解决的问题（客户的痛点和需求点）

客户能够来到你店里，有两个原因，一是对你的产品有意向才找到你，二是以前也有在别的地方购物的经历，只不过之前那个老板没能解决客户想要解决的问题。

所以，客户想要解决什么需求？他（她）在之前购买时是否有没解决的问题？比如产品质量、付款方式、运输方式等问题。客户最担心什么？最想解决什么问题？这些其实就是店家或者经营者的机会所在。

（四）客户的问题我有解决办法

客户找到你，其实就是想叫你针对存在的那些问题，给他一个答案，这个就类似于看完医生后希望医生能开出一个对症下药的秘方。同理，客户来是想得到和之前那家不一样的服务，比如，价格比别人便宜、质量比之前那家好、运输条件刚好合乎自己的要求，等等。

拿我们公司的真皮皮鞋来说，客户担心的是我的鞋子是不是比别人耐穿？针对这一点我们会有相应的数据给客户，比如，我在详情页中有耐磨超过9000次的说明（有人会说好像次数很多，你们能解决吗），其实各位可以想一下，一双鞋你一天要走多少步？走一步就磨一次，走得多的一天可能还不止9000步，所以9000次多吗？

（五）产品的独特卖点

这一点非常重要，客户进入店铺，主要就是想看看你和别人的不同点，而这些产品的不同点可以算作产品的独特卖点。

人无我有、人有我优、人优我廉、人廉我转。也就是说要将产品进行差异化对比，让客户觉得你的就是最好的，他选你是对的。

（六）产品好在什么地方

不怕不识货，就怕货比货，所以你的产品有什么不同，一定要展示在客户的面前，这样才能突出产品特色，比如，在生产技术、生产工艺、生产原料、细节的科技设计、所获奖项等方面，让客户有非选你不可的理由。

你可以说公司有 15 年的制造经验，可以说有专业的设计团队，可以说参加过什么大赛获奖或者拿到什么奖励证书等。当然也可以说有多少道工序等。

（七）用了的客户都说好（消费者的好评）

只要在网上买过东西的人都知道，消费者或者顾客在选择一件产品时会做以下几件事：首先，多挑几家，然后再选适合自己的那家。其次，选定之后再看这家店铺这件产品的销量及评价。最后，如果评价好，就开始购买，如果不好，就再选择其他家的宝贝。

所以客户的好评在新客户购买时会产生较大的引导作用。这就是所谓的羊群效应，从这点上说，人是喜欢被引导的，而且相信熟人。

（八）打消客户的顾虑，用服务说话（包括正品、物流、买家保障）

客户进入店铺，准备在你这下单，其实对他（她）来说也算是一种赌博的行为。因为在没有看到实物之前，他（她）是没办法相信你的，只有了解你之后他（她）才放心。

所以，我们可以利用自己的一些优势或者服务来打消客户顾虑。如你的产品质量优势，就是比别人的耐用，可以购买后 45 天零风险退换货，可以货到付款等。

（九）给客户需要的好处（马上下单的理由）

人大都喜欢“贪”。这不是一个人的问题，而是所有人群的问题。涉及我们，不管是线下商店还是线上店铺都有客户讲价这种情况发生。说直白一点就是客户希望你能给他（她）优惠。

所以，当我们理解和了解了客户心理之后，接下来就可以设置一张优惠券或者下单的优惠政策，让客户觉得他（她）现在的行动是受益的或划算的。

（十）采购了客户还想采购啥？（再次推荐与再次关联）

客户的黏度非常重要，所以做电商最基本、最重要的一个环节是做细节。我们要学会引导和对客户进行再销售。因为客户还有未被满足的需求，我们要做的就是满足他。

我们可以深挖掘进行再次关联营销，比如，客户浏览完现有的产品，引导他去关注下一个产品，或许就能产生二次关联或者三次关联销售。因为人大多有懒的惰性，他（她）希望所需的东西能在一家公司采购完。这样不但方便，而且风险也小，不知你是否有过这样的经历呢？我经常都是这样想的。

第九章
数据分析决胜必杀技

只有懂了数据分析，才能知道自己的客户是哪些、我们该如何定价、客户有哪些需求、客户有哪些爱好、我们该如何投其所好。

数据分析的作用是使我们更清楚自己的店铺产品动态，帮我们更精准地瞄准目标市场、客户需求、市场需求，进而帮我们做市场预期。

本章我们主要讲数据分析工具——阿里指数、生意参谋和海宝指数来做剖析。

一、阿里指数

阿里指数进入办法有：输入网址，或者点击我的应用，进入阿里指数。

阿里指数是我们推出的一款数据分析类产品，是帮用户了解电子商务市场动向的数据分析平台。用户可以通过这个平台来查看分析相关行业或地区的采购、供应、价格趋势等内容。

阿里指数中有行业大盘、属性分析、采购商素描、阿里排行、产业基地。

（一）阿里排行

1. 搜索排行榜

搜索排行榜包含热搜榜、上升榜、转化率榜、新词榜，我们主要关注的是产品关键词最近的搜索趋势，以及搜索热度。搜索趋势越高、搜索指数越大证明这个词搜索的人越多，我们要关注这个词。

热搜榜：热搜榜同样要关注搜索指数，还有全站商品数。搜索指数越高说明搜索到的人数越多，证明产品在市场的需求量越大。

选择时还有一个问题，那就是全站商品数。搜索指数高，选产品词时尽量选全站商品数比较少的关键词，这样更有利于把排名做到首页去（因为产品数不多，所以做起来相对来说简单些）。

这里面出现的每一个关键词我们都可以点开看，上升榜也是有技巧的。如图 9 - 1 所示。

首先要看关键词，如果这个关键词后面的搜索百分比较大，那么说明

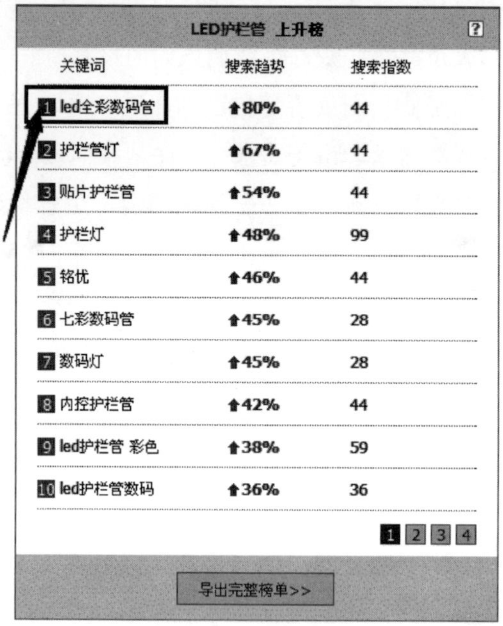

LED护栏管 上升榜

关键词	搜索趋势	搜索指数
1 led全彩数码管	↑80%	44
2 护栏管灯	↑67%	44
3 贴片护栏管	↑54%	44
4 护栏灯	↑48%	99
5 铭优	↑46%	44
6 七彩数码管	↑45%	28
7 数码灯	↑45%	28
8 内控护栏管	↑42%	44
9 led护栏管 彩色	↑38%	59
10 led护栏管数码	↑36%	36

1 2 3 4

导出完整榜单>>

图9－1 上升榜

该相关产品的市场比较大。其次看搜索指数，搜索指数越大说明搜索的人就越多。如果我们发现上升榜的词出现在首页，优化会比较有意义；如果不在首页，优化可能有难度。

我们点开热搜关键词也可以看到一些排在前面的产品，对于销量不高而排名好的产品我们可以看一下人家的标题是怎么写的，然后结合自己的产品（付费的不算在内，但可以借鉴）。

2. 产品的排行榜

如果产品销量不高，可能就找不到自家的产品，销量高的或许能找到自己的产品。这里需要说明的是：产品排行榜分交易、流量、7天、30天。正常来说一个产品是否受市场欢迎，7天左右为一个周期；如果产品不受市场欢迎，那么这个产品将会被阿里巴巴的系统“打回原型”；如果受市场欢迎，那么阿里巴巴将会在30天内继续给予更多流量。我们常看到很多人会看交易且是7天的榜单。

那么这里要强调的是：我们除了要看上升榜、热销榜、最新上榜的交易外，还要看流量。作为高手，会把交易指数加起来，然后算出大市场中平均的交易指数。另外，但凡做得好的商家或者 Top50 都会做一件事，那就是在店铺里做一些营销推广。

3. 公司排行榜

很多人不愿意看公司排行榜，其实它也很重要，我们可以从图 9 - 2 看看销量最好的店家，然后就知道人家为什么做得好，学习一下。可以将他的交易指数与大市场情况下的交易指数进行一个对比。

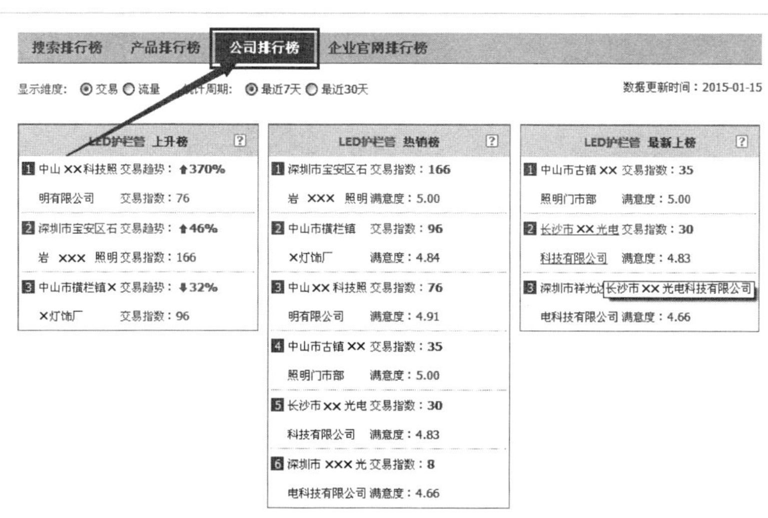

图 9 - 2　公司排行榜

如果相差太大，那么我们可以找出差距；如果差别不大，我们就可以找一下我们没能出现在对手这个位置的原因。然后在交易、图片或者是其他因素上做文章。

4. 企业官网排行榜

看企业官网排行榜的人就更少，这是针对有独立网站的公司。当然，如果自己有域名那么可以指向域名；如果没有域名；那么就是阿里巴巴给的二级域名。

（二）行业大盘

可以看到自己行业类目的需求趋势，可以看到近一年的销售情况，也可以看到下一个月的趋势是上升还是下降还是保持平稳，可以根据这个预测来看我们适合做哪些产品。

看大盘主要是看数据，这里的数据是指一年内自己所属产品的销量走势及淡旺季指数。

我们以单鞋为例，可以从图 9－3 中看到，一年中 8 月份是 1688 市场提供产品数比较多的时期，淘宝市场上单鞋的采购旺季是在“双十一”时期。

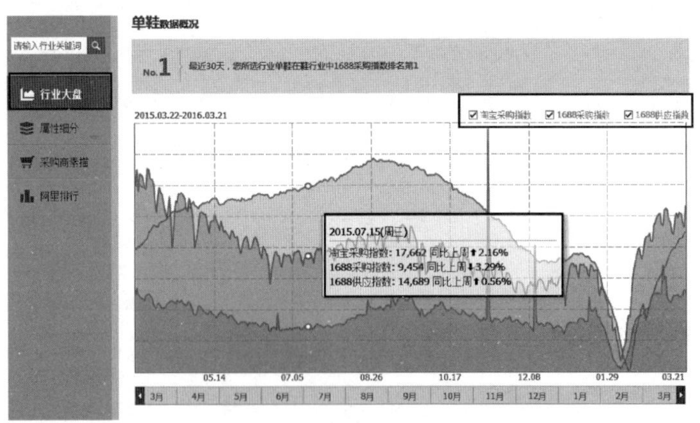

图 9－3　单鞋行业大盘

一年四季淘宝中的采购量都差不多，而 1688 市场的淡季基本集合在春节时期，旺季时期集中在 3—8 月。当然还可以查看某一天的指数，这样综合起来的数据更加真实可信。

另外，30 天相关行业的走势也需要看，这个数据对我们来说也是一个参考，我们可以知道这一个月内相关行业的需求量、采购量及相应指数。

（三）属性细分

属性细分可以看出我们这款产品的哪些属性比较受人喜欢，如女士休闲裤，喜欢“棉”质的人比较多。在风格上喜欢“韩版”的最多，在款式上“铅笔裤和小脚裤”受到更多人的喜欢。

属性细分对于研究数据的人来说非常重要，因为我们可以从属性当中看到人们对这款产品的喜好主要表现在什么方面。比如材质、形状、风格、市场流行元素等，看完这些数据之后我们可以将之用到标题中。

比如，我们来看图 9－4 的单鞋数据，可以得到以下重要信息：

（1）最近 30 天，单鞋行业在 1688 市场的热销季节为：春季、秋季、夏季、冬季。

（2）单鞋行业在 1688 市场的热门鞋头形状为：圆头、尖头、方头、鱼嘴、扁头。

（3）最近 30 天，单鞋行业在 1688 市场的热门鞋面材质为：真皮、帆布、绒面、磨砂、网布。

（4）最近 30 天，单鞋行业在 1688 市场的热门风格为：休闲、韩版、欧美、英伦、商务。

（5）最近 30 天，单鞋行业在 1688 市场的热门流行元素为：浅口、防水台、蝴蝶结、粗跟、水钻。

总结起来就是适合四季的圆头浅口或者有点防水台的、真皮或帆布的、韩版、休闲、欧美款式单鞋比较好卖。

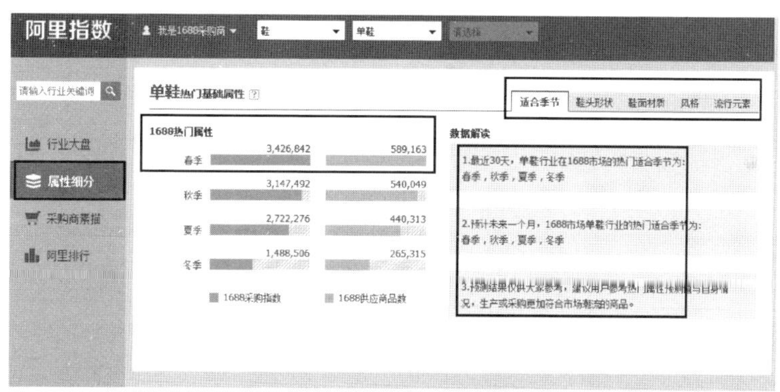

图 9－4　单鞋属性细分

通过图 9－5，我们又可以得出哪些有用的数据呢？“新款、创意款、时尚潮人、产地货源”这些比较招人喜欢，换句话说，市场上的客户都喜欢这些属性的产品。那么这些数据我们能用到哪里呢？我们可以把这些词用到关键词中，这样有利于我们做 SEO，也就是方便客户搜到我们。

每个产品都有一个价格，产品是否符合市场规律，就要看定价。所以将我们的定价对照市场受欢迎的价格，我们就知道这款产品是否有利润了。如图 9－6 所示。

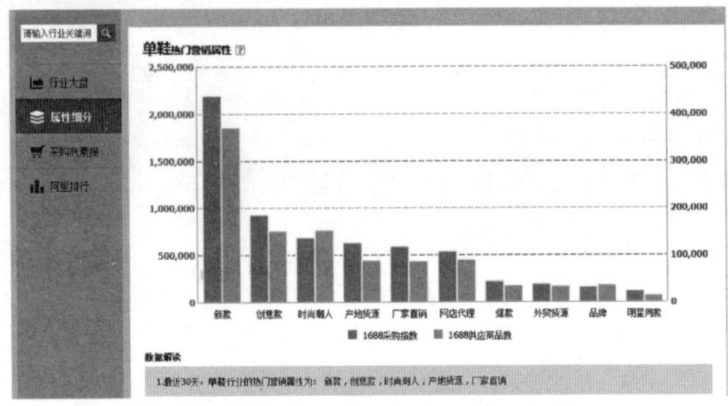

图9－5　单鞋热门营销属性

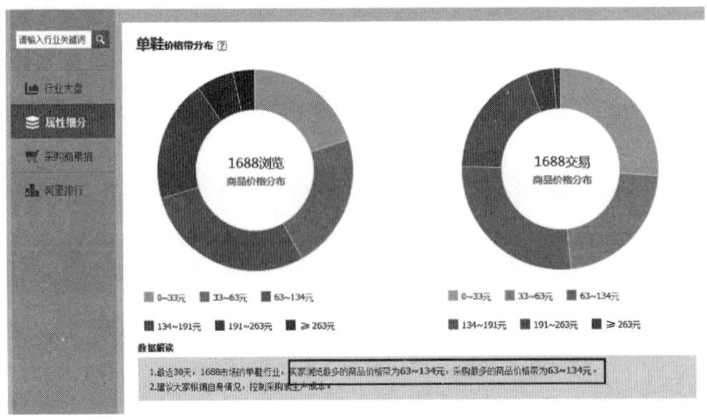

图9－6　单鞋价格带分布

（四）采购商素描

我们可以看一款产品的采购商是以淘宝店主为主还是非淘宝店主为主。如果以淘宝店主为主，那我们就要研究淘宝店主的日常习惯。如果以非淘宝店主为主，那么就要从其他渠道了解客户。

从图9－7的采购单价可以看到客户喜欢的价位是多少以及有多少人喜欢某一价位，我们可以根据这个来给我们的产品定价。我们还可以看出平均一位客户在店铺里消费这类产品的金额大概是多少，依据金额大小，我们可以算出应该生产多少数量的产品放到1688大市场上。

从图9－8关联信息中我们可以知道：我们是否可以做关联营销，如何去做；做什么行业或者什么类型的产品和这类型产品关联度最高，并且受客户欢迎。

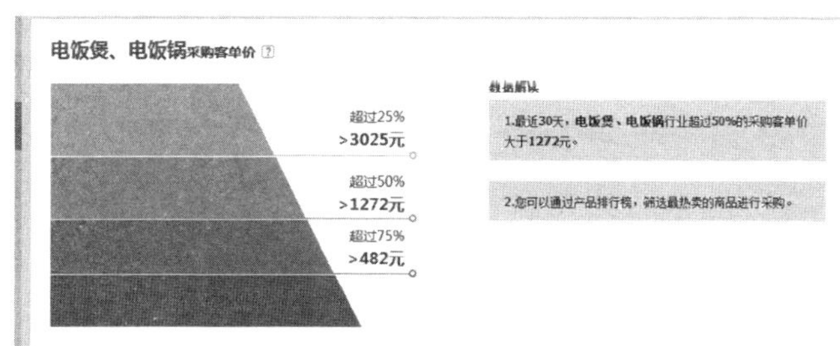

图 9－7　某产品采购客单价

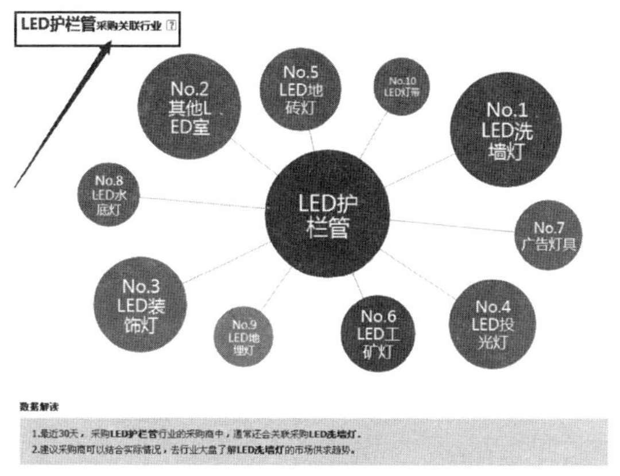

图 9－8　某产品采购关联行业

对于皮靴这款产品，若要知道几月是它的淡季和旺季，我们可以通过阿里指数得出以下数据：8 月份开始是旺季，采购商淘宝类居多，9—12 月采购商与批发商差不多，此时我们应该依据市场变化来变换款式和价格，从而来应对市场的变化，以让自己立于不败之地。如图 9－9 所示。

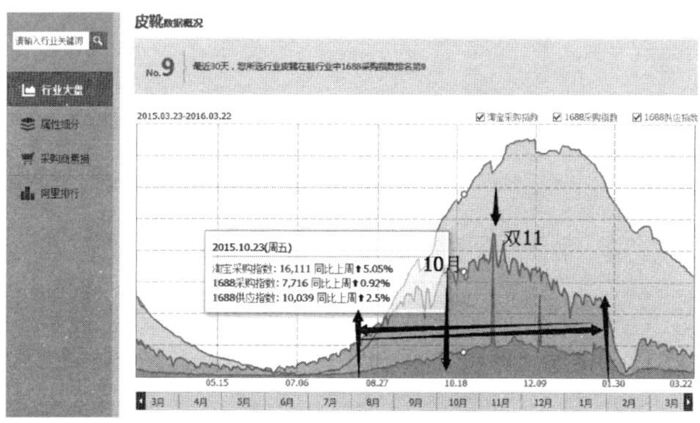

图 9－9　皮靴数据概况

如果我们想知道什么款式及属性的皮靴在市场上好卖，那么我们可以通过图 9－10、图 9－11、图 9－12、图 9－13、图 9－14 的步骤得出结论：风格为欧美或休闲，款式为圆头或尖头的粗跟或坡跟，材质为牛皮或者真皮的马丁骑士靴好卖！

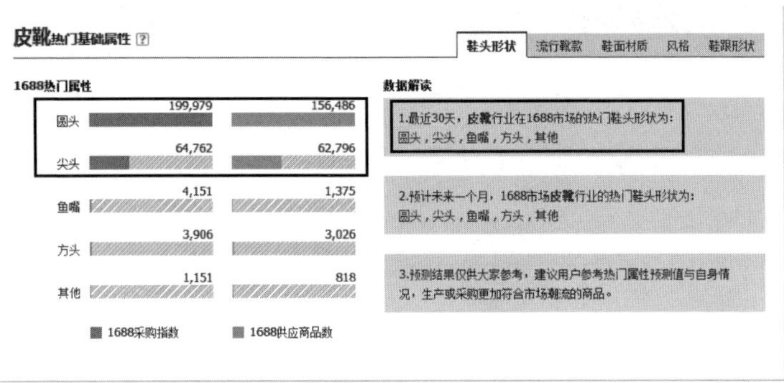

图 9－10　鞋头形状

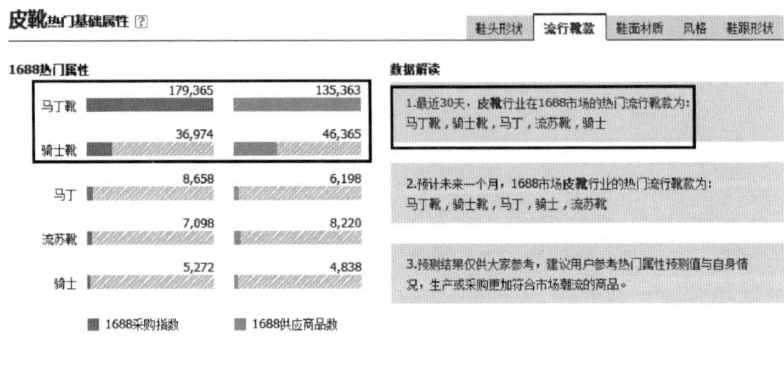

图 9－11　流行靴款

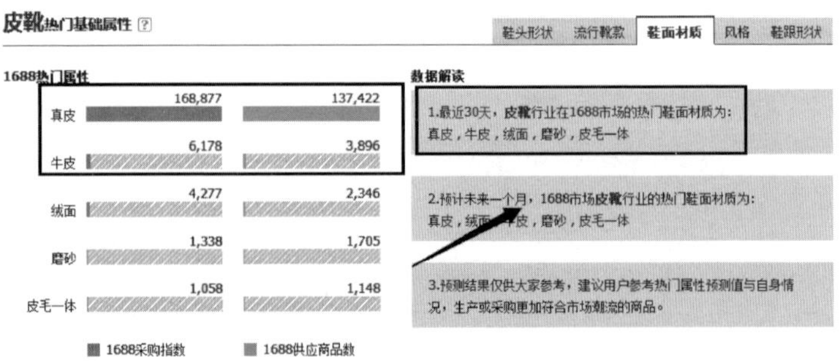

图 9－12　鞋面材质

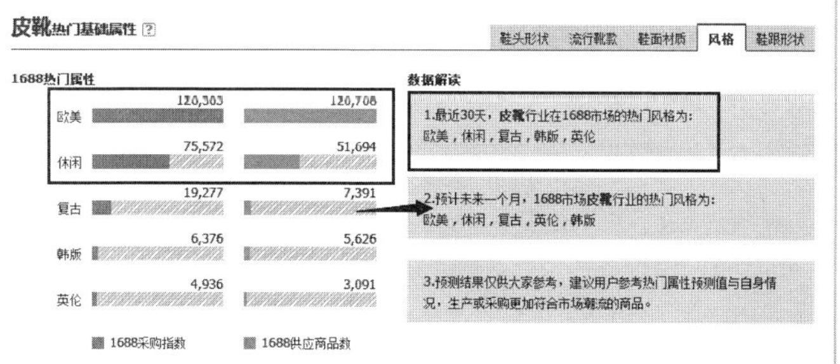

图 9－13　鞋子风格

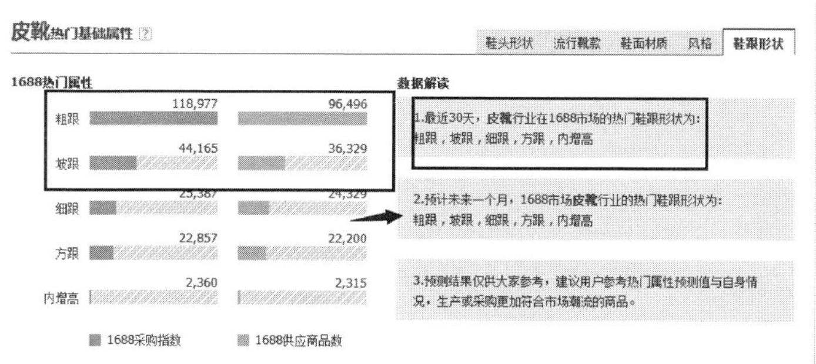

图 9－14　鞋跟形状

另外，我们要检查价格及款式是否符合市场规律，是否受市场欢迎。看图 9－15、图 9－16、图 9－17，我们可以得出以下结论：客户接受价位 107～203 元，成交价在 107 元左右的新款、时尚潮人、创意款、厂家直销款受市场欢迎。

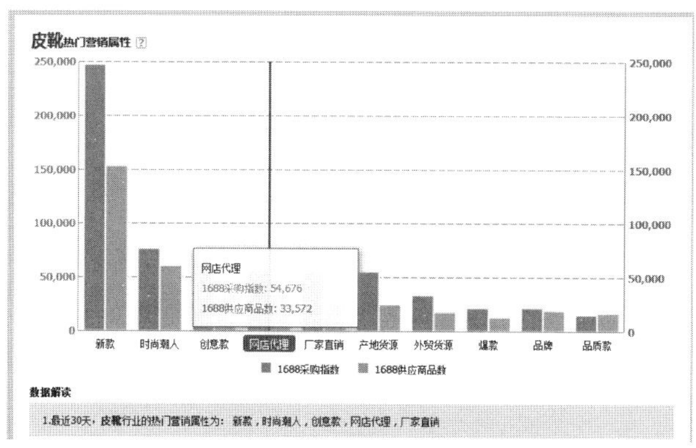

图 9－15　皮靴热门营销属性

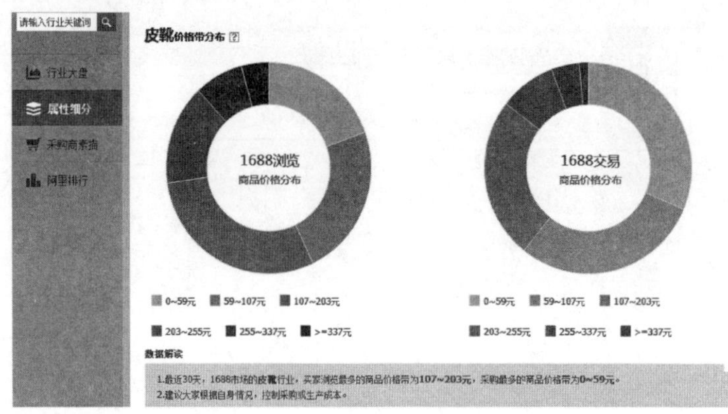

图 9－16　皮靴价格带分布

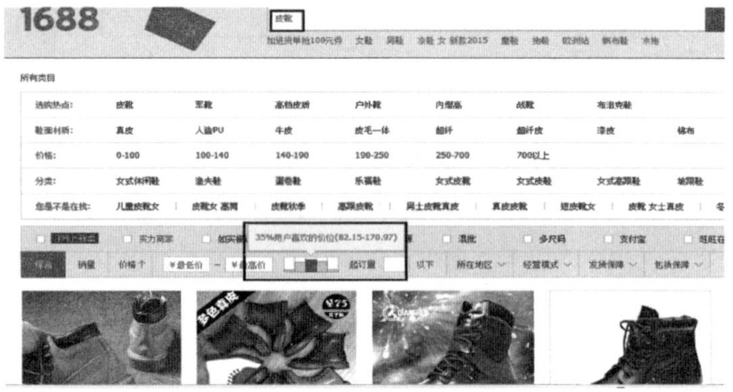

图 9－17　用户喜欢的价位

在我们的标题中如何选择有用的关键词？这是一个很好的问题，我们举个例子，大家举一反三就明白了。

我们可以依据图 9－18 和图 9－19 得出以下结论：上升榜中选搜索趋势高、搜索指数大的词作为关键词；热搜榜中选搜索指数大、全站商品数少的词作为关键词；转化率榜可以选搜索转化率高、全站商品数多的词作为关键词。新词榜看不看无所谓，除非自己的品牌或关键词能上去。

如何知道每天我们会有多少交易与流量？

一般阿里巴巴会依据供应商最近的流量和交易指数来给这家配备相应的流量和交易指数。若要想知道自己和别人的差距在哪，必须要看以下两个地方。

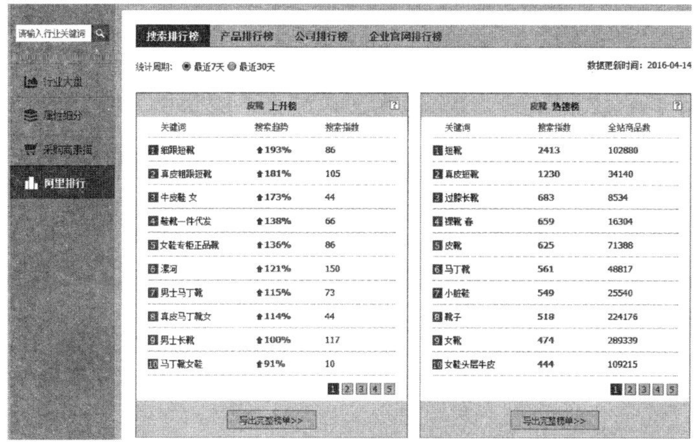

图 9－18 搜索排行榜

图 9－19 转化率榜

一是交易，主要看这里的交易指数（当然还要看上升榜、热销榜、最新上榜）；二是流量，因为流量关系到每天会有多少客户到店铺当中，且和转化率有很大关系。所以这里需要看的是流量指数，并且可以看 7 天或者是 30 天（建议参考 30 天，这样就能明白为什么别人占据榜首位置久居不下了）。

从图 9－20 和图 9－21 中我们或许还看不出什么规律，但这里有一个公式，可以让你很清楚地认识到，要出现在前 50 名内，要达到多少流量及多少交易指数。具体做法是：将前 50 名的流量指数（或者交易指数）加起来，然后除以 50，这样就可以得到前 50 位的平均值。有人会问，如果我的流量指数还是不够怎么办？我们可以通过营销推广来提升我们的流量和交易指数。

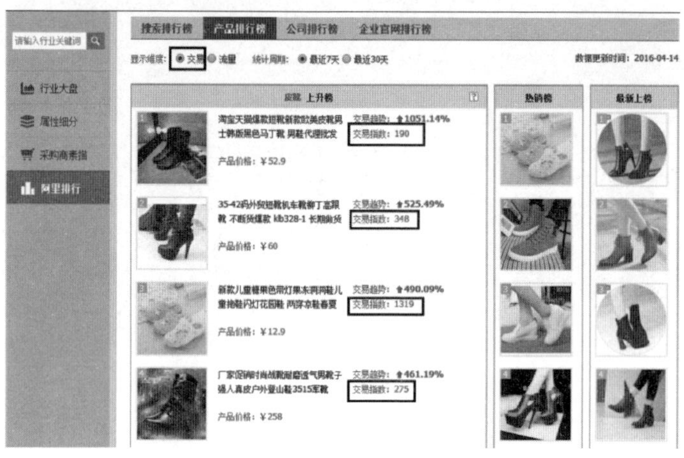

图 9－20　交易指数

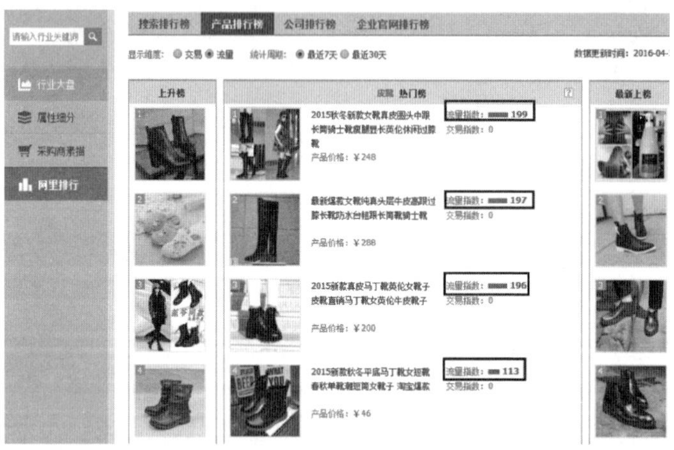

图 9－21　流量指数

绝大部分人都以为，只要排在第一页就会有客户、就会有成交，因为客户大多不愿意翻到 5 页之后去找商家。那究竟怎么才能排在第一页且保持稳定呢？这就要从我们大市场来做分析。

还是让案例告诉我们怎么做吧！

第一步，在首页搜索框中输入关键词如皮靴，紧接着在综合排序那一排选择价格和自己产品适当或者相近的，如图 9－22 所示。

图9－22　选择价格

第二步，打开首页的每一款产品，去查看详情页中的成交信息，包括成交数、重复采购率、采购人数、采购数量、成交时间等。记住，一定要详细记录下首页所有竞争对手的这些数据，它的作用有以下几点：

（1）找出自己和竞争对手在产品主图或推广图上的差距。

（2）找出市场的所有成交规律。

（3）分析自己的产品和竞争对手产品的区别以便做差异化营销。

（4）便于自己制订销售战略。

（5）方便自己对排名进行卡位，换句话说，如果想要排第一页多少名，那么基本上能卡到差不多的位置。

（6）便于结合生意参谋和阿里指数的数据打造爆款。

（7）可以清晰地知道自己应该用什么营销方式。

（8）细化到详情页做出差异化卖点。

（9）利于自己及时调整适合与市场做竞争的款式。

（10）精准了解大市场上相似款式的成交时间分布，以便自己准确地进行时间推算。

当我们知道这些数据后，接下来要做的一件事就是算出大市场的平均值，进行精准卡位。具体是：算出大市场里一个月的成交总数、成交金额、采购重复率。做法为：成交总数÷60家＝成交数，成交总金额÷60家＝平均金额，成交总重复率÷60家＝平均重复率，成交时间用excel表格记录详尽时间。明确了这些便可以对自己的排名精准卡位。

二、淘宝指数

有些人肯定会问："我是做阿里巴巴的，你让我看淘宝指数干吗？你的客户是中间商，而中间商的客户是终端客户，你不了解终端客户，怎么知道中间商需要什么样的产品？"那么不知道中间商需要什么样的产品，你怎么去卖产品？所以这是一个连贯性的问题。

如果我们知道中间商的客户需要什么样的产品，那么我们还怕中间商不买我们的产品吗？因此，学会看淘宝指数也比较关键。

（一）输入自己的产品

如图 9－23 所示，输入"毛绒玩具"可以了解市场趋势、市场细分、人群定位。想要了解什么，就去看什么，然后做出相应的举措。

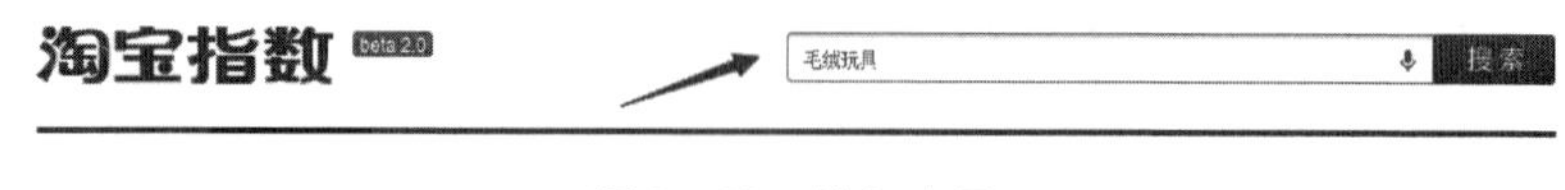

图 9－23　输入产品

（二）点击市场趋势

我们可以看到终端客户搜索的指数，可以看到其是下降还是上升。如果相对往年来说是下降的，那就没有必要再去做这款产品了，我们可以搜索一些新的产品试试。搜索指数里可以看到此产品 3 年的数据，据此可以制订自己的计划。如图 9－24 所示。

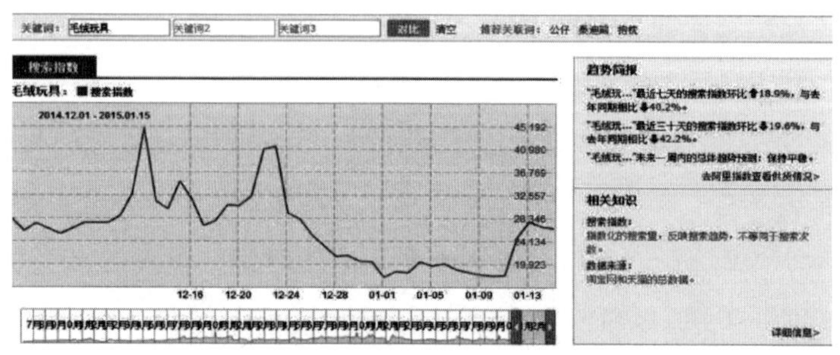

图 9－24　搜索指数

（三）地域细分

我们通过地域细分可以看到哪些地方的终端客户多，那么我们可以加强对这个地方的推广。通过人群定位，我们可以知道终端客户的年龄、性别、星座、爱好及消费的程度。这样我们就可以更好地给客户提供建议和利润空间。如果客户了解我们的专业性，他还会不和我们合作吗?

（四）市场细分

通过市场细分，我们可以看到我们的产品应该放在哪个类目下，哪些品牌做得比较好，他们都有什么样的产品、什么样的款式。如图 9－25 所示。

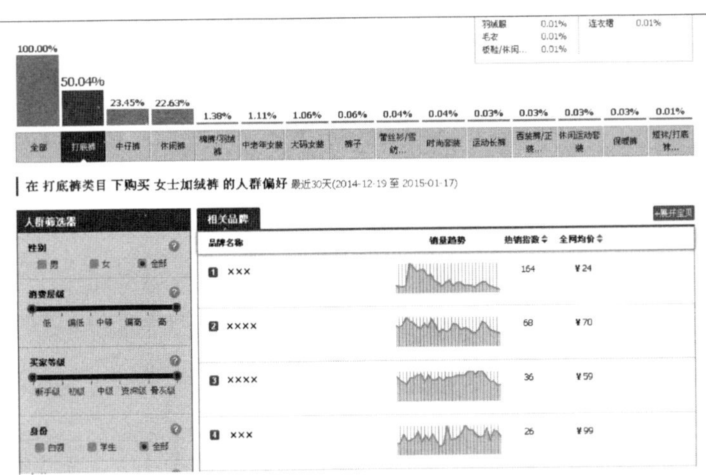

图 9－25 市场细分

（五）排行榜——搜索排行、成交排行

在这里，我们可以看到前 100 位客户搜索比较多的产品关键词，也可以看到哪些关键词搜索指数在下降、哪些搜索指数在上升，还能了解我们应该如何去选择这些关键词，才能让更多的人搜索到我们。这才是我们的最终目的。

从成交排行中，我们可以看到大品类下排行前 48 位的成交量比较高的关键词。我们也可以看到各个子类目的品牌排行，更可以看到行业排行，在这里就不一一解释了。

三、生意参谋

看了阿里指数和淘宝指数，为什么还要看生意参谋呢？

因为生意参谋的数据是我们自己的数据。我们看到了行业的数据，也要看下自己的数据，来了解哪些做得不足、哪些做得还不错、哪些需要我们去优化，以便优化我们的店铺！

（一）店铺最新动态

在店铺最新动态昨日数据中点开次数看店铺数据概况，比较对象为诚信通同行平均水平。如图 9－26、9－27 所示，图中框起来的部分都是可以打开进行查看的，可以看下最近 30 天的走势，也可以选择月份，看展现次数、浏览情况、支付情况等。

图 9－26　店铺最新动态

图 9－27　店铺数据概况

（二）人

人下面包含访客分布、流量地图，如图 9－28 所示。

点击右边的人，点击访客分布，可以得出访客的时段分布、地域分布、特征分布；点击流量地图，可以得出流量来源分布、流量入口分布、店铺内流量分布。

通过访客分布，我们可以分析出店铺访客最多的时段，并在那个时段保持旺旺在线。我们还能分析出访客主要来自于什么地区，并对这些地区进行重点推广运营。同时，我们还能了解引流搜索词（关键词、访客数）、店铺新老访客、访客来源分布（站内还是站外）、访客支付金额分布情况。

流量地图分析可以得出浏览最多的地方以及引流入口。对于浏览量较少的地方我们可以进行改进；对于流量多的地方，我们要保持，提高转化率。

（三）货

流量效果，图9－29中框出来的，我们都要去分析，争取把展现次数、浏览次数、点击转化率都提高。如果展现次数太少，我们可以进行信息诊断，看是不是标题写错了，或者是类目有没有问题，看看它的趋势，并进行合理改动。如果是好的，我们就不要去改它。

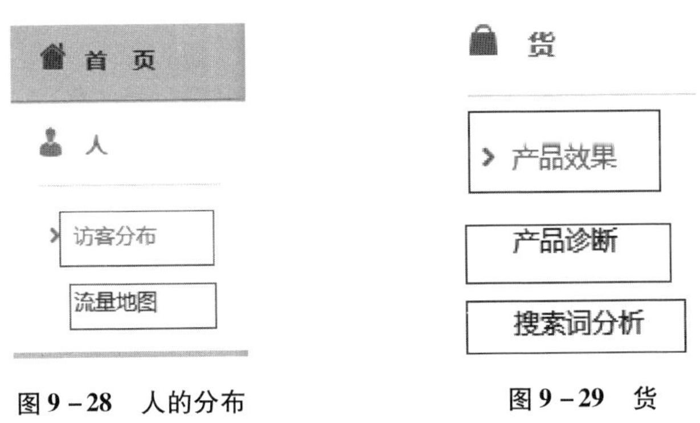

图9－28　人的分布　　　　图9－29　货

交易效果，对有交易的产品，我们可以问下老客户产品用得怎么样，消费者用后有什么反应，争取把我们的产品做到更好。如图9－30、图9－31所示。

产品诊断：对于那些问题产品、异常产品，我们一定要进行修改，可

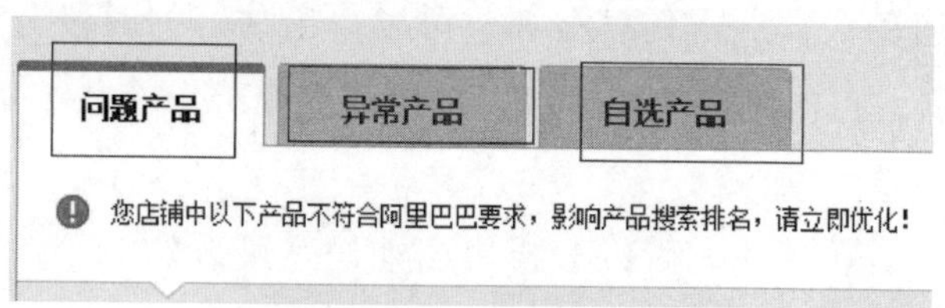

图9-30　问题产品

图9-31　问题类型

以根据生意参谋的提示去改。还有就是搜索词分析（高级版才可以用），一定要好好利用。我们应了解用户的搜索习惯、搜索词的热度趋势。

（四）钱

栏目内有交易趋势、营销效果，可以知道最近哪款产品成交得多、卖得好并受客户喜欢，进而了解产品的趋势走向。对于卖得好的产品，我们可以把它选做爆款进行推广。如图9-32所示。

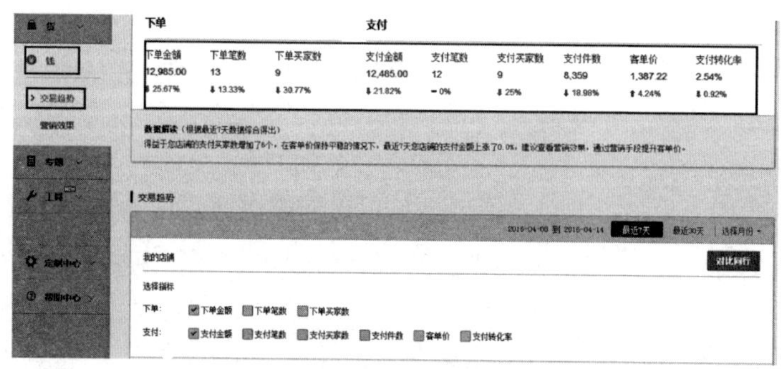

图9-32　钱

（五）专题

专题内包含实时直播、经营报告、竞争情报、客户声音、我有货源。

经营报告可以和同行的进行对比，知道自己的优势与劣势，对于不足的地方，我们可以进行改进。

实时直播（高级版才可以看到）、竞争情报（可以看出和同行之间的差距，这是重点）、客户声音、我有货源，是豪华版生意参谋才可以使用的。

（六）工具

工具包含产品排名查询、标题优化、造词助手。

产品排名查询，选择自己定制的搜索词或者能带来展现的搜索词进行搜索，普通用户一天只可以选 3 个词，选好之后可以查询几款产品在阿里巴巴的排名情况。

标题优化，可以展现 100 件我们的产品，从而我们可以对这 100 件产品的展现次数及展现波动情况进行查看，或者在搜索框里输入想要查询的产品进行搜索。豪华版生意参谋可以不限次数使用造词助手。我们建议选择展现波动下滑的标题进行标题优化。

选择了展现下滑的标题，就可以对标题进行优化。但一天只有 5 次机会，因此这 5 次机会要慎用。

图 9－33 中选中了轴类加工，那么点击添加就会出现在标题中。这里有个技巧，那就是要**选择搜索趋势高、点击率高、商品数少的词。**

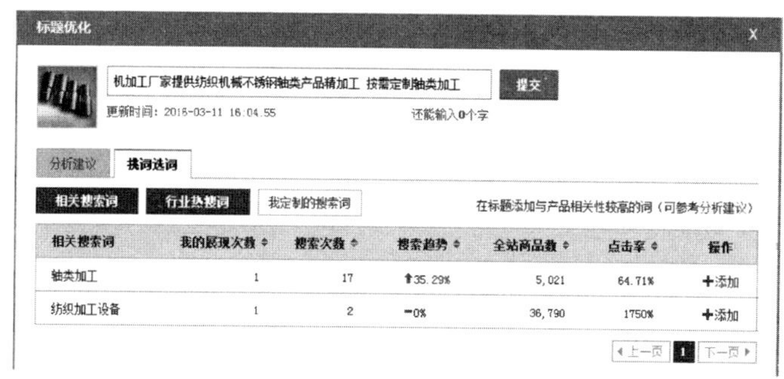

图 9－33　点击确定进行优化

如果没有相关搜索词，可以点击行业热搜词，这些词选择的标准是搜索次数高、搜索趋势高、商品数少、点击率高。如图 9－34 所示。

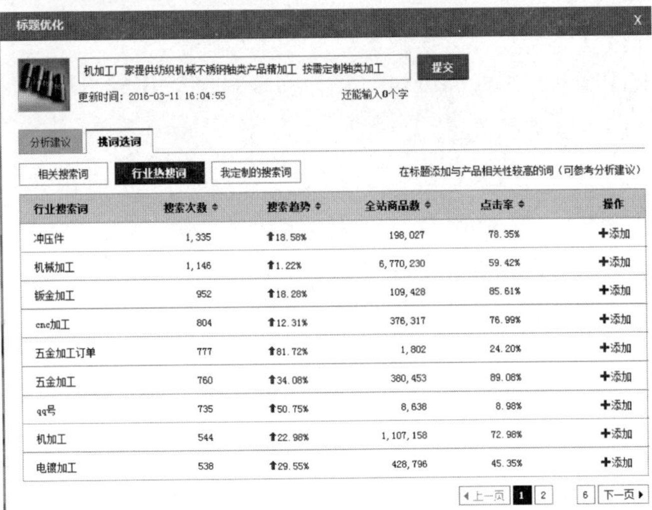

行业搜索词	搜索次数	搜索趋势	全站商品数	点击率	操作
冲压件	1,335	↑18.58%	198,027	78.35%	+添加
机械加工	1,146	↑1.22%	6,770,230	59.42%	+添加
钣金加工	952	↑18.28%	109,428	85.61%	+添加
cnc加工	804	↑12.31%	376,317	76.99%	+添加
五金加工订单	777	↑81.72%	1,802	24.20%	+添加
五金加工	760	↑34.08%	380,453	89.08%	+添加
qq号	735	↑50.75%	8,638	8.98%	+添加
机加工	544	↑22.98%	1,107,158	72.98%	+添加
电镀加工	538	↑29.55%	428,796	45.35%	+添加

图 9－34　行业热搜词

第十章
爆款的
选择与打造

众所周知，爆款在电商里非常重要。它不仅能给一家店铺带来大的销量和展现，还承载了店主太多的希望。所以很多人对做好店铺的理解是打造好爆款。这里将给大家着重讲述爆款的重要性和选择技巧。到底爆款具有什么样的潜质呢？这一章我们将详细讲述爆款是如何“长出来”的。

一、爆款的重要性

一个爆款在电商中非常重要，它能提升店铺中其他产品在搜索排序中的销量及排名。

我们常说：“火车跑得快，全靠火车头带。”但现在你会发现这句话在动车和高铁横行的时代已经不适用了，现在需要的不是一个火车头，而是更多独立的火车头。

爆款的作用主要有：

产生羊群效应，给店铺带来收益。

给店铺带来流量，促使店铺的销量提升。

给店铺带来更多展现的机会，让店铺有机会在世人面前曝光，同时也是客户体验的入口。如果客户体验好，后期会形成口碑效应，让爆款自然而然传播。它也是撕开客户口袋的一个工具，让客户对你有更多的期待和接触，从而形成后期的二次、三次购买。

二、打造爆款的准备工作

爆款就是不管你是什么级别的，都想打造。即使是几个 A 的店铺也一样，需要靠它来带动销量。但任何事要做好，一定要先打好地基，这些地基就是最基本的工作，我们首先要从以下三个方面入手：

（一）选好款式

想和做是两码事，很多人想做爆款，但是不一定会做爆款。因此选款非常重要，这是我们做爆款的第一步。

我们需要按照步骤来，简单来说，我们可以按照三个步骤展开。第一，依据市场需求和人群需求选款；第二，供货商推荐且经过数据检验证明是可以推的款式；第三，上年销量还不错、市场口碑很好的爆款。

（二）价格梯队策略

首先要准确定价，在做产品之前就要想好，后期应做一些促销或者打折，而这些促销手段就是属于我们的价格梯队策略。阿里市场里自带很多促销活动（打折、包邮、满减……），我们在卖家那里可以看到有限时促销，有创建优惠券、包邮券，有满多少减多少。多做些促销活动能吸引客户的眼球，吸引他们购买我们推荐的款式。

有时客户还喜欢促销的东西。如平常价格 50 元、活动价格 30 元，很多人会选择这样的产品。但是，切记不要跟同行打价格战，要做出自己的风格。

（三）店铺能力

1. 供应链要做到自己能把控，有必要保障

供应链指商品到达消费者手中之前，各相关者的连接或业务的衔接。它是围绕核心企业，通过对信息流、物流、资金流的控制，从采购原材料开始，制成中间产品及最终产品，最后由销售网络将产品送到消费者手中，将供应商、制造商、分销商、零售商直到最终用户连成一个整体的功能网链结构。

这个网链是不能断的，我们要保障这个供应链的通畅和最佳状态，保证我们的货品充足。

2. 要有店铺的自我运营能力

店铺的自我运营能力包括推广能力、客服能力、美工能力、数据分析能力。现在大家都在说自媒体，所谓自媒体就是自我运营的能力。我们做店铺也一样，一定要想办法把自己的店铺推广出去，让店铺和产品展示在更多的人面前。

如果是客服方面的问题，我们就要安排专业的客服去接待；如果是美工方面的问题，我们就要安排专业的美工处理我们的产品图片；如果是数据分析的问题，我们就要安排运营人员或者店长去分析，然后让他们根据

数据决定下一步做什么。

有好的产品，但推广不出去，不被人看见，也卖不出去；即使有人看到了，若没人给他们详细介绍或者介绍不到位，别人也不会下定决心去买，其实这些都是息息相关的。

3. 根据现有数据，确定下一步计划

爆款如果打造出来了，我们还要有雄厚的资金实力。任何一款产品我们都需要备足够的货，因为一旦成为爆款，后期的需求量无限大，所以我们要有雄厚的资金实力去支持。另外，在没确定是否能成为爆款的前提下，选 3 ~5 个产品一起做测试。因为选几个，才能知道哪个比较好，后期的选择也多点。

三、如何选择爆款?

很多人想做爆款，但也会经过很多的实验、很多的失败、很多的尝试。所以有人问过我一个问题：我怎么去检验它是不是爆款呢？或者怎么去判定它到底是不是爆款呢？接下来我们将为你解开这个谜团。

（一）爆款的选择

任何一个爆款的发展都是有规律的，不是乱选择、乱投放，而是要经过市场的检验。我们可以从以下方面来确认爆款的取向。

1. 阿里指数——产品排行

我们可以从阿里指数的产品排行来确定哪些产品适合打造爆款。可以从上升榜和热门榜及最新榜中找出和自己款式类似的产品，且通过数据分析的方法来判断是否适合爆款打造。如图 10 - 1 所示。

2. 生意参谋——货——产品效果

我们可以通过“生意参谋——货——产品效果”来判断我们的产品是否适合打造。

利用这些数据，我们可以决定是否这些款适合做爆款，可以参考的数据是“我的展现次数”“我的浏览次数”“我的点击转化率”。

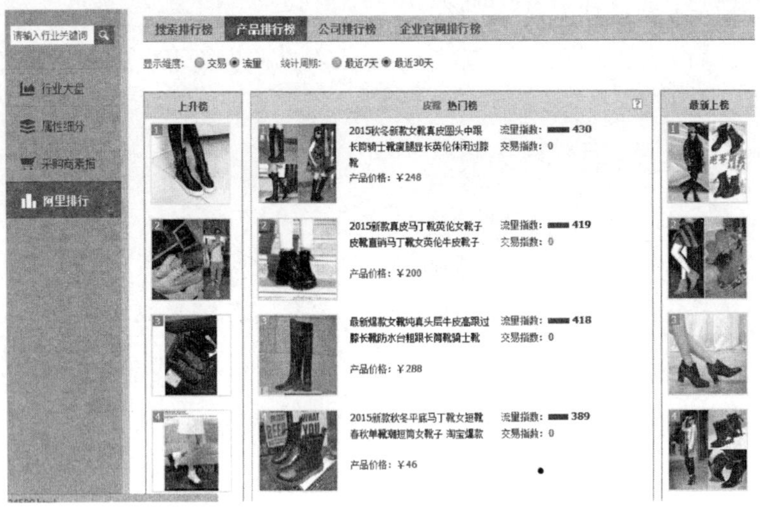

图 10－1　产品排行

一个标准：无论是展现次数还是浏览次数，或是点击转化率，都一定要高于市场的标准，如图 10－2 所示，“我的展现次数”是 68，而市场及同行的展现次数分别是 3 和 9。同理，浏览次数和点击转化率也是一样的道理，最好高于市场和同行。

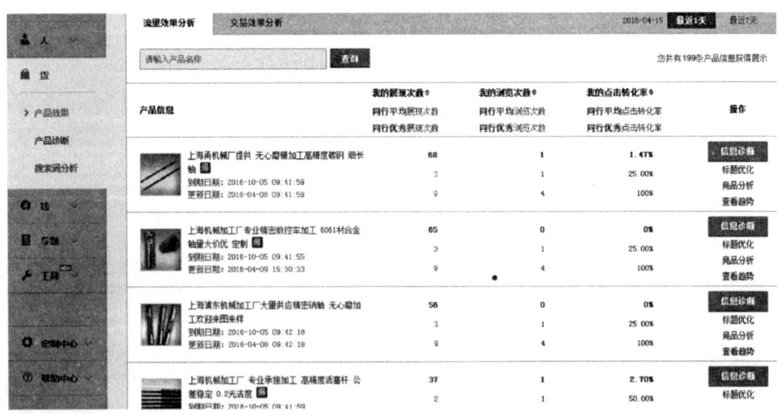

图 10－2　流量效果分析

3. 爆款实验室

爆款实验室是一个好东西，很多人不知道在这里该如何选产品，一个秘诀是最好选择系统推荐的试爆款。而且选择时有个规律，那就是选择爆款指数高的（手指多的）产品，越高越好。由高到低依次选择，一共选择10款。如图10－3所示。

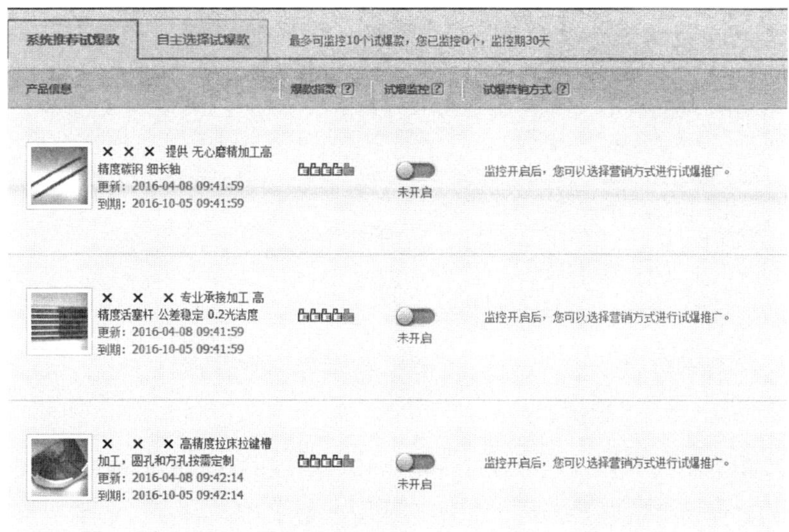

图10－3　系统推荐试爆款

（二）四个选款关键词

1. 研究趋势走向

做电商一定要懂数据，一定要知道这款是否适合推荐做爆款，所以我们要学会依据数据分析来得出结论。数据分析是根据近三年的数据对比，分析出后面的趋势走向，这些我们可以在阿里指数里看到。当然，你也可以结合淘宝指数进行分析。要知道客户比较喜欢的款式到底是哪样的？我们的店铺定位是否正确？店铺是否有客户喜欢的款式？

我们看一款产品是不是具备爆款潜质，需要做一件事，那就是选款之前常去看看数据，数据包括自己选的款是否和市场上的风格相似、这款的关键词最近的展现曝光是否呈上升趋势。一般而言，客户只看搜索量位居前20页的关键词。看完数据之后，便是研究哪些款式的风格比较受欢迎。也可以看看同类店铺有哪些款式卖得比较不错，或者去阿里巴巴搜索下看看其他供货商的哪些款式卖得不错。

我们知道，有人的地方就有市场，所以在市场上一定会有人和你做一样的东西或者产品。也就是我们要看同行 B2B 渠道的热销款式，以及热销款式的近似款是否具有爆款潜质，而这些往往都是选款的重点参考对象。首先要研究自己店铺产品的风格和定位，研究这些款式是否符合自己店铺的风格；其次，对照市场受欢迎的款式进行对比分析；最后，结合生意参谋、阿里指数或其他工具，进行一个星期的观察后再决定其是否是真正的爆款。

2. 判断顾客的消费趋势

除了爆款有一定潜质外，其实我们也要做一些人为的判断，包括选款和数据方面。很多人会认为选款很难，有些难以把握，其实选款的最难之处在于你会不会通过经验和数据分析来判断客户的消费趋势。

成为一位好的卖家不是一蹴而就的，而是要通过对买家或是客户数据进行日积月累的分析，然后针对性地去培养敏锐的行业观察力。

如果能够自己判断最好，但不是所有的卖家都具备这样的能力。不够敏锐的卖家其实可以借力，也就是按照之前讲的，依据一些工具或者技巧判断一下流行趋势，如用阿里指数去查看用户搜索趋势，然后去首页看看竞争对手的数据和详情，学习人家是怎么做的，取长补短。

还有人会说："我要做的款别人已早卖了半个月，怎么办？我要不要上这款?"

很多人其实都这样想，也不知道该如何做。有人看到别人做了，就投入资金，模仿生产，这不是很明智的做法。建议不要抱着"别人已经在卖了，我现在加入也不迟，别人赚钱我也赚钱"的想法，而是应先进行分析，然后再决定是否投入。

3. 有竞争就有淘汰

前面谈到"不要人云亦云，看到别人是爆款就跟着投入生产"。给各位举个例子，我刚开始做电商（服装行业）时，也是什么都不考虑，店铺选择的是最好的价位，款式选择的是市场受欢迎的（包括衬衣、风衣、大衣、连衣裙、T 恤、亲子装、情侣装等）款，然后开始投入生产，每款备货 500 件，每个尺码都备着货。

但当我从年头做到年尾时，发现亏得太多了。我也没考虑什么款将是爆款，什么款是竞争对手能做但我不能做的，而只是一味地跟风。

在此呼吁大家，在做电商时一定要学会分析，一定要看清楚自己的优劣势。做爆款一定要看数据，要拿 3 ~5 款新品去做测试，通过数据和客户反馈去决定是否投入生产，不要盲目。

正确的做法是：我们应该根据阿里巴巴的生意参谋、阿里指数一年的数据、同行的销量、与客户的沟通情况及对行业经验、数据的积累来确定款式，同时一定要符合自己店铺的定位和风格。

所以选择款式时应该学会用减法，而不是一味地做加法。不合适的款式一定要剔除，剔除标准就是看其是否符合客户群体的口味，换句话说就是客户是否喜欢。

有人又有疑问了，要剔除什么样的款式呢？或者剔除有什么标准吗？

剔除款式的标准有三：第一，过于个性、不适合定位的款式；第二，使用过程过于复杂繁琐的款式；第三，已经被人们证实很少使用的款式。几轮下来，你就会发现剩下的款式基本上是消费者能够接受的款式。

爆款需要经过实验测试，用个性和客户需求来吸引客户人群。

谁都知道要打造爆款，但是很多人只停留在表面了解的基础上，只知道要做爆款，但就是不会挑选，就是不知道要做哪些工作。在店铺中打造爆款，首先要学习下消费者心理学。大众化、绝大部分人喜欢、平易近人的款式容易成为爆款，这并不代表个性化的款式不行，而是过于出位的款式有一定选择性，或者是需要客户具备一定条件。所以建议做个性化款式要先了解客户的个性，最关键的是了解客户的需求，吸引客户人群才是最重要的。

4. 宝贝的性价比

在选择爆款商品时，要注重其性价比。因为商品要热销，前提是价格不能太高，并且质量也要过关，所以性价比就显得尤为重要。把握好质量和盈利的中间点就是卖家这个时候要做的事情。

另外，产品的款式选择除了要分析外，还要符合客户的审美标准和趋势。要知道当时流行什么、什么样的样式和工艺是客户喜欢的。可以先找出几个品类做测试，然后让老客户选择，看哪个款式比较受欢迎。把这些款式同时上架，尽量做到每个产品所获得的流量基本一致，过一段时间，通过对老客户的调研及近期成交量的分析，找出销量和流量转化比较大的那个款式，选它作为比较有潜质的款式进行爆款打造。

（三）爆款有三种类型

1. 引流款

引流款是店铺里一般卖家用的，他们为了提高自己店的信誉和销量就主推一款产品。这款产品价格比较实惠，而且质量也不错。卖家通过一些活动，例如让顾客去买一双鞋，如果顾客不喜欢这款鞋子，就会到他们店看看还有没有别的款式，这个方式就叫引流款。

引流款能否火爆？这个谁都难预测，不过与你做的准备工作充分与否有非常大的关系。

如果我们的某款产品人气和销量都很高，甚至供不应求，为店铺贡献了非常大的流量和人气，那我们就可把这款称之为引流款或爆款。

但是，有时候认真分析一下，就会发现引流款、清仓款其实有所不同。引流款并不能直接给店铺带来很多利润，甚至可能带来战略性亏损，但其所带来的流量、定向客户群及间接流量很大，也带动了店里其他产品的销售。如带动利润款的销量和流量，促使店铺整体运营处于盈利状态。

那如何打造引流款呢？

关注数据，关注每天不同时间段的浏览量、曝光量、转化率等，挑出受到关注最高的3~5款产品，再针对这几款产品进行观察和对比。

在一个星期的访问排行中，观察产品的跳失率是多少，然后依次进行改进。做电商，产品的跳失率越低越好。如果你能在所挑选的产品中做到跳失率低，那就说明你挑对款式了，且顾客在产品上驻足的时间越长，这款产品越有引流款相。

除了看客户是否都关注或者绝大部分关注这几个款外，还要查看这几款产品的转化率及它们的收藏量。因为转化率和收藏量也有一定的权重，新上架的产品，如果能有不错的转化和收藏，那么就证明你选款选对了，而且这些款产品非常有潜力。如果没什么转化和收藏，那说明你要继续换款观察。

还有一个细节必须要注意，那就是要查看客户在页面停留的时间。一般正常情况下，如果客户在某一页面停留的时间越长，就越证明这款产品比较有引流款的潜力。

还有一个不能忽略的细节，那就是产品要有好的销量。除了流量外，我们还要注重它的标题、主图、价格、详情页等，因为任何一个细节都会影响它的成交量。

以上这些能不能做好，取决于你是否具有行业经验及研究分析市场和竞争对手的能力。

2. 定位款

定位款就是店铺的招牌款、代表整家店铺主打风格的款式。举个例子，如果你以定制类为主，店铺的风格就是做定制的风格款式。如图 10－4 所示。

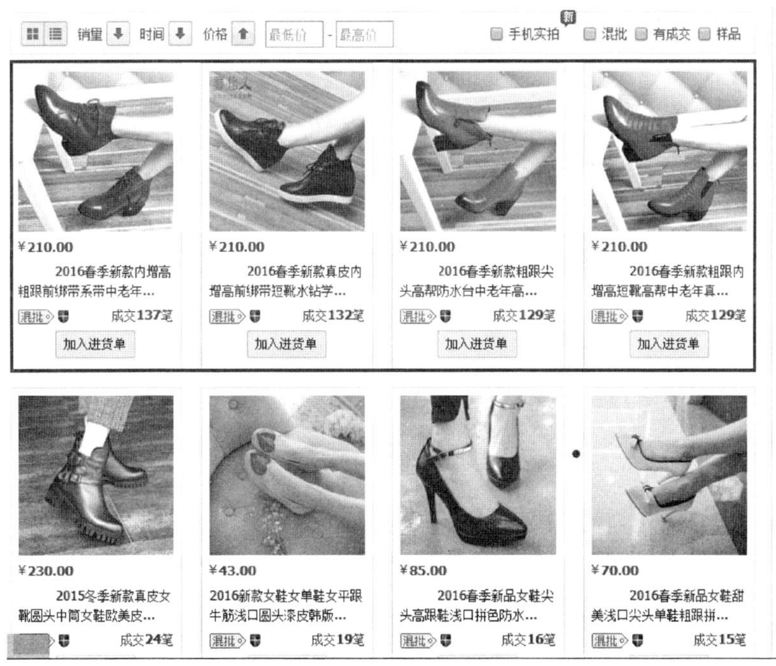

图 10－4　定位款

如果你是做现货的，那就要做好定位，是低端、中端还是高端？

店铺定位有三种，一是风格定位（如服装是欧美风还是韩版），二是价格定位（低、中、高端），三是产品类型定位（是定制还是市场类型）。所以我们一定要给自己的产品做好定位。

3. 利润款

利润款，顾名思义，就是能给店铺带来丰厚利润的款式。一个好的利润款几乎是整家店铺中销售占比最高的款式，卖得最好，但不一定是主流款。

做电商一定要了解店铺中出售的产品或者能给自己店铺增值的服务产品，不了解他们，后续要运作赚钱可能就会有点难，就更别说什么利润款了。

利润款和普通款、引流款又有所不同，利润款相当于店铺的镇店之款，只卖给懂得的人，所以利润款在前期选款时对数据挖掘的要求会更高，这样的款式只精准地针对小众人群的偏好、适合他们的款式、风格、性价比、卖点等多方面因素。

毕竟和普通款不一样，它的人群定向推广更精准，所以，这些款式推广起来可能需要花点精力。和普通款一样，我们在推出前也需要进行定向数据测试，通过预售或者是老客户产品调研等方式，做精准化营销。

需要注意的是，不管什么款式，若要将现货打造成爆款，质量和库存一定要有保障。当款式都确定好了，接下来我们就要开始打造爆款。如图 10 –5 所示。

图 10 –5　利润款

四、打造爆款的宣传

（一）耐心引导

把爆款要做活动的信息通过旺旺、QQ、电话、微信等各种渠道通知客户，耐心引导线下走线上。目的是把线下的一些客户引导至线上，提高在线订单数量。

（二）多报名一些专场活动

一分钱拿样、免费拿样、火拼、快订等活动，能引来许多免费的流量和客户。对于阿里巴巴这些免费的活动我们一定要重视起来，因为只要报名成功，就能给我们带来一定的浏览量、曝光量和成交额，一定要充分利用好。如图 10－6 所示。

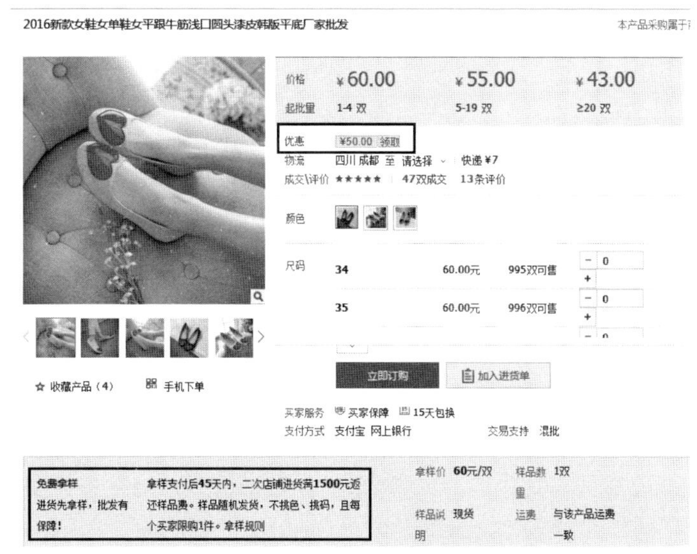

图 10－6　专场活动

快消品可以一分钱拿样，而做工业品的人会说，我们上万的机器也做那不亏死了？这就需要视产品而定。也有人会说，我们做过一分钱拿样，流量倒是挺多，但是意向客户不多，垃圾流量不少。其实这个重在转化及后期客户感情的培养上，有很多人都在客户拿了样品后进行大批量生产。

（三）店铺轮播图布局

一家店铺里最好的广告位就是自己店铺的轮播图，如果轮播图做好了，那就相当于是自己的 CCTV，会起到很大的宣传作用。如图 10 - 7 所示。

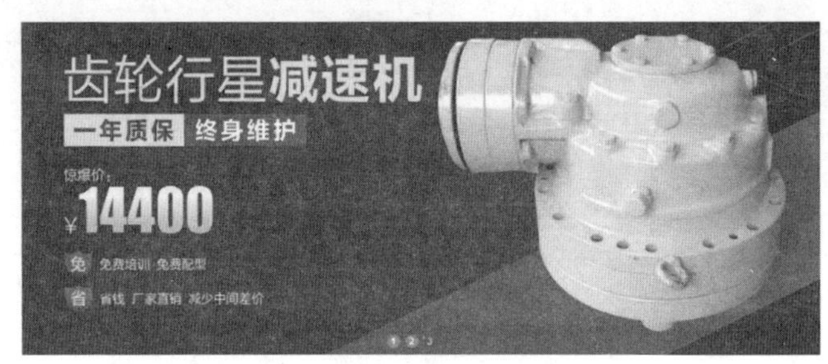

图 10 - 7　店铺轮播图布局

这里需要说明的是，在轮播图上产品的卖点一定要放大，一定要找到和别人不一样的卖点，且一定要写让人有购买欲望的文案。这样客户进店后，就能明白你这款产品的特殊性和优势了。

（四）店内自媒体营销

一家店铺其实会有很多营销活动可以做，可以是长期的，也可以是短期的，长期活动有关联营销、一分钱拿样、免费拿样等；短期活动有限时促销、限时优惠等。

五、爆款的成长

任何事情都会有几个阶段，这些阶段会呈现不同的发展态势，我们也可以把爆款的成长过程分为初期、中期和后期三个时期。

（一）爆款初期

前期创造数据，有一定的数据后进行分析优化，根据市场数据做好前期工作。我们需要优化的内容有：产品主图、详情页、转化率、跳失率、标题、上下架时间。

一张好的产品主图必须符合以下基本原则：

（1）尺寸要适中。像素在 750×750 像素最好，主图的大小最好是正方形。

（2）主图主题要突出。换句话说，主图主要展示的是产品，所以背景最好是纯色，主题明了。怎么让它突出呢？一定要让客户第一眼看到就知道你卖什么，不要让他看到你的主图还要研究半天才能确定。

（3）搭配文字的技巧。在图片配文字的文案中，我们一定要突出卖点，也不要写太多文字，做到简洁明了。

主图中加上说明文字很有必要，但切记不能过多，做到简、精、明这三点就行。

所谓简，就是长话短说，简明扼要。如邮费方面，最简单的表达就是“包邮”二字，有的人偏要搞中秋包邮、国庆包邮，店庆包邮之类，非得找个包邮的理由，是不是有点浪费资源呢?

所谓精，就是做到精致、精确、精准。意思就是我们花最少的时间、最少的精力，用最准确的文字展示出商品的必要信息。

所谓明，就要做到明确、明了，换句话说就是一针见血。文字说明要让人看得懂，看不懂等于白说。文字的内容可以涉及打折信息、产品优势、产品特有功能等。

（4）颜色搭配要慎重，不是什么颜色都可以混搭。

有些主图配上文字就非常的抢眼，显得高大上，给人眼前一亮的感觉。原因很简单，主要是美工颜色搭配得好。

如果颜色搭配得好，那主图就如虎添翼；但是如果搭配不好，那可能就是画蛇添足了。我们给出以下建议供大家参考：

第一，红底白字。

第二，红底黄字或者黄底红字。

第三，黑底白字或者白底黑字。

第四，蓝底白字或者白底蓝字。

第五，红底黑字或者黑底红字。

做好详情页，吸引买家进店查看，让买家在里面找到适合自己的产品，然后咨询下单。这样，我们爆款产品的转化率自然而然就提高了，跳失率也就减少了，为我们的爆款打下了坚实的基础。

写好产品标题，选好关键词？有助于提高产品的展现量及被搜索量。

不同的行业，产品更新的时间不一样。大家都知道产品上架时间很关键，因为它直接关系到自家产品在前台亮相的机会，到底怎么排好呢？

人流量高峰时段有：

9：00～11：00，★

14：00～19：00，★★★★

20：00～22：00，★

23：00

可以将这些高峰时段细化，如上午 10 点钟，分 2 个时间上架，第一次在 10 点 10 分左右，第二次在 10 点 40 分左右。下午 3 点比上午 10 点的流量大，就分 3 个上架时间。热卖的产品就排在黄金时段上架。不同的行业具体划分也会不一样，这个需要大家慢慢去发现。比如，今天这个时间段发布，明天可以换一个时间段，争取把这些时间段都用上，做好记录，经常对比，看看哪个时间段流量比较高，后期可以多多关注。

切记，产品评价初期不能有差评。

（二）中期（推广期）

不管任何时期，产品都需要我们去做各种推广，其中包括搜索推广、付费推广、展现流量、产品关联。在中期，就是我们尽最大能力和限度，用各种手段把产品推广出去，让更多人看到我们的产品。

（三）后期（清仓期）

此时更多的是清理库存、带动新品、引导客户流量。而我们在此时能够做的一些活动可以是限时促销、新品上市、清库存，或者是在店内进行其他促销活动，但最主要的还是能够把库存清出去，把新款带出来。

第十一章
站内付费推广秘密捷径

站内付费推广不像站外那么复杂，阿里巴巴的付费推广方式有标王和网销宝两种。

一、标王

标王是阿里巴巴为那些想提升曝光率和询盘量的中小企业量身打造的、固定搜索排名第一位的服务，它可以稳抓买家流量。

（一）标王有三大优势

（1）超大超精准的流量。买家主动搜索产品关键词时，在第一位展示你的产品信息，100%覆盖买家，只给想买的人看。

（2）位置稀缺，体现品牌。每个关键词仅开放一个独家推广位，有独特标王标志，帮助打造行业品牌优势。

（3）费用可控，省时省力，无需重复操作。绑定一次，连续投放一个月，点击不收费。

（二）购买标王要做的准备

（1）关注网销宝账户余额，确保余额充足。

（2）办理充值，得考虑到账时间，转账一般是1～2个工作日到账，在线是半个小时。

（3）标王仅限网销宝现金开户客户购买。

开户预存，第一次开户网销宝最低预存2000元，加入是预付款的方式（和手机预存话费相似，没有任何服务费用），预付款全部是卖家的推广费用。

按月计算，标王每个月是固定价格，购买成功后会冻结该部分资金，不能作其他用，然后在投放期按天分摊扣费，根据关键词不同，包月费用不同。

具体操作方法：打开我的阿里巴巴，点击进入网销宝。

标王每个月秒杀时间段的链接，具体路径为：阿里巴巴商友圈——网销宝圈——帖子《2016年标王全年售卖时间表》。

一般一个关键词会有很多商家来竞拍，没有秒杀出去的关键词会参与竞拍，一般出价是 50 元一次，出价最高者得标王，比的是价格。

行业关键词的价格可参见路径：我的阿里——服务——所有服务——网销宝——标王——输入关键词。比如，电机——查询结果可以看到价格。

标王的位置主要在阿里巴巴产品搜索结果首页（如翻页则无标王位置）左侧主搜展示第一位，并带有标王标志。

用了一个月的标王，个人认为还是网销宝比较好点，如果是现货，爆款效果更好。

（三）无线与 PC 标王攻略

现在标王分为两大块：一是 PC 端标王（在电脑端投放），二是无线标王（相对来说便宜些）。

阿里巴巴标王（PC 端）：当买家在 1688PC 端页面搜索产品相应关键词时，你的推广信息将带有“标王”标志，且在搜索结果首页左侧第一位展示一个月，充分展示企业实力，传播企业品牌。

阿里巴巴无线标王（无线端）：当买家在无线端页面搜索相应关键词时，你的推广信息将带有“标王”标志，且在搜索结果首页第一位展示一个月，充分展示企业实力、显示企业品牌传播。

1. PC 端标王攻略技巧

先进入网销宝页面，然后点击标王，再进入图 11 - 1 的页面。

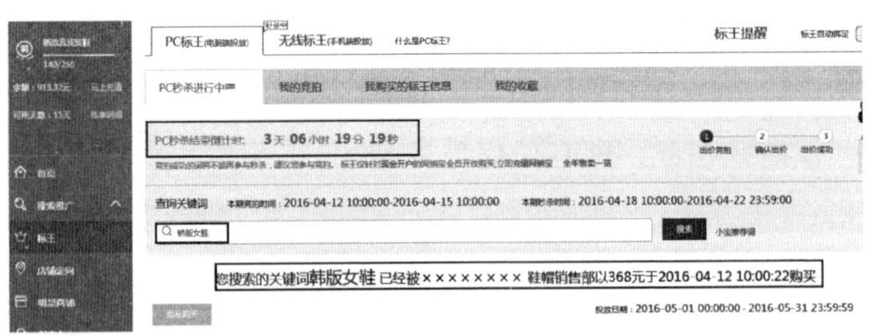

图 11 - 1　PC 端标王

在页面中我们可以看到一个搜索对话框，在搜索对话框中输入自己的关键词，然后旁边就会有提示。比如输入“韩版女鞋”，旁边就会出现橙色提示字，告诉你还有多长时间该词会结束。另外，也会告诉你这个词什么时间被什么公司以什么价格购买了，并且买了之后的投放时间是下个月。

很多人想知道这个词到底是不是好词，或者会不会被市场上的商家所认可。我们可以看到，只要出现关键词之后，下面就会出现相关的词。如果觉得自己喜欢的词价格过高，可以选择相似的词。比如，我输入的是“韩版女鞋”，被人家买了，我可以买坡跟女鞋或者欧美女鞋。

另外还有词包，相当于将几个词打包做标王，同时在原来基础上打折。如图 11－2 所示。

图 11－2　词包

如果我不想要这个词包，怎么办？旁边有个“新建词包”，可以在这里输入关键词，依据自己的喜好或者涉及的关键词选择，选到右边的框中，最终确定了就点“确定”，一个个性定制的词包就完成了。如图 11－3 所示。

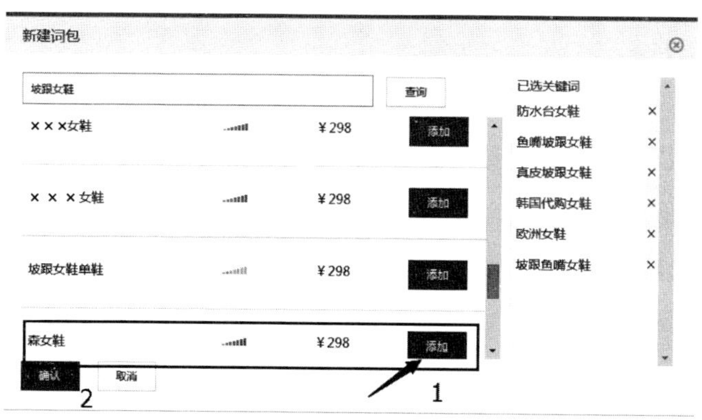

图 11－3　新建词包

最终确定后就是图 11 - 4 的样子，另外，建议选择搜索热度高的词，至少要选择搜索热度在“3”或者以上的，不然没意义。

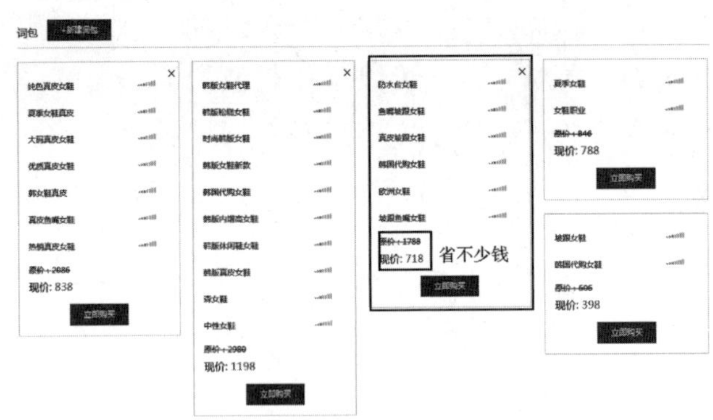

图 11 - 4　确定后的词包

“我的竞拍”里显示的是我竞拍的记录，如果没有竞拍那就没记录。

“我购买的标王信息”是指我之前买过的信息显示，如果买了会显示一个月，还会显示下个月投放和历史投放等信息。

“我的收藏”指的是自己之前感兴趣的但是没有下手，放在那里的词。

2. 无线标王

现在无线端的订单不少，很多客户都会通过手机端下单，所以很多人都在抢占无线端。因此无线端的无线标王也自然成为很多中小企业供应商抢占的一个领地。无线标王的玩法和 PC 端的差不多，但是价格相对来说便宜很多。词包的选择和应用与 PC 端标王几乎一样。

二、网销宝

网销宝是一种按效果付费的精准营销服务，通过优先推荐的方式，将你的产品信息展现在买家上网采购的各种必经通道上，并按潜在买家的点击付费。因其成本灵活可控、推广精准有效，所以特别适用于想提升产品曝光量和询盘量的广大中小企业。

（一）网销宝的优势

（1）精准流量，针对性强。通过关键词，帮你锁定有需求的客户、地域、时间筛选，让你的推广范围更灵活、更准确。

（2）免费展示，效果付费。你的信息会在买家搜索或浏览时得到推荐，同时所有的展示都是免费的，只有点击才付费。

（3）排名靠前，覆盖面广。在最优位置展示你的信息，让你的产品排名前列，在买家搜索时第一时间抢到订单机会。

（二）网销宝的展现位置

展现位置有产品搜索结果页面底部 5 个“热门推荐”位置图文展示，以及在搜索页标王和实力商家位置后的 8 个位置！另外，页面最下方向有 4 个位置，页面右侧有 8 个位置。如图 11－5 所示。

图 11－5 展示位置

（三）网销宝的优点

展现不扣费，当买家点击了推广的产品时，才会进行扣费。每次扣费金额取决于客户为关键词设定的出价。可设置日限额，当日扣费不会超过日限额。同时你也可以按需要，随时将推广产品下线，灵活控制推广费用。

（四）开通网销宝享有的服务和特权

开通网销宝享有成长等级特权、服务特权、推广特权和优惠特权。

网销宝成长体系是为了给网销宝用户提供更灵活、更专业、更贴心的服务而推出的。随着网销宝会员成长等级的提升，可获得不同的特权服务，以满足不同成长阶段的会员需要。

网销宝成长体系包含4个成长等级（推广初级、推广中级、推广高级和推广顶级），成长等级由“成长值”决定，成长值越高，会员等级越高。

新加入网销宝的用户30天内推广等级为入门级，等级特权等同于推广初级客户。

如何获取成长值?

（1）完善6大基础成长值。

网销宝日消耗（网销宝每日结算的实际消耗，每消耗1元，加100分）、有效推广词数、有效推广信息数、登陆网销宝后台频率、登陆旺旺频率、账号余额。

（2）领成长任务赢更多成长值。推广能力提升、活跃度提升、基础账户提升。

（五）网销宝营销设置技巧

1. 新建推广计划

第一步，打开时如果没有设置计划，就要点击新建，然后创建新计划。前期金额100元即可，不要设置太多，计划名称可以自己设置，如按日期、按公司等。投放区域可以选择，中国香港、中国台湾等地区可能就不设置（也要看行业）了。当然也可以单独挑选一些区域，如宁夏、青海等。

第二步，选择资源位。可以选择你想要展示的外部位置和内部位置（新手建议别盲目选择，可以只选择一个），先摸索出技巧后，再选定其他的地方投放。

第三步，选择创意。主要是选择创意图的尺寸大小，图片的大小要自己去设计，阿里巴巴会根据你选择的位置来自动设置生成。可以选择的尺寸为：220×300 像素、300×250 像素、950×90 像素、186×275 像素、600×150 像素、336×280 像素、270×368 像素。知道了这些，接下来就要添加创意了。

接下来，依据系统关键词或者搜索关键词进行基础关键词、关键词人群、dmp 定向。访问店铺但没购买的人群的价格设置（系统会给你参考价）如果要加价可以在其推荐价格上稍微加上 0.1 元，千万不要盲目乱加，掌握了技巧之后稍微好一点，没掌握技巧如果乱写会浪费钱。

编辑好了，并不代表一定能通过、一定能有一个意向中的排名或者排到前面去，因为这个排名类似于百度竞价，随时会有人调整。我们来看一张之前做过的计划表（如图 11－6 所示），当我们看到状态是无效时，就证明这个词需要调整了，如图 11－7 所示。

+ 添加关键词　全部状态　所在地　所有状态　刷新排名　请输入搜索关键词

	状态	关键词	排名状态	出价 ↓	参考出价	消耗（元）↑	展现 ↑	点击 ↑	操作
□	无效	铆钉马丁靴	无展现	0.3	搜索左侧参考出价0.9元	0	0	0	删除 提升排名
□	无效	马丁靴 女	无展现	0.3	搜索左侧参考出价0.6元	0	0	0	删除 提升排名
□	有效	厂家批发雪地靴	计划暂停	0.3	搜索左侧参考出价0.5元	0	0	0	删除 提升排名
□	有效	雪地靴靴	计划暂停	0.3	搜索左侧参考出价0.7元	0	0	0	删除 提升排名
□	有效	真皮时尚马丁靴	计划暂停	0.3	搜索左侧参考出价0.8元	0	0	0	删除 提升排名
□	有效	2015真皮马丁靴	计划暂停	0.3	搜索左侧参考出价1.1元	0	0	0	删除 提升排名
□	无效	雪地靴工厂	无展现	0.3	搜索左侧参考出价0.9元	0	0	0	删除 提升排名
□	无效	马丁靴批发	无展现	0.3	搜索左侧参考出价0.4元	0	0	0	删除 提升排名
□	无效	真皮雪地靴批发	无展现	0.3	搜索左侧参考出价0.7元	0	0	0	删除 提升排名
□	无效	马丁靴 女 真皮	无展现	0.3	搜索左侧参考出价0.6元	0	0	0	删除 提升排名
□	无效	雪地靴批发	无展现	0.3	搜索左侧参考出价1.0元	0	0	0	删除 提升排名

图 11－6　关键词状态

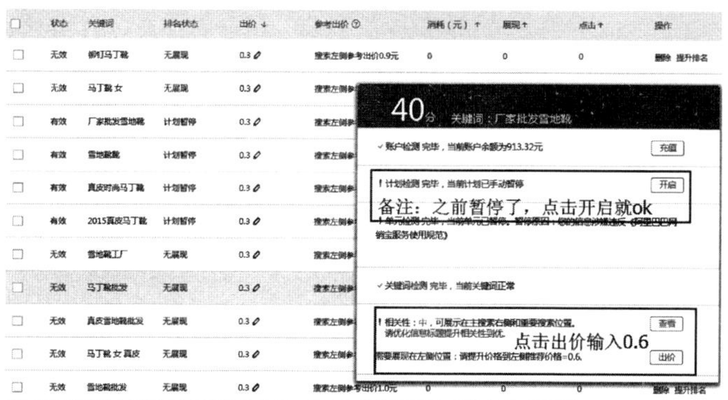

图 11－7　调整关键词

如果觉得这些词还是不满意，那么我们可以再选择。点击旁边的搜索框，然后输入关键词如“马丁靴”，就会出现很多和马丁靴相关的词。建议选择热度高或者，至少是热度为 3 的词去做，不然没多大作用。同时，在下面的词中会有一些不相关的词，我们要选合适的词，然后点击保存并继续，如图 11 -8 所示。

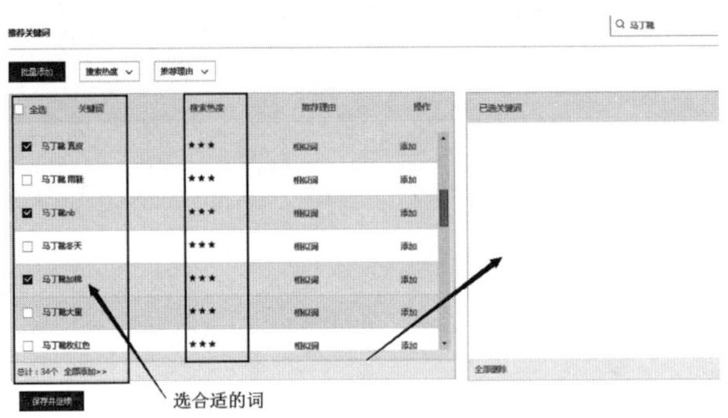

图 11 -8　推荐关键词

2. 调整无排名词方法

以前可能做过的计划，但是做着做着就没排名了，怎么办？这就需要及时调整自己的计划，依据系统判断的相关性及参考价格来继续做下一步调整。如果发现没有展现的系统相关性好，就要及时调整价格。

如果系统相关性显示为“中”，那么需要从产品的标题、产品的主图、产品属性等角度来考虑。当我们看到“参考价格”这里出现“搜索左侧参考出价 0. 5”，那么我们就要点击右侧“操作”下面的提升排名，然后进行提价（因为暂停，所以得分不是很高）。

3. 网销宝就应这样推广

我们在一个平台上，就要知道它有哪些玩法，知道了玩法就要认真去用，下面我们介绍几种重要的推广方式。

（1）一键推广。

一键推广的优势在于它属于傻瓜式，不用花太多心思在上面。一键推广分为两种推广方式，一是自助推广，自定义设置计划；二是一键推广，系统智能设置计划。

自助推广分为五步：计划基本信息、添加信息单元、添加关键词、优化、发布。

第一步，计划基本信息，可以设置名称，如我设置为悍蒙营销，消耗额上限不要设置太多，前期每天只要60元。重点是后面是否开启站外定向推广。如图11－9所示。

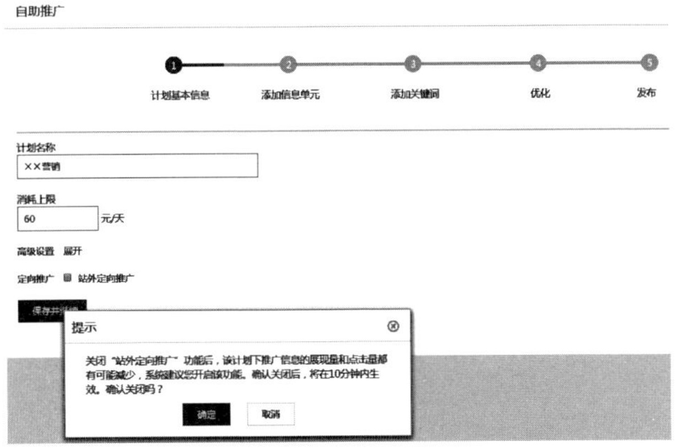

图11－9 自助推广

不熟悉的人或者不会操作的人建议不要开启。因为开启了站外推广，流量有了，但是客户不精准会拉低转化率，所以建议前期不开启。

信息做好后，紧接着添加信息单元，如图11－10所示。

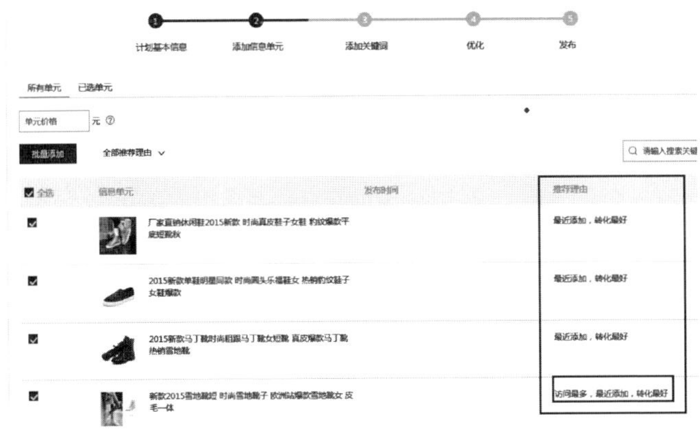

图11－10 信息单元

最好选择转化好的、访问多的信息单元。接下来进入下一步，如图11－11所示。

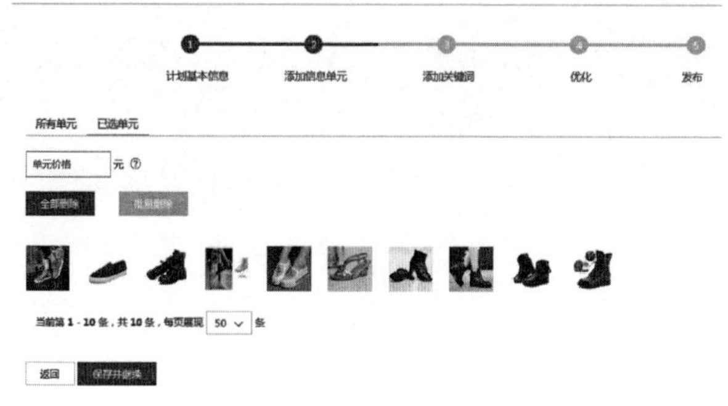

图 11－11　添加信息单元

系统会自动匹配关键词，但是也不精准，所以建议在右边输入精准关键词，这样匹配度比较高，效果也比较好。我们看到输入关键词之后系统匹配的关键词，就可以进行合适的选择，选完之后保存并继续（选择有三颗星的热度高的词）。如图 11－12、图 11－13 所示。

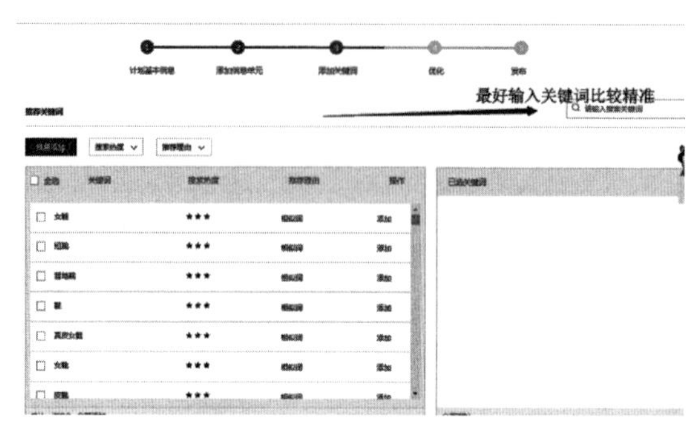

图 11－12　推荐关键词

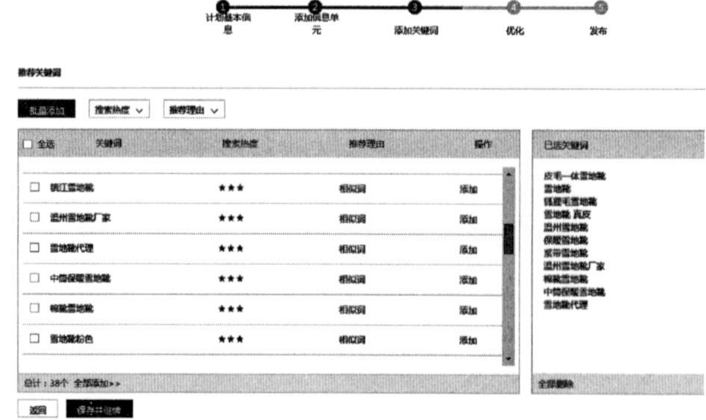

图 11－13　选择关键词

接下来我们要进行优化，而优化时有个技巧，那就是我们要看相关性（相关性最好是高的）出价（依据市场价再偏高 0.1 元），还有参考价格。如果想要好的排名，想要出现在第一页，那么我们可以点击提升排名进行出价。

一键推广之系统智能设置计划。如图 11－14 所示，我们点开后，在出价区间设置 0.5～1.7 元（价格可以依据市场来变动，或者自己设置价格，每个行业都会有所不同），消耗上限设置为 60～100 元，当然也可以超过这个范围。站外定向推广建议对网站不熟悉的人先别打开，熟悉的人可以打开，或者是转化率高时可以打开。

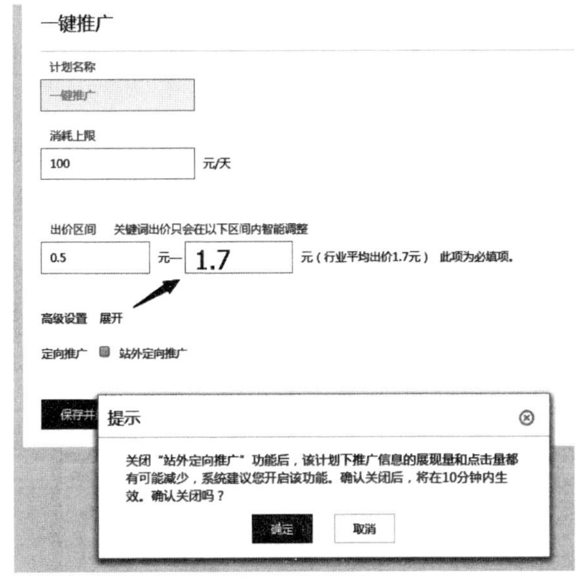

图 11－14　一键推广

（2）全店管家推广。

全店管家是另外一个智能化的推广模式，可以自己设置。设置每天的日消耗上限 100 元（依据行业而定），设置点击出价（可以依据系统来，也可以自己设置）。设置完之后点击确定就可以，系统就开始帮你全区域间断推广，到了设定金额就会自动暂停。如图 11－15 所示。

（3）创意中心。

这个可以生成自己的动画和创意。特别是文案如果写得有特点，那么成交将会很快成功。点击开始制作，如果有设计能力的直接根据系统提供的尺寸 180×180 像素上传 3 张照片，在链接栏中输入自己店铺的链接及相关文案（10 个字的文案）。

设置了 5 个之后，点击生成创意，然后等待审核就可以。

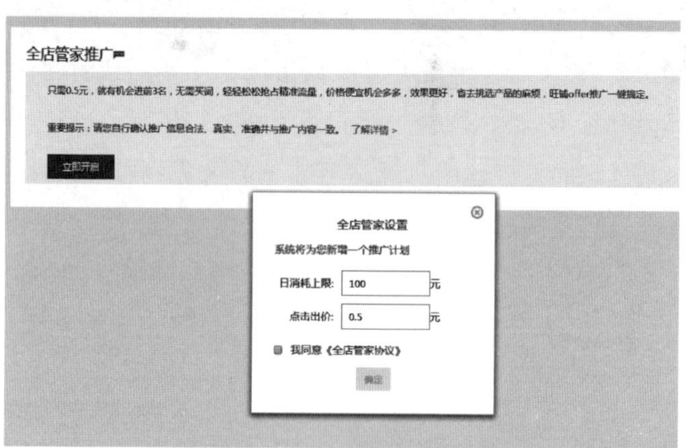

图 11 -15　全店管家推广

第十二章
站内营销
无敌组合拳

电商一定要学会做营销推广，会做营销推广的和不会做营销推广的店铺，在销售业绩上千差万别，这个在 1688 市场上一看便知。接下来我们就来说说站内营销推广的作用。

一、营销推广的作用

（1）大大提升店铺的客单价。同等条件下搜索“金线莲”，你会发现高价的反而销售量大，客单价比较高。我们来看看图 12－1 的案例。

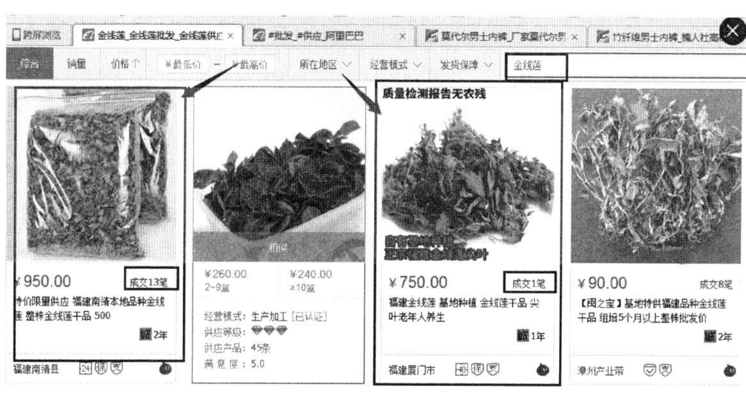

图 12－1　金线莲

单价为 950 元的成交了 13 笔，而单价低的反而成交少，如 90 元的才成交 8 笔，总额也只有 720 元。

（2）增加曝光量，展示公司实力。现在这个社会就怕不曝光，一曝光就会出名。出名当然有正面的也有负面的，就看怎么去做。

在电商里，我们可以这样理解：我们出现在第一页直接就可以展现在亿万人民面前，当人们在首页看到我们的产品，自然而然我们的产品就曝光在世人面前。当客户点开我们的产品页面，我们的公司名字及其他产品自然也呈现给客户面前。

（3）极大提高展现量和转化率。做电商的朋友都知道，如果一家店铺连展现量都没有的话，那就更不用提一天的交易额是多少了。

电商人还应关注的细节就是我们的转化率，转化率越高，店铺就越有魅力，权重相对于其他公司来说就会更高，店铺成交比例也相对来说更大，阿里巴巴就会把相应的资源向你这边倾斜。

二、营销活动及营销工具设计万花筒

常见的一些营销活动包括：包邮、满减、清仓、混批、优惠券、满就送、会员体系、打折、上新、店庆、秒杀等。下面我们将对这些活动进行深入的剖析，让大家熟悉并且能实现可执行化操作。

（一）包邮

包邮其实是很多买家喜欢的事，有很多人刚开始可能不太喜欢这个营销方式，只仅仅因为包邮而选择了这款产品。

包邮要怎么设置呢？具体路径是：先找到后台“我的阿里”，然后找到“卖家交易管理”，之后找到“优惠券设置”。

设置优惠券类型为包邮券，优惠券名称为包邮券或者包邮都行，有效日期设置根据自己的计划来定。

可以选择不包邮地区，如港澳台或者偏远地区。

发行量可以自己设定，单笔满多少金额也可以自己设置。推广渠道及转赠等都可以设置，具体操作细节我们可以参考图 12－2，当这一切都准备好的时候，我们点击创建优惠券就可以，一张优惠券就这么完成了。

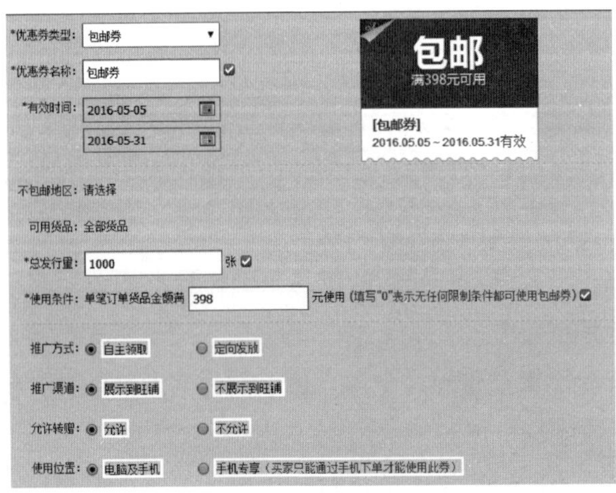

图 12－2　包邮券

（二）满减

这也是阿里巴巴市场上非常受欢迎的活动之一。满减给很多客户带来了便利，有不少客户会因为你设置了满减而觉得实惠不少。

我们来看图 12 - 3，了解满减应如何设置。具体路径是：我的阿里——卖家交易管理——营销设置——满优惠设置。

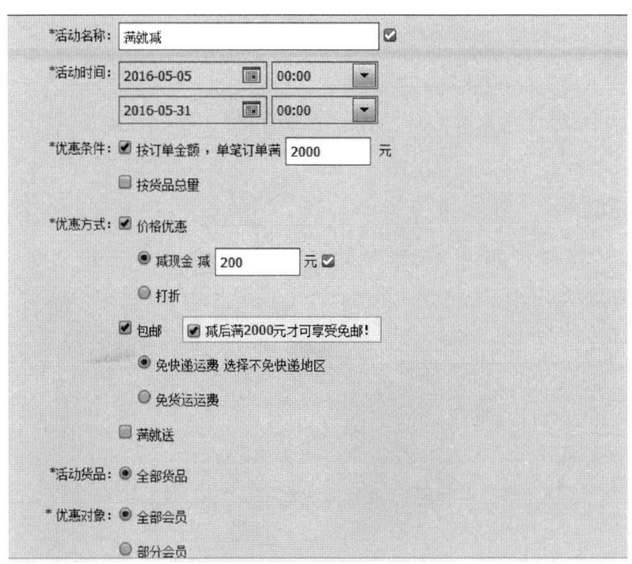

图 12 - 3　满减

设置好了这些，再写一个活动说明，之后点击创建活动，就能够显示在我们的店铺当中。我们来看图 12 - 4。

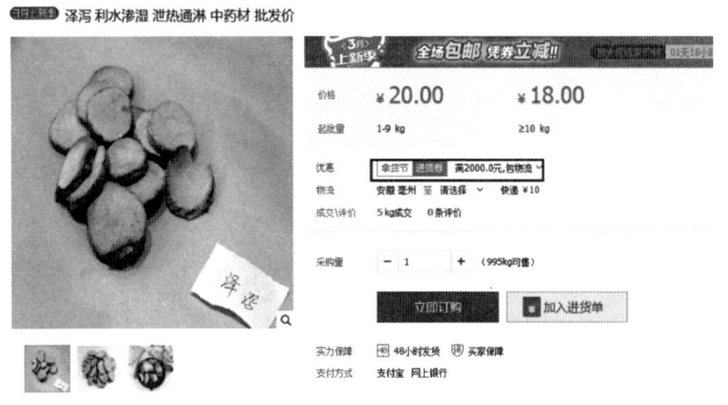

图 12 - 4　创建活动

（三）清仓

这个活动是商家根据自己的情况来制订的，目的是引流和把库存销售出去，但这里有一个技巧，那就是即使设置清仓，也不能亏本。

这里需要提醒商家注意，一定不能亏本，至少保本（成本价），适当的战略亏损是可以的，但不能一直亏。

做战略性亏损有几个好处：一是可以增加店铺流量，二是可以给竞争对手以打击，三是可以将自己的主打产品或者爆款进行引流，四是解决回款。

具体我们来看下设置和操作步骤：先进入我的阿里——卖家交易管理——营销设置——满优惠设置——客户营销设置。活动名称可以称亏本清仓（或者是清仓处理），设置时间依据自己安排，优惠条件按订单价格选择。案例当中单笔满398元然后打8折（金额和打折按照自己的实际情况定），活动货品是对所有产品还是指部分产品要确定好，如果是部分先选择所要打折清仓的产品。案例及呈现效果如图12－5和图12－6所示。

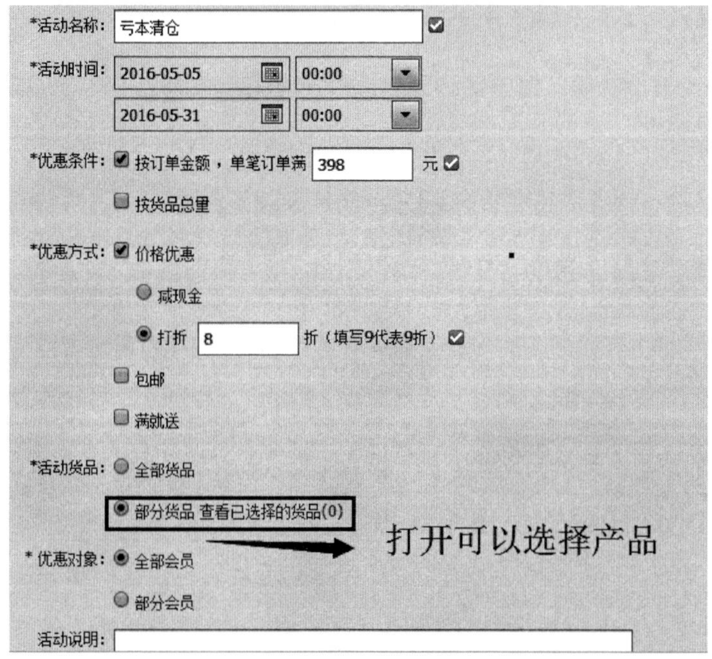

图12－5　清仓设置

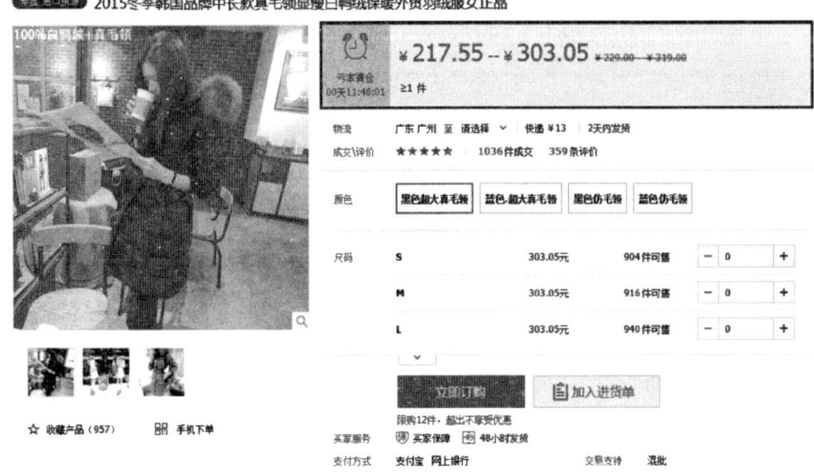

图 12－6　某产品清仓

（四）混批

混批是指阿里巴巴市场为了迎合市场需求所推出的一个促销手段。混批的好处在于它极大地方便了广大的顾客，同时也间接地增加了店铺的浏览量、曝光量及转化率。

那么混批怎么设置？或者说设置方法是什么？先来看路径：我的阿里——卖家交易管理——营销设置——混批设置。如图 12－7、图 12－8 所示。

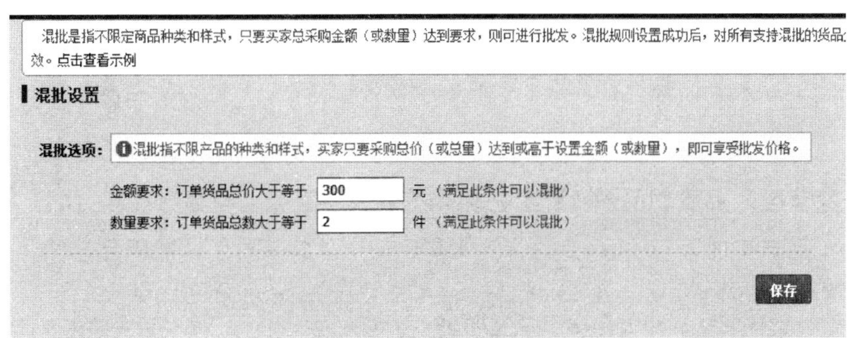

图 12－7　混批设置

备注：金额和数量应根据行业的不同而设置，快消品和工业品不一样。

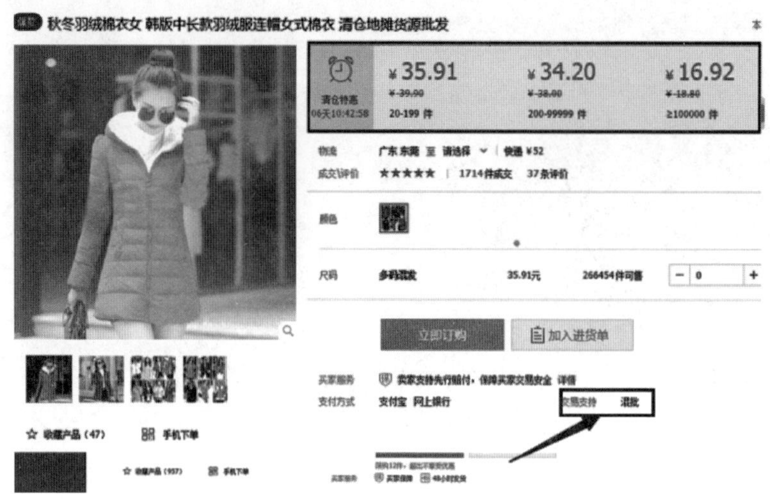

图 12－8　某产品混批设置

（五）优惠券

优惠券是阿里巴巴市场为了迎合商家和顾客需要，为彼此搭建的一个良好沟通与成交的桥梁。如图 12－9 所示。

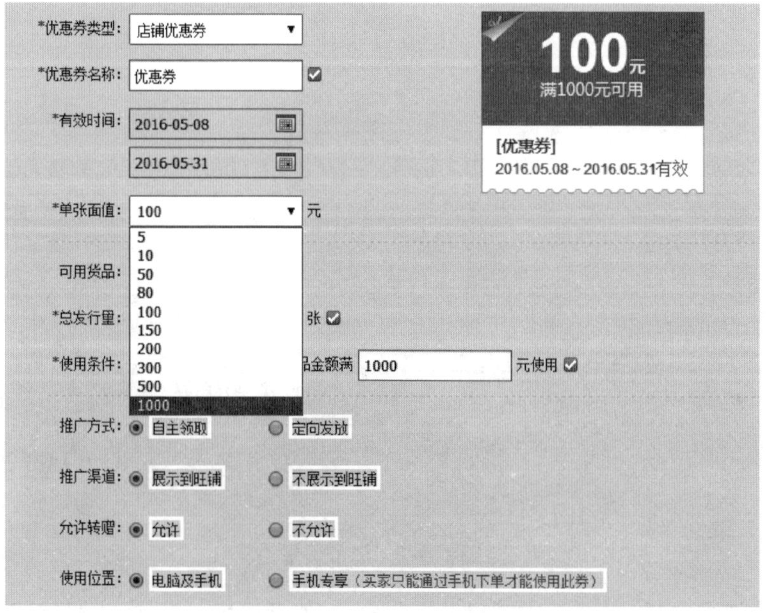

图 12－9　店铺优惠券

优惠券有什么好处呢？一是迎合了顾客购买时需要便宜购物的心理；二是便于联系客户，与客户产生交易；三是增加店铺的浏览量与转化率。

具体设置步骤为：先登录阿里账号——我的阿里——卖家交易管理——营销设置——优惠券设置——创建优惠券。

先创建好优惠券名称，然后是有效时间、单张面值（有 10 个档次，自己按照预期设定的总金额，以及发行数量来确定你哪档次）、发行量、金额满多少使用等。这些设置完了之后就可以点击下面的“创建优惠券”，然后完成优惠券设置。如图 12－10、图 12－11 所示。

店铺优惠券（29）　商品优惠券（0）　包邮券（2）

优惠券名称：　有效日期：　-　搜索

优惠券名称	所有面值	有效时间	使用条件	总发行量	剩余数量	全部	相关操作
年终大促	100元	2015.11.21-2015.12.31	满4888元	100000	99998	发放中	编辑 代码拷贝 结束 获取领券链接
年终大优惠	50元	2015.11.21-2015.12.31	满2000元	100000	99997	发放中	编辑 代码拷贝 结束 获取领券链接
优惠大行动	5元	2015.11.21-2015.12.31	满200元	10000	9998	发放中	编辑 代码拷贝 结束 获取领券链接
店铺推广优惠	5元	2015.11.21-2016.03.31	满200元	100000	99997	发放中	编辑 代码拷贝 结束 获取领券链接

图 12－10　创建优惠券

图 12－11　某店铺优惠券

这个活动不管是工业品还是快消品都可以设置，并且优惠券可以设置多个档次多个数量，当优惠券到期后，可以重新设置，所以灵活性很强，适合所有的电商人长期做。

（六）满就送

这个活动和满减属于一个系列的活动，具体操作方法及说明可以参照满减。在此不做过多说明，这里只简单说明下设置路径及设置方法，操作时可参照图 12 –9 的路径设置。

优惠条件可以选择两种，一是按照订单金额，单笔满多少元自己依据行业设定，不要随便设置；二是按照货品总量。可以两者都选也可以二选一。当这些都设置完成后我们就可以点击“创建活动”，这个活动便完成了设置，就会显示在店铺当中。如图 12 –12 所示。

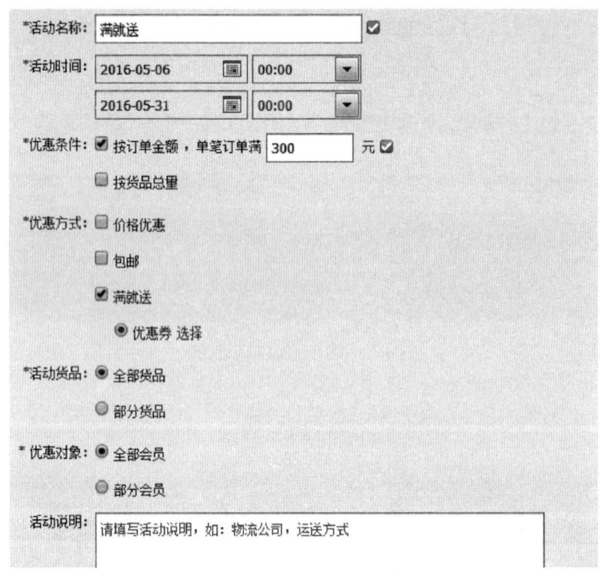

图 12 –12　满就送

（七）限时系列（限时包邮、限时折扣）

什么是限时系列？是 1688 市场推出的一项很受欢迎的促销活动，是官方认可且鼓励的活动之一。

很多 Top 商家通过这项活动提升了销量及带来了客户。

限时系列有什么好处？一是满足顾客的低价购物的需求，二是满足商家增加客户的需求，三是给自己店铺带来销量及转化率。

限时系列设置具体步骤为：我的阿里——卖家交易管理——营销设置——限时促销设置。先写上名称，然后是时间，最后是限时折扣、限时包邮、优惠力度等，包括还要选择的商品。当操作完时点击创建活动，然后一个活动就完成了。如图 12－13 所示。

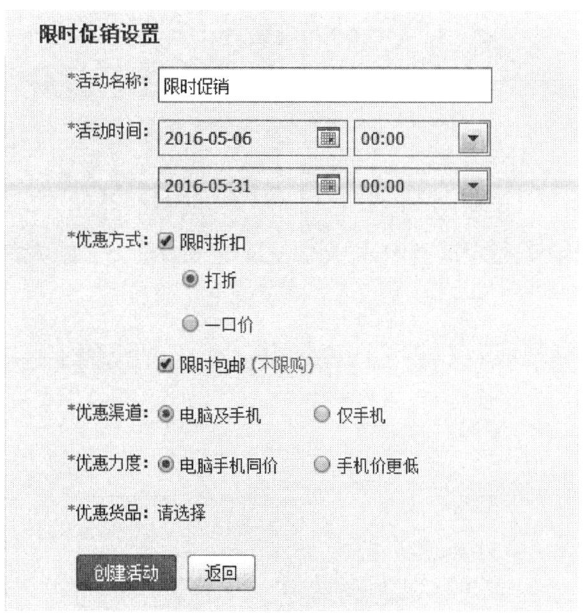

图 12－13　限时促销设置

设置完成后的成品案例如图 12－14 所示。

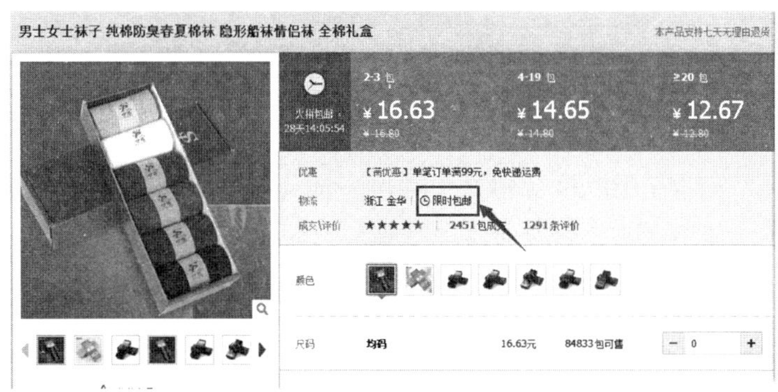

图 12－14　成品案例

（八）会员体系设置

会员体系是引导和激励客户的一个非常重要的体系，一个店铺会员体系设置的成功与否直接影响客户下单量的大小。

正常逻辑下，对老客户、下单量大且周期短的客户，设置的折扣就越大，享受的优惠就会越多。

具体操作设置路径如下：我的阿里——卖家交易管理——营销设置——客户管理。

图 12－15 是笔者的设置方法，但仅供参考（每个行业设置应该依据自己行业的特征而灵活掌握）。

会员体系规则设置
您可根据自己管理会员的需要设置自动升降级规则以及会员折扣

等级名称	等级需满足条件（统计方式：累计）	折扣
店铺客户	与您有过交易的买家	无折扣
普通会员	交易金额 500 元，或交易次数 1 笔	9.8 折
高级会员	交易金额 1000 元，或交易次数 2 笔	9.5 折
VIP会员	交易金额 1500 元，或交易次数 5 笔	9 折
至尊VIP	交易金额 2200 元，或交易次数 10 笔	8.5 折

图 12－15　会员体系规则设置

需注意，我们既要懂得找分销商也要懂得怎么进行分类和拒绝分销商。有人会说，有分销商申请还要拒绝？当然要懂得拒绝，因为分销商并不在于多，而在于质量。

比如，你找了 100 位分销商，一位分销商每天给你出货 1 单，也就是每天就差不多 100 单；而优化过的分销商只有 20 位，每天出单量却达上千单。没有门槛也不好管理，所以分销商要定期进行一些优化。

优化操作的前提需要是掌握一些进度和信息。比如，我们要知道合作中的分销商到底是什么等级、什么时间合作、近 180 天的合作金额、是分销还是经销等。另外，我也要知道申请合作的分销商到底合不合格。

最初我们设置时就有门槛，在申请合作的分销商这栏里面可以看到客户申请信息，以及申请时间和申请理由，对于不符合门槛的要拒绝。比如，图 12－16 中我就拒绝了，因为他不是真正的代销人。

除此外，分销商等级管理可以自己设定，比如一级分销、二级分销、三级分销，等等（自己依据申请条件制定）。

图 12－16　申请合作的分销商

点击我的分销产品管理栏，我们可以看到分销产品数量及分销商制订的产品价格、分销种类、分组、零售价、库存数量等，当然也可以修改分销信息。

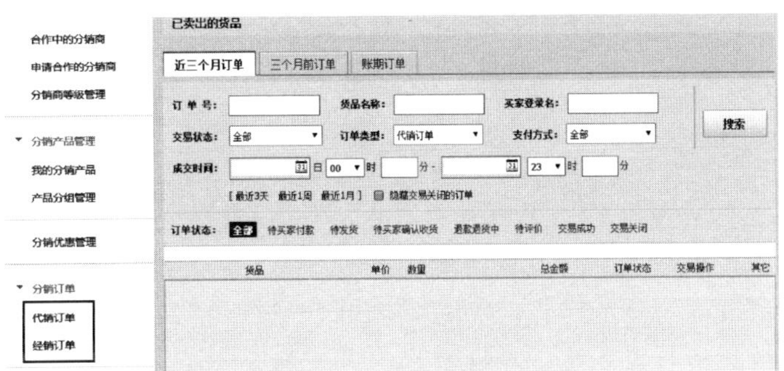

图 12－17　已卖出的货品

产品分组管理栏我们可以依据产品本身的属性及产品特色进行分组。比如做鞋子的，那就可以分为：单鞋组、凉鞋组、靴子组（当然也可以分为真皮单鞋组或者真皮凉鞋组），其他产品类似。每个商家都对自己的行业非常熟悉，所以分类对商家来说应该不是问题。

分销订单下面的代销订单和经销订单显示的是每天的交易情况。

官方完整版分销管理后台的介绍

原渠道管理后台的功能分类与新分销管理后台功能分类的对应关系如

图12－18，“发布招商信息”“审核渠道申请”“渠道商分组”“分销产品线”进行了优化，“管理渠道商”和“分销产品”进行了大幅的改造，删除了“授权管理”功能，并新增了“分销优惠管理”“分销订单”管理和“我的分销消息”功能，详细如下：

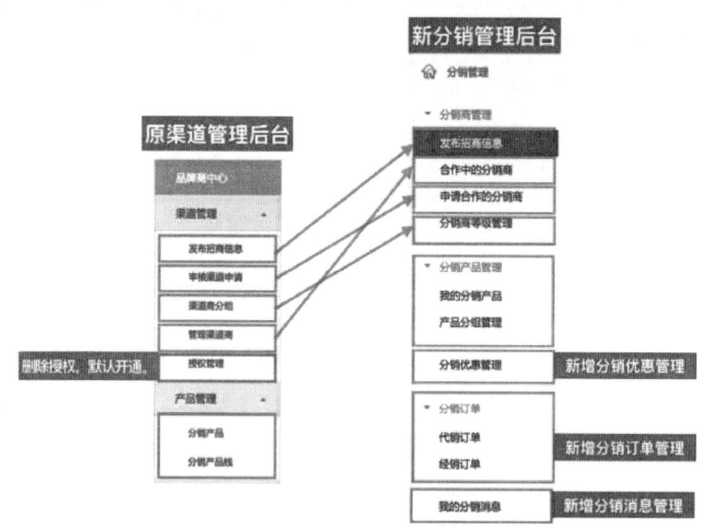

图12－18　分销管理后台

（1）“发布招商信息”功能大改造。

发布招商信息界面优化，并去除填写和修改品牌信息功能，供应商可以在招商信息的自定义区块中填写品牌信息和招商政策。已经在原代理加盟渠道管理后台中发布过品牌信息的商家，我们依旧提供修改入口。

（2）“审核渠道商”及“管理渠道商”功能调整。

原渠道管理后台“审核渠道商”和“管理渠道商”的功能，调整为“申请合作的分销商”和“合作中的分销商”。供应商可以在“申请合作中的分销商”中，处理分销商审核工作，在“合作中的分销商”中，管理和维护自己的合作分销商。

（3）“渠道商分组”微调。

原渠道管理后台的“渠道商分组”功能，调整为“分销商等级设置”功能，分组或等级最多可以设置15个。

(4)“授权管理”暂时下线。

原渠道管理后台“授权管理”功能下线。由于授权问题引起的“传淘宝失败”“订单生成失败”等问题都会修复。新的分销管理后台为代销商默认开通“铺货入淘”授权和“代销授权”，为经销商默认开通“铺货入淘”授权。也就是在新后台中，所有代销商都可以传淘宝（包括关联宝贝）和回流订单，所有经销商都可以传淘宝（包括关联宝贝），但不能使用订单回流及后续的其他各类代销工具。

(5)“分销产品”功能大改造。

原渠道管理后台的分销产品功能几经调整，产品管理十分混乱。新分销管理后台对分销产品功能进行了全面改造。供应商将产品加入代销时，需要核实1688产品和淘宝产品规格之间的匹配关系（即1688产品传到淘宝之后对应的产品规格）、代销原价（不同于旺铺批发价）、最低零售价（分销商上架时不能低于最低价）等。由于功能改动较大，请供应商参照分销管理后台教程使用。如图12－19所示。

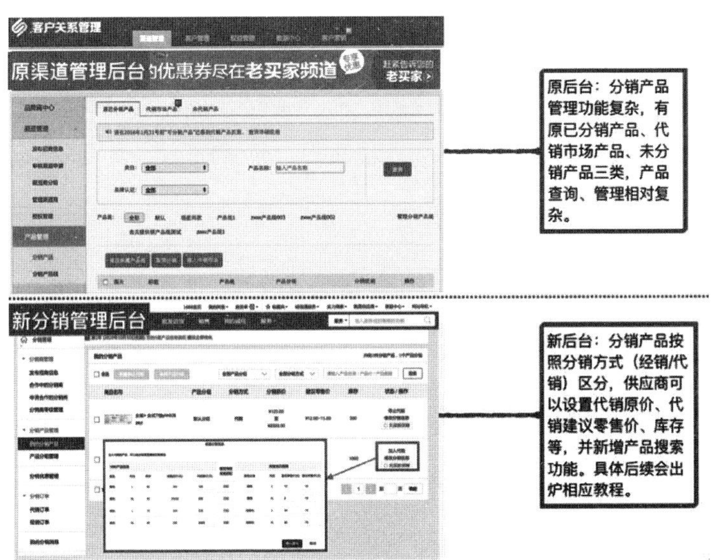

图12－19 “分销产品”功能大改造

(6)“分销产品线”功能微调，如图12－20所示。

新分销管理后台“分销产品线”功能调整较小。

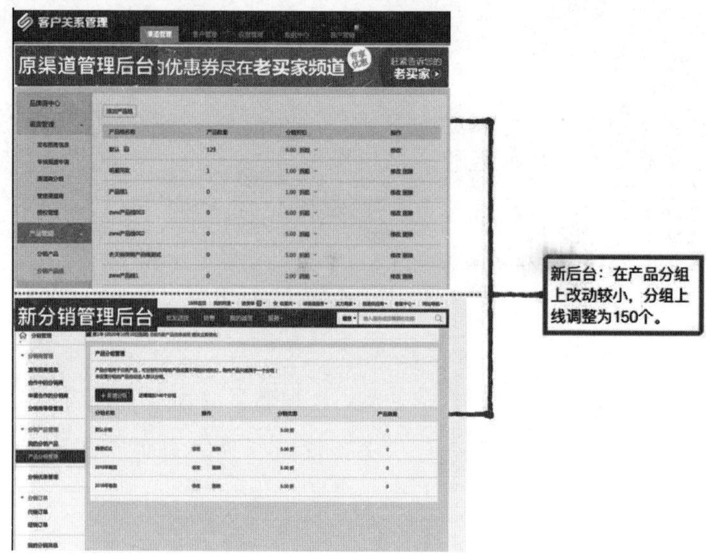

图 12－20　“分销产品线”功能微调

(7) 新增重量级功能，如图 12－21 所示。

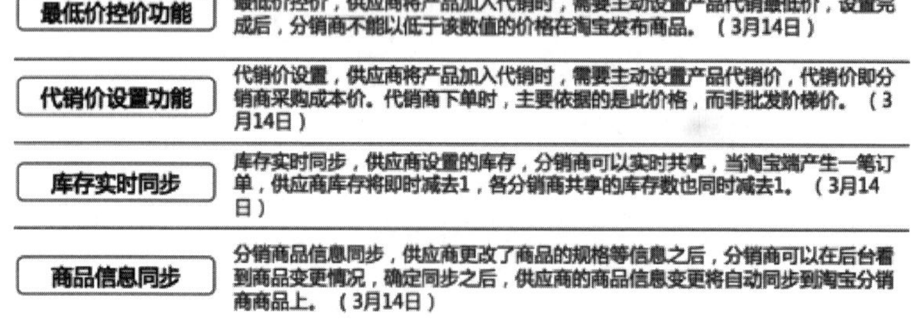

图 12－21　新增重量级功能

(九) 其他营销

一家店铺要做好，一定需要很多的活动和营销，而打折、上新、店庆、秒杀是营销活动中的几种。

这些活动的作用有：第一，极大地吸引顾客的兴趣；第二，增加客户的黏度；第三，增加店铺的曝光度及展现量和转化率。

我们经常会设置上新专区，且客户进到店铺里最想看到的宝贝除了搜索进来的以外，也想要看上新款，所以店主会在店铺首页设置新品上架吸引客户，不过需要店主掌握一定的 DW 软件技巧（行话叫切片）。

打折是在线下和线上都非常受欢迎的活动，一般来说，顾客进入店铺，首选的是喜欢的产品。除了款式外，他们还会关注另外一个信息，那就是是否有打折。如果顾客喜欢的产品有打折，那么成交率会大大增加。

店庆和秒杀也是顾客非常喜欢的活动，不管是线上还是线下，商家到了周年庆的时候都会有些庆祝活动，所以会做些打折、促销、限量、秒杀来提高店铺的流量。最初“疯狂的”秒杀使用最多的商家是小米手机，往往一上线就被秒杀掉。

三、营销推广让销量疯狂

现在的社会除了要会营销，如果你能同时掌握推广技巧的话，那就如鱼得水了。推广也是电商日常生活中一件非常重要的事。

掌握营销推广的作用有哪些呢？一是增加店铺的曝光量、展现量；二是让店主花更少的钱得到最大效益；三是连接阿里巴巴市场与客户之间的桥梁。

（一）营销推广无敌组合拳

1. 一分钱拿样

一分钱拿样是阿里巴巴市场为了迎合商家（需要流量、销量及转化）和顾客（想便宜）的需求而设计的一个营销活动。对于广大的中小商家或者是新商家来说，是一个非常好的推广自己的机会；对于顾客来说，也是一个了解商品质量和工艺的机会。

纵观整个 1688 市场，不管是做得好的 Top 商家，还是做得比较好的商家，一般都参加过这个活动。

一分钱拿样有什么作用？一是增加商家店铺的浏览量、曝光量和转化率；二是有利于推广商家的爆款；三是便于商家和顾客之间建立联系，方便以后的生意。

那么一分钱拿样的入口在哪？登录后台打开我的阿里——卖家交易管理——一分钱样品管理。如果参加过会有记录，没参加可以点此报名。

2. 一分钱拿样规则说明

买家资质审核：1分钱样品买家需付0.01元申请，供应商从所有申请者中，按规则挑选客户进行发货。多余的订单从此关闭交易。

一分钱样品订单审核后台：

你可以到自己的后台查看是否已经通过报名或者是否符合要求，具体路径为：我的阿里——服务——卖家交易管理——一分钱样品管理。

报名产品要求：

（1）报名的产品应为当季热销品或常年基本款，有详细的产品描述及细节图片，第一张橱窗图清楚美观无水印且为正方形。

（2）报名的产品须设置好免费拿样（样品价格为正常价格）。

（3）报名产品的拿样价格为0.01元（并且卖家包邮）——系统限定。

（4）卖家在报名活动前系统签订承诺函，承诺活动期间履行相应的职责和义务。

（5）报名产品须为实物，最低批发价不低于20元。

（6）反季清仓和库存尾货类产品不予推广。

3. 一分钱拿样报名流程

（1）通过一分钱拿样报名系统提交产品信息。

（2）在提示报名成功后3个工作日内，工作人员进行人工审核，审核通过后1个工作日内安排上架，是否通过和上架时间请关注系统消息（消息中心——市场消息——样品中心）。

（3）通过审核的产品会按照排期时间获得在一分钱频道7天的推广机会。其中一分钱拿样频道推广3天，超过3天的通过搜索在样品库可以找到（专门的大型活动说明了推广时间节点的除外，以系统消息为准）。

4. 一分钱拿样发货规则

特别备注：卖家对1分钱订单的管理，其中包括买家资质审核、确认发货和关闭交易等操作，必须在以下平台进行：

（1）卖家须在活动结束后2个工作日内，对通过的买家发放样品。

（2）可以提前审核买家，不发货的关闭交易，但请不要晚于活动结束后2个工作日。

（3）单品申请人数在10人及以上时，报名的几件样品必须全部发货（注意，是报名的样品数）；当申请人数不足10人时，至少发1件。卖家可以自愿多发。

（4）任何无理由拒绝审核买家或拒绝发样行为都将受到样品中心处罚。

5. 一分钱拿样选品技巧

选择产品时首先要明白我们为什么要做这个活动，明白之后我们选择产品时就需要准确把控技巧。

技巧是：选择参加一分钱拿样的产品一定是爆款或者引流款，或者是自己想要去测试的主推款；设置件数不宜过多，因为过多你将会亏本，过少你不符合要求，建议设置数量为2~5个（件）。

那工业品也可以做吗？价格上万元甚至几十万元的机器都有。如果自己不知道自己的产品适不适合做，要学会查询，怎么查询呢？

记住1688样品中心。在网址中输入关键词，如果在下面看到有同行做了，那么证明自己行业同样适合参加这个活动。如果在对话框中查不到自己的这个关键词，那么说明自己行业不能参加这个活动。

注意：1688样品中心适合一分钱拿样和免费拿样这两个活动，如果不知道自己的产品是否适合，和前面简述一样去操作就可以。

6. 一分钱拿样客户选择技巧

我们说一分钱拿样既是一个好活动又是鱼目混珠的江湖，什么意思？就是说这个活动门槛很低，只要是注册用户都可以参与，所以商家要擦亮自己的眼睛去辨别。

那是否有技巧？一般说来这个活动参与了你就必须要发货，并且在结束前要做几件事情。第一是核实客户的真实身份信息，第二要有针对性地筛选客户，第三是做好预案及确定有没有合适的客户准备（我们开展活动不能没有一名客户或者准客户的收获，这是相当可悲的事）。

做好这三件事后，任务来了，那就是我们看客户是否具备几个东西：①公司或者是购买资质证明，②客户所住行业说明，③近期三个月的购买记录，④申请理由，⑤旺旺注册时间等。

以上5点是初步筛选必须要看的，当然这还不是最终定格版。定格版要在实际的两道关之后再最终完成，这两道关分别是资料和电话确认。

有人会说："我看了他们的申请资料及公司资料，是否最终就能确定他或者她是我们的最终客户?" No！你如果要问为什么，看笔者跟你一一道来。首先，第一道关过了之后，资料审核了，我们筛选了不少客户。我们来看报"板凳"的一分钱拿样案例，如图 12－22 所示。

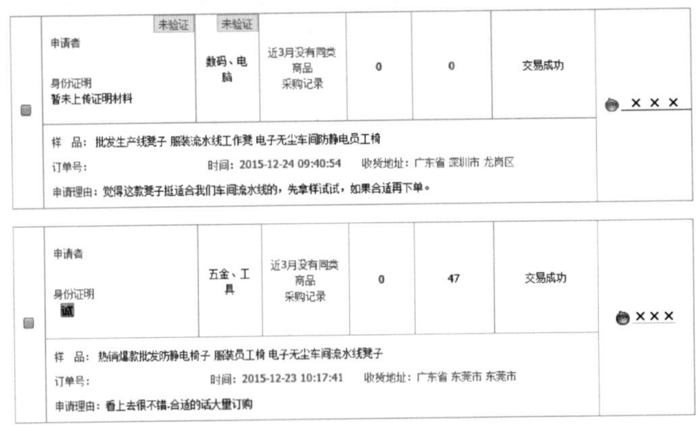

图 12－22　一分钱拿样案例

看完之后，你会觉得下面这家或许就是你的客户？但是是否下面这位客户就是你的"菜"呢？那也未必。

我们说要做两件事，前期只做了一件事，那就是看申请资料。看的时候需要注意，先百度一下这个公司名字，然后再看是否符合。

第二件事是既然客户留下了联系方式，那么这个时候就要适当"增加客户感情"——也就是给客户打电话确认是否是真正的客户。

参考模板可以这样做："喂，您好这里是××公司，您两天前在我们公司 1688 网站拍下了我们的××产品，非常感谢您对我们公司的照顾。您拍下一定是对我们公司产品比较感兴趣，是吗？为了能够有一个良好的合作，我们公司规定一定要服务好您，所以想对您及您公司有个更深的产品需求了解，以便我们能更精准地给您匹配到相关产品，您看耽误您 2 分钟时间可以吗？非常感谢您的配合！我想问一下你是不是想要我们××款式的产品？那您需要的是什么型号？什么规格？什么材质？什么时间需要？大概用于什么地方？大概会采购多少数量？您以前一般会在什么地方采购?"等（问比较专业的问题，目的是让客户透露他内心真正的需求）。

当我们问完之后，心里就大概有数了，所以并不是刚注册的就不是一定你的客户，也不一定和你接近的行业申请了就是你的客户，一定要两者结合问出虚实才能够确定到底哪个是你的真正客户。

这个时候有些细心的人又要问了：如果我这里面的人都不靠谱怎么办？我有没有什么办法挽回损失？毕竟我们报了活动必须要发货，必须要报多少发多少，不能违规。

既然没找到合适的客户，又要发货，就只能出奇招了。我们可以在最后1天叫上我们的亲朋好友来拍我们的单，然后如果有合适的客户就发给客户，如果没有客户那就只有发货给自己的亲朋好友。有人说：这好像不地道吧？但这是没办法中的好办法。因为这些申请的人员中很多是为了能够免费拿到这些货，并且是以碰运气的思维来对待这件事的。我们在最终没办法的时候选择这样做，既完成了任务，又做了好人，增进了感情。

（二）免费拿样

免费拿样是阿里巴巴批发市场为了给商家增加流量、给客户提供便利的一个举措，现已实行了几年，总的来说反馈还是不错的。

但是大家往往会受字面影响，免费拿样实际上并不免费。什么意思？其实是阿里设置的为了增加客户回购率的一个方法，也就是其实你在免费拿样的市场上拿货，它的价格可以和原价一样，也可以比原来自己在市场上的价格稍微低那么一点。客户在1688免费拿样市场上下单后15天内，如果客户按照规定给商家返单了，并且金额在自己设定的范围内，那么之前拿货的那个金额要在返单中扣除掉，这个过程叫免费拿样。

1. 免费拿样规则

返样条件：买家二次进货时，适用于全店铺，即使未采购拿样产品。

产品要求：必须支持在线订购。

拿样规则：

（1）免费拿样的样品先拍先得，必须发货，不得筛选买家。

（2）买家可以同时采购多款样品，但对同一款样品，每位买家限购1件。

（3）一次只能返还一笔样品费用。拿样买家在店铺二次进货满足返样金额时，买家下单后，在店铺优惠栏中可选一笔拿样费用扣减，不含运费。

（4）样品随机发货，不支持挑色、挑码。因色码问题产生的投诉无效。

（5）样品不支持买家因色码问题提出的退换货要求，卖家可拒绝退换货，由此产生的投诉无效。

（6）样品评价不计入交易总体满意度和店铺满意率。

（7）样品运费与产品的市场设置保持一致。

（8）拿样订单不享受全场包邮、15 天包换等额外优惠。

2. 免费拿样入库规则

（1）诚信通会员，并且产品支持在线订购，样品价格是 0.01 元；

（2）设置样品后，入库通常延时 1 天，请隔天再做搜索。

3. 免费拿样搜索排序规则

与阿里巴巴大市场排序规则一致。具体路径可查看：阿里巴巴 1688 商友圈——阿里搜索——帖子《阿里巴巴中国站搜索排序规则介绍 V2.0 (阿里巴巴搜索排序规则又有新变化了，赶紧过来看看!》

4. 免费拿样推广规则

（1）满足样品中心首页推广规则的产品会按照排期时间顺序获得样品中心首页推广。(最新样品中心首页推广规则)

（2）请关注阿里后台系统消息。推广时间通常为 3 个工作日。卖家上线当天不能随意修改样品价格和下架信息。

5. 免费拿样发货规则

（1）买家先拍先得，必须发货。并在买家拿样支付完成后的 3 个工作日内寄出样品。

（2）卖家须保证寄出的样品与承诺产品的描述和品质保持一致。

（3）样品是否包邮与该款产品大市场设置一致（包邮拿样专场除外）。

（4）买家未付运费或运费不足的，卖家有义务通知买家补付运费（包括但不限于旺旺）；卖家通知买家 3 天后仍未补齐运费的，卖家可拒绝发货；样品中心不支持货到付款，除非买卖双方协商一致，否则一切后果由卖家承担。

（5）当买家投诉卖家延迟发货，卖家如能提供有效证据来证明，因快递公司系统问题或不可抗拒的因素（例如自然灾害）导致快递公司无法在72小时内录入发货时间，卖家无需承担相关责任。否则，按相关处罚条例执行（详见供应商处罚规则）。

6. 免费拿样设置技巧

免费拿样设置时和一分钱拿样类似，主要目的是为了能够做爆款，为了能够将店铺的流量、展现量、转化率做好。所以设置时也要将店铺里的爆款、主推款、引流款设置为免费拿样。

具体操作步骤为：我的阿里——卖家交易管理——样品设置——添加样品。如果有样品的就可以不用参加，可以在旁边的样品管理中看；如果没有样品的就需要再添加。

如果设置好了免费拿样，是否在我的店铺当中可以看到？答案是可以看到。那么要设置多少合适？是否只是适合一两款？其实阿里巴巴市场上对于免费拿样的设置数量要求，暂时还没有规定说只能设置1~2个。换句话说也就是你可以设置好多个，甚至可以将你店铺当中的所有产品都设置为免费拿样。

快消品可以设置，是否工业品也可以设置免费拿样？答案是肯定的。免费拿样并没有快消品和工业品的界限之分，所以门槛相对来说比较低。我们来看以下的几个案例。当有人不知道自己的产品是否能做免费拿样时，还是参照一分钱拿样时的对话框操作方法。

（三）一件代发

在2015年以前，基本上一件代发处于官方禁止的状态，但是随着整个快消品行业的发展，官方禁止已经抵挡不住商家们私下一件代发交易的脚步，所以阿里巴巴官方干脆在2016年开放一件代发的功能，并且支持1688市场的商家来做（1688是属于一个批发市场，从长远考虑不适合做一件代发业务，因为和淘宝冲突了）。

一件代发极大丰富了商家的交易模式，方便客户进行多渠道传播与购买。

1. 淘宝卖家在1688代销市场快速寻找一件代发货源的技巧

对于一位普通淘宝卖家而言，想要做代发，第一步就是要通过各种渠道找到 1688 上的一件代发货源。1688 所有的一件代发货源都可以通过以下几个渠道找到：

（1）1688 代销市场频道，如图 12－23 所示。

图 12－23　1688 代销市场频道

（2）1688 搜索（进入淘宝卖家专属搜索勾选一件代发），如图 12－24 所示。

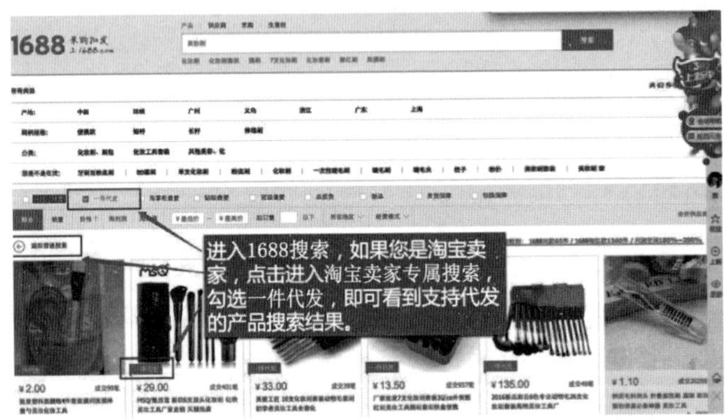

图 12－24　1688 搜索

（3）淘宝卖家中心——货源中心——采购批发插件。

（4）已入驻代销市场的商家旺铺代理加盟页。

2. 找到代发货源后这样铺货最有效

（1）铺货神器之"一键传淘宝"。

通过以上渠道找到合适的一件代发货源后，就需要把相应的产品上架到店铺。按照传统方式，淘宝卖家需要向供应商索要数据包（包含产品详情的文件包），然后通过淘宝助理将产品导入淘宝仓库再编辑上架，整个过程十分烦琐。然而，1688代销市场为淘宝卖家设计了“传淘宝”神器，只需一键就可以把1688产品快捷铺到淘宝仓库，极其方便。

那么具体来说，淘宝卖家应如何操作“传淘宝”呢？

第一，找到对应的一件代发产品，点击“传淘宝”并确认。

在所有代销市场一件代发产品上，你都可以看到“传淘宝”按钮，只要点击产品上的“传淘宝”，1688产品就可以立即传到淘宝仓库。

第二，点击“传淘宝”按钮，如图12－25所示。

图12－25　传淘宝

第三，传淘宝成功后，出现如图12－26的提示。

第四，点击方框内“仓库中的宝贝”，进入淘宝仓库，按创建时间排序后找到对应产品。

第五，点击“编辑宝贝”，修改销售价格、运费模板等信息。

图12－26　仓库中的宝贝

请注意，所有销售规格属性包括颜色、尺码等都不能修改。修改销售属性后会提示不能上架，请格外注意。

点击确认后，你选中的产品就成功发布到了自己的店铺。

（2）铺货神器之“关联宝贝”（传淘宝成功的请忽略）。

有的淘宝卖家可能会问：“之前我已经通过数据包或其他方式完成产品上架，有没有办法直接让我的淘宝订单回流到1688分销管理后台?”“关联宝贝”就是这样一款工具，专门帮你实现过往数据包铺货产品的订单回流。

那么关联产品应该怎么操作？十分简单，只需要在1688分销管理后台——代销产品——可代销产品中，找到你以前数据包铺货的产品，点击“关联淘宝已有宝贝”。

在弹出框内输入淘宝相应产品链接。

确认关联后，这款产品就可以订单回流了。

3. 淘宝店铺有订单后的下单发货秘诀

只要你正常传淘宝上架，该产品在淘宝店铺有人下单后，这笔零售订单就会自动回流到1688分销商后台，系统自动生成一笔对应的1688订单。你只要前往分销商后台确认付款，供应商就会在48小时内发出货品，相关物流也会实时同步给你和你的消费者。

（1）淘宝端有消费者下单。

（2）进入分销管理后台找到自动下单的待付款订单并付款。

（3）供应商发货后，发货信息和物流信息会自动同步到淘宝发货。

消费者确认收货后，这笔一件代发交易就成功完结。

如果你传淘宝铺货上架时改动了销售规格属性，或者因为一些系统原因，淘宝零售订单回流1688分销管理后台后，系统不能自动下单的，需要你手动确认后再付款。

具体如下：

第一，进入分销管理后台——待确认采购单，点击修改。

第二，确认规格属性后，点击立即下单。

第三，核实物流地址后，提交订单并付款，等待供应商发货。

供应商发货后发货及物流信息也能同步到淘宝端。

4. 管理合作供应商和代销商品的技巧

传淘宝之后，系统就会自动帮您和产品对应的供应商建立代销合作关系。您可以进入分销管理后台，管理与您合作的供应商及已经铺过货的代销商品。

（1）管理合作供应商。

进入分销管理后台，点击合作中的供应商，通过搜索旺旺号等方式找到该产品的供应商。

此处有几项重要功能点：

第一，合作方式：代销和经销。只要传淘宝成功，即可和供应商建立代销关系。如果想建立经销关系，请前往商家代理加盟页面点击“申请经销”。

第二，经销：即传统压货后的二次售卖，分销商事先采购供应商的一部分货源，产品的所有权转移到分销商。下游产生订单后，由分销商直接发货给消费者。

第三，代销：即网络代发或一件代发，分销商只取得供应商的产品详情等数据，在网络店铺中销售，产品所有权仍在供应商。下游产生订单后，由供应商代替分销商发货给消费者。

第四，搜索供应商：输入供应商的旺旺号，即可搜索到某一供应商。

第五，终止合作：终止和单个供应商的合作后，从该供应商处代销的所有产品都将不再能订单回流，并且立即生效，慎用。

（2）管理已代销的产品。

传淘宝成功的产品，可在分销管理后台代销产品中查看已代销产品。

此处有几项重要功能点：

第一，产品搜索功能：输入淘宝产品链接或者 ID 即可直接查到某产品。

第二，规格属性变更提醒：供应商调整了某款您已代销的产品 SKU 或者规格后，该产品会有“规格属性异常”提醒。

第三，规格属性同步：当发现已代销产品出现“规格属性异常”情况，淘宝卖家可以点击规格属性同步按钮，确认后，该产品的规格属性变革将同步到淘宝店铺，并覆盖原产品。

第四，产品供应状态。

采购价：即该产品的实际采购价，是供应商代销价优惠的结果。

供应商库存：即供应商的实时库存，当库存为 0 时，淘宝产品自动下架。

铺货渠道：传淘宝的产品可点击铺货渠道中的查看产品，查看淘宝的产品详情。

淘宝状态：即该款产品在淘宝端的上下架状态。

第五，取消代销，即终止某款产品的代销合作，确认后，该产品将不再出现在已代销产品中，并且不能回流下单。

你可以在可代销产品中查看到所有和你有合作关系的商家所有支持代销的产品，可以在此处选择传淘宝铺货或关联产品。

四、产业带

阿里巴巴中国产业带是阿里巴巴一个全新的子站点（类似天猫与淘宝的关系），聚合特色产业带的好商好货，帮助买家直达原产地优质货源，帮助卖家提升竞争力，降低竞争成本。同时联合产业带当地政府和第三方服务商合作运营，实现优势共享。

（一）为什么要入驻

（1）加入产业带，将有机会获得橱窗位。奖励橱窗产品是卖家自主打造爆款的营销工具，设置为橱窗的产品能得到搜索加权。

（2）设置完成产业带广告牌和旺铺标签后，将有机会获得橱窗位奖励。

（3）入驻产地专属频道、产地专属域名，享受独立流量，不参与大市场竞争，更容易获得曝光机会。

（4）搜索结果有产地认证专属标识，提升卖家关注度，如浙江织里货源。

（5）在大市场搜索勾选上“产地货源”可获得展示机会。

（6）定向推荐到淘宝卖家中心后台，为 900 万名淘宝店主供货。

（二）旺铺尊贵显示

产地认证的专属旺铺，提升买家关注和信任，成功报名后就能使用。

（三）专场活动的机会

（1）有资格申请卖家抱团长期专场活动，享受独立资源位，如女装产地巡演活动。

（2）有资格参加行业与产业带联合举办的专场促销活动，如 321 产业带分会场活动。

（3）可报名参加产业带独立专场活动，开展自主营销，产业带将提供大量流量支持。

（四）其他优势

（1）有机会享受政府提供的免费代运营服务。

（2）有机会享受政府和第三方认证机构提供的担保服务，买家进货更放心。

有些人这时候会问，既然这么好，那我要如何加入？

加入路径如下：

（1）点击报名入驻按钮，提交入驻申请。

（2）系统将依据你的经营地址选择匹配产业带，你将选进自己想要入驻的行业或者地区产业带。

（3）系统将根据你的条件审核你是否可以入驻。

（4）如果适合，那么就可以入驻，不适合将被驳回。

点击报名，入驻成功后，你就可以看到系统给你匹配的适合自己的产业带。入驻成功会显示入驻成功标志。

五、伙拼

旨在帮助买家找到百里挑一、真心价低的好货源，是用拼单的方式聚合买家需求的交易中心服务，包含“单品团”专场、“厂商直供”专场、“疯狂夜惠”专场，及未来伙拼活动新增的专场。

“单品团”是伙拼旗下专门针对热门爆品打造的活动专场，旨在帮助买家找到百里挑一、真心价低的好货源。

“厂商直供”是伙拼旗下专门针对实力生产厂家与品牌商打造的活动专场，聚合实力生产厂家和品牌商，通过限时促销、特价等形式，帮助买家找到优质低价的品质货源，建立稳定的买卖关系。

“疯狂夜惠”是伙拼旗下专门针对阿里巴巴无线 App 的活动专场，旨在聚合实力商家，通过限时促销、特价等形式，帮助买家找到优质低价的货源，建立稳定的买卖关系。活动时间为每期伙拼活动（不含“厂商直供”专场活动）最后 1 天的 19∶00～24∶00。

（一）报名需求

卖家应先符合以下全部条件，才能报名伙拼活动，要求如下：

（1）卖家应为阿里巴巴诚信通用户（点此免费咨询诚信通）并且开通时间大于或等于 3 个月（经阿里巴巴审核同意的除外）。

（2）卖家店铺交易勋章应为 3A 以上（经阿里巴巴审核同意的除外）。

（3）卖家须加入买家保障之行业化，按小时（24/48/72 小时）发货，具体行业规定如下：

①要求 24 小时发货行业：食品、饮料行业。

②要求 48 小时发货行业：女装、男装、童装、服饰配件、饰品、箱包皮具、鞋、运动户外、内衣、家纺家饰、美容日化、母婴用品、日用百货、玩具、办公、文教、工艺品、礼品、数码、电脑、包装、纺织、皮革、宠物及园艺、汽车用品、眼镜及配件。

③要求 72 小时发货行业：家用电器、家装、建材、食品、饮料、农业、汽摩及配件。

④卖家店铺近 90 天的纠纷率低于 0.01%，且纠纷笔数小于 2 笔（纠纷笔数只有 1 笔的除外）。

⑤卖家违规累计扣分低于 36 分且无知识产权严重侵权情形（扣分查询）。

备注：其他的报名条件需要自己在后台报名时看清楚。每个伙拼活动的环节都大同小异。

（二）报名流程

报名流程如图 12－27 所示。

图 12－27 报名流程

注意事项：

（1）产品报名后根据卖家选择的产品活动时间，提前 4 个工作日通知初审结果（大型活动除外）。

（2）若阿里巴巴要求寄样的，则卖家应在产品初审通过后的 3 天内寄样到指定地址（如杭州市滨江区网商路 699 号阿里巴巴园区，伙拼收），阿里巴巴将在收到样品后 3 个工作日内反馈样品审核与排期结果。

（3）阿里巴巴不要求寄样的，则将根据卖家选择的产品活动时间提前反馈排期结果（大型活动除外）。

（4）卖家需要另缴 1 万元保证金方可申请报名（阿里巴巴另有要求的除外）。

（5）排期确认后，展示时间一般为 2～3 天，具体活动时间以系统通知为准。

（6）卖家同意，提交报名并不意味着报名成功，报名结果应以阿里巴巴的最终审核结果及通知为准。

（三）报名时间及技巧

图 12－28 中已经清清楚楚地规划了哪一步应该做哪些事，如果哪条没有符合那么基本上就会被终止。

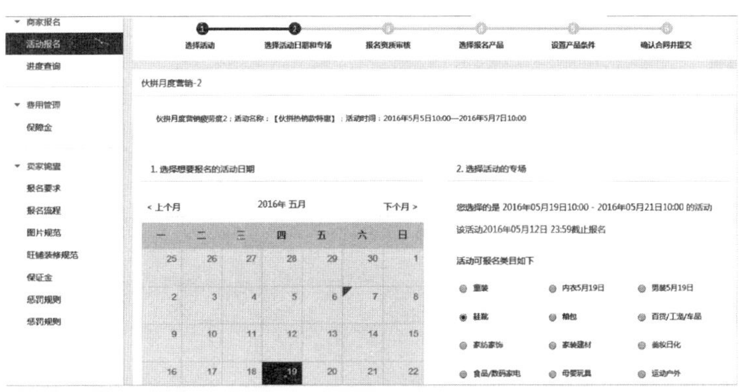

图 12－28　报名时间及技巧

这里有个细节必须要和大家说明一下：选日期很重要，尽量选周五的伙拼。因为周五上了之后有 3 天的时间展示，而平时只有 2 天时间展示。

报名成功后，我们将要按照三个时期去做规划，包括前期、中期、后期。

前期：保证产品有足够的库存，卖产品的规划及统计，原料准备，产品的生产数量安排，以及相关产品的关联及关联销售问题。

中期：我们要进行自己网站的装修，做出自己适合的网站风格。另外客服的值班安排也不容小觑，这会直接影响客户的服务问题。活动时要通知老客户过来下单和捧场。当有客户下单时，要注意客户的订单跟进，产品和客户的信息更新，要及时同步产品数量、库存量和发货问题等。

后期：确定客户的订单数量核对准确信息，及时向客户推送自己公司的新品，通过微信、画册或者其他手段传达到客户手里。做好退换货的政策及优惠措施，一旦有退换货问题，要及时和客户沟通了解产品的问题出在哪里，应该要有哪种补救措施。及时回访客户是否对产品满意、是否还有其他需求，等等，及时与客户保持沟通联系。

最后再放一个大招：

（1）新产品上架前就应该留有报活动打折的余地，也就是你要在出厂价基础上考虑你以后参加活动时是否会打折。而且最低价和最高价之间不应该有太大差别，一方面避免让人看出你的产品价格区间，另一方面也考虑参加活动时打折的需要。

（2）如何在上一个活动没做完时又开始下一个伙拼活动？这是有技巧的，伙拼正常来说一个月只能参加 4 次，而我们看到特殊情况下也会有商家出现一个月 5 次的现象。

这个里面是否有门道？有，首次是动销率，也就是说你的款式一定要市场受欢迎，并且近期销量表现不错，这样的款式适合报伙拼。其次是报库存时尽量在可控范围以内，意思是在做活动时尽量把自己的库存销出去。这样下次做活动时就能够给平台方小二一个好印象，并且下次报活动很容易就通过（换个思路想，我们线下做事也是一样，愿意把事情交给信得过、能顺利完成任务甚至超额完成任务的人）

（3）客户看到款但不想下那么多数量的单怎么办？

因为我们不管做活动还是正常销售的目的都是为了做爆款，所以遇到这种情况时，客户想要 1 件或者 2 件产品，那就可以通过如下方法设置：重新复制一条和参加活动的一模一样的产品信息，当客户喜欢做活动时的款式时，我们就让她拍新链接的产品。这样就间接让一个“新款”出来接受市场检验。

六、快订

指卖家通过阿里巴巴快订平台发布的承诺以一定的成团标准向阿里巴巴买家聚集采购订单，并根据其承诺的可订产品数量、产品价格、交易方式、发货时间、品质标准等内容销售前述订单产品的信息。

“成团”：指卖家在快订方案中所承诺的产品活动条件，如产品在活动限定时间内依据快订方案聚集的采购订单量（以买家付款为条件，下同）达到卖家所承诺的最低订货数量，则代表活动产品成团，卖家应按照其承诺生产、发货（注：一旦成团，不论后续成团订单是否发生退货/退款，卖家均应按照承诺生产、发货）；反之，如未达到卖家所承诺的最低订货数量，则代表活动产品不成团，并且在活动结束后的 2 小时内买家已付款项将全部退还买家。

如卖家在快订方案中承诺对活动产品的最低订货数量无要求，则视为卖家接受无条件成团，即只要活动期间有买家针对活动产品下单付款，则卖家均应按照其承诺生产、发货。

“快订权益”：指买家因卖家的快订方案所能享受到的新品订货、订货价格、货源特供、设计师品牌产品、买断专享等相关卖家承诺服务。

（一）快订交易流程

快订目前仅支持支付宝担保交易方式（如后续新增交易方式，以更新的规则内容为准）。

（1）一般成团。买家需在下单后一次性支付全部货款（含 20% 定金），交易流程如图 12－29 所示。

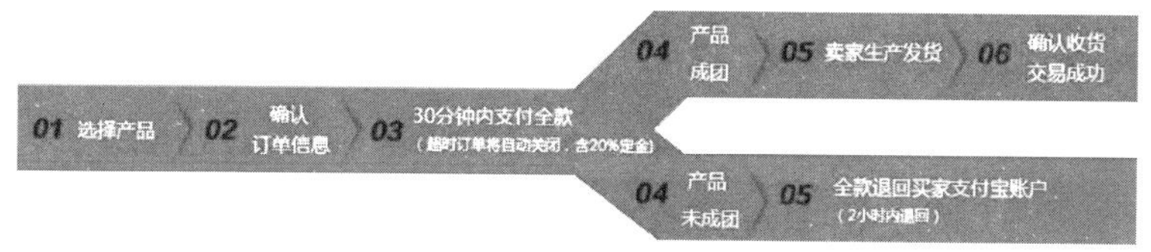

图 12－29　一般成团

（2）无条件成团。买家需在下单后一次性支付全部货款（不适用定金规则），交易流程如图12－30所示。

图12－30　无条件成团

具体交易规则：

①活动期间，买家下单订购“快订”产品后，需在30分钟内一次性支付全款。完成付款后，默认买家成功参团，逾期不付全款则订单将自动关闭。

②在无条件成团情况下，只要活动期间有买家针对“快订”产品下单付款即视为成团，卖家均应按照其承诺生产、发货，并在线上提供相关信息声明发货情况。

③除无条件成团以外的其他一般快订活动，如买家下单订购的“快订”产品在活动结束后符合成团标准而成团，则卖家应按照其所承诺的时间如期发货，并在线上提供相关信息声明发货情况；反之，如不成团，则在活动结束后的2小时内买家已付款项将全部退还买家，交易关闭（注：因不成团造成的退款不计入卖家的退款纠纷率）。

④自卖家发货之日起的10天内，买家确认收货，或者联系卖家申请延长确认收货时间（可申请时间段分别为3天、5天、7天或10天），或者申请退款或退款退货。如买家在上述期限内不作任何操作，则将默认买家已收到全部货物且无异议，全款将自动打入卖家绑定的支付宝账户，交易成功。

重要说明：

①在“快订”线上活动结束前，买家不得申请退款。

②除适用无条件成团的快订产品外，买家所付款项中默认包含总货款的20%作为交易定金。在活动成团后，如因买家原因致使交易关闭，定金不予退回；如因卖家未履行相应承诺致使交易无法继续，则卖家除需退还买家已支付的全部货款外，还需额外支付定金同等金额补偿买家。

③参与“快订——买断专享”专场活动的产品，适用“一般成团”交

易规则。如“买断专享”活动产品成功成团，则卖家应同时遵守下列规则（具体详见《“快订　　买断专享”专场规则》的规定）：

第一，“买断专享”活动产品信息将在成团后的1小时内，转变为仅向成功参团的买家开放的“买断专享”模式，成功参团的买家可在“买断专享”期限内（即“从活动产品成功成团次日起的40天内”，下同）继续以成团价格采购活动产品（在“买断专享”期限内，成功参团的买家如就活动产品继续下单，应在30分钟内支付全款，否则订单将自动关闭）；卖家不得在“买断专享”期限内通过任何方式（包括线上任一平台及线下各渠道，下同）向成功参团的买家以外的第三方发布、提供相同的活动产品信息，也不得通过任何方式将活动产品销售或以其他形式提供给成功参团的买家以外的对象；

第二，在“买断专享”期限内，卖家不得提高活动产品价格（即不得高于活动产品的成团价）；

第三，在“买断专享”期限内，卖家应按其所承诺的可补货库存量（卖家在活动成团前承诺的“可订数量”不计入前述可补货库存量），并根据订单需求向成功参团的买家如期发货。

（二）快订成交技巧

技巧1：动态评分高（新品期的销量、笔数、买家数越多越好）的产品报名容易通过；

技巧2：活动7天内，第一天产品有动销（销量）有利于排名靠前；

技巧3：每天下午4点前，动销高或者销量好的宝贝，排名上快订首页；

技巧4：安排好所有渠道通知新老客户，让他们都来下单或者是过来帮忙凑人气，提升转化率、浏览量、曝光量等。

七、淘工厂

淘工厂是链接电商卖家与工厂的加工定制平台。一方面解决电商买家找工厂难、试单难、翻单难、新款开发难的问题，为电商买家提供小单、快单、好单的生产加工服务；另一方面将线下工厂产能商品化，通过淘工厂平台推向广大的电商卖家，从而帮助工厂获取订单，实现工厂电商化转型。

（一）工厂交易流程

一般来说生产加工有两个主要流程：打样和大货。

打样说明：以服装产品为例，工厂需要先与买家进行打样的沟通，按样衣打样需要先邮寄样衣，工厂确定能做后进行报价并告知打样完成时间。买家确认工艺材质等信息后，确定订单并付款，收到样衣满意后再确认收货。如图 12－31 所示。

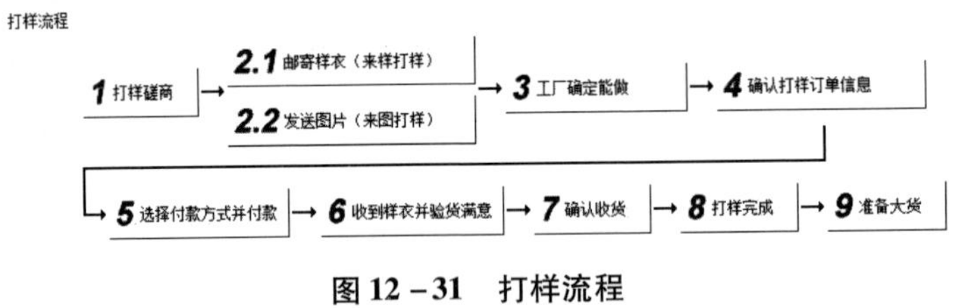

图 12－31　打样流程

大货说明：大货下单前请先打样，样衣是大货验货标准参考物。与买家协商好大货订单后，买家需要自行输入单价与数量进行下单。具有交期保障的订单，买家只需输入交期保障码下单，如果工厂未按约定交期发货会进行赔付。如图 12－32 所示。

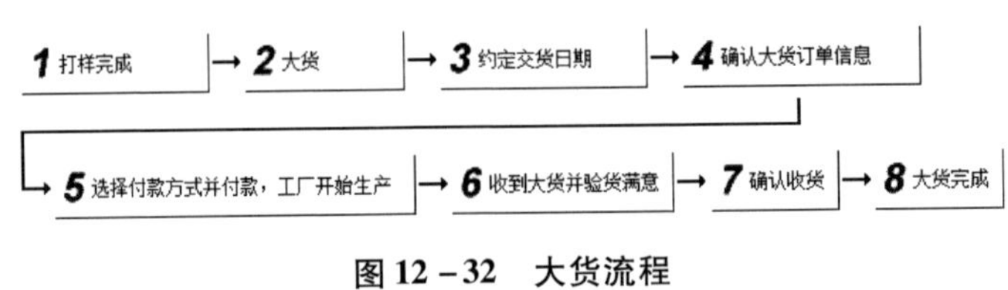

图 12－32　大货流程

（二）如何线上交易

工厂提供与生产货品对应品类的链接给买家支付，买家先选择支付方式（如网上银行、快捷支付、支付宝余额等）付款到支付宝，支付宝担保货款安全。当买家收到货品并确认后，再由支付宝打款给供应商。如逾期未收到商品或商品不符合要求，买家可以提出退款申请以保障自身权益。如图 12－33 所示。

在线交易对工厂在淘工厂搜索的排名及流量获取起着决定性的作用。

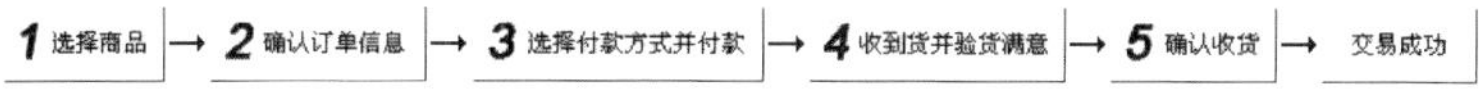

1 选择商品 → 2 确认订单信息 → 3 选择付款方式并付款 → 4 收到货并验货满意 → 5 确认收货 → 交易成功

图 12－33　支付宝付款流程

淘工厂目前分两种形式，一种是快捷淘厂，这种是工厂自己填资料然后通过审核就可以，图 12－34 就是快捷淘厂的信息。另外一种是联合工厂（如图 12－35 所示），联合工厂有一些要求，类似于抱团发展的模式，允许商会里一些定位相同或互补的商家自愿组织一些类似企业。

基本信息

* 主营店铺：请输入主营店铺名称

* 店铺类型：天猫　淘宝　1688　线下实体　其他电商平台

店铺网址：请输入店铺网址

旺旺会员名：新款真皮皮鞋

* 年销售额合计：请选择

* 所在地区：请选择

* 手机号码：+86　请输入手机号码

确认入驻

图 12－34　快捷淘厂

01 赊账采购　百万额度采购无忧
02 担保交易　在线交易全程担保
03 材质保障　保证材质违约必赔
04 交期保障　交期延误即享赔付
05 深度验厂　一比一真实工厂

虎门XXX联合工厂
XXX 联合工厂

大朗 XX 联合工厂
XX 联合工厂

图 12－35　联合工厂

淘工厂有个小缺点就是目前只针对服装行业，没有允许其他行业的企业加入。特色是可小批量生产订单，有快速开发新款的能力，能够快速翻单。

淘工厂适合淘宝卖家到这个平台选厂家，极大地便利了厂家和客户。

八、商友圈、生意经、专栏

这三个地方是以前商人聚集比较多的地方。

“专栏”（以前叫博客）被誉为商人的博客，汇集了全中国最多的商人。很多人通过博客营销赚了很多钱，这里也有不少的案例，如“闻香识女人”。

“商友圈”就是以前的论坛，3年以前聚集了绝大部分的论坛爱好者。笔者就是从论坛中脱颖而出的“网红”，当初在商友圈首页经常能看到笔者的影子。

“生意经”的权重是7，与百度平齐，所以工业品把它作为主战场是一个相当不错的选择，并且它不难做，只要学会技巧就可以做到首页。

一个生意经技巧：做生意经一定要用长尾词去问问题，然后可以叫自己的朋友回答，并把答案发给朋友，类似于百度知道，效果不错。

九、实力商家

实力商家是1688推出的全方位体现卖家实力的全新服务，其目的是满足买家对源头品质货源的要求。

实力商家需经过严格的资质审核，为买家提供多样特色的保障服务，享有如下权益：

（1）覆盖全网的实力商家独特专属标识，不仅展示了你与众不同的尊贵身份，也让买家轻松识别，提升下单机会。

（2）排名优先专享置顶，实力商家在产品或商家搜索排名上可获得优先展示，专享搜索结果前排固定位置（2～4位）及自然结果额外加权，专享搜索结果页置顶Banner推广，并可自定义营销模板内容。超大曝光位，彰显企业实力。

（3）全天候的阿里巴巴绿色服务。

实力商家不仅仅是把你的真实实力展示人前，其特有的实力商家保障服务，更是通过为买家提供质量保障、发货保障、换货保障的特色优质交易服务，让买家感受到实力商家的与众不同。

（一）作用

（1）质量保障，若买家在线购买的商品质量与卖家承诺的不一致，买家可发起质量问题的投诉。

（2）发货保障，买家在线购买商品后，卖家将在双方约定的交期内发货。

（3）换货保障，买家在线购买商品，在签收后的约定时间内若对商品不满意，可免费更换。

（二）三种实力商家

（1）源头厂家。能够为买家提供优质的定制生产服务，具有一定生产加工规模，要求：

第一，经诚信通服务认证通过的企业经营范围含有申请相应品类的生产或加工等字样。

第二，企业注册资本、厂房面积、员工人数等达到一定规模，要求详见各行业类目的资质要求，但涉及期限的，剩余期限不得少于 6 个月（如房屋租赁剩余期限不少于 6 个月，自申请服务时起算）。

第三，企业注册资金大于等于 50 万元人民币（或等值外币）或厂房面积大于等于 $500m^2$。

第四，材料要求：房产证明或厂房租赁合同及出租方的房产证明。

（2）官方旗舰店。经营自有或获得独占性授权的品牌商品（经营多个品牌时各品牌需归为同一实际控制人），此种类型无法经营加工产品。条件是有国家商标总局颁发的商标注册证或商标注册申请受理通知书复印件，并且权利剩余有效期不少于 6 个月。

注：

第一，若经营多家自有品牌的旗舰店，需提供所有品牌的商标注册证或商标注册申请受理通知书复印件。

第二，若是由品牌权利人独占性授权的店铺，需提供独占授权书（如果商标权人为自然人，则需同时提供其亲笔签名的身份证复印件）。

第三，若品牌办理过变更、转让、续展，请一并提供商标总局颁发的变更、转让，或续展的证明。

官方旗舰店要求：企业注册资金大于等于 50 万元人民币（或等值外币）。

（3）品牌代理店。商家代理经营一个或多个品牌，商家代理经营他人品牌并且持有自有品牌，此种类型无法经营加工产品。

要求：

第一，有国家商标总局颁发给商标权人的商标注册证复印件，并且权利剩余有效期不少于 6 个月。

第二，商标权人出具品牌授权书，并且授权剩余有效期不得少于 6 个月（若商标权人为自然人，则需同时提供其亲笔签名的身份证复印件）。

第三，若品牌授权经多级才至用户，需提供由商标持有人发起并经各级代理商授权给用户的各级授权文件。

第四，若品牌办理过变更、转让、续展，请一并提供商标总局颁发的变更、转让，或续展的证明。

品牌代理店：企业注册资金大于等于 50 万元人民币（或等值外币）。

（三）收费标准

技术服务费女装行业 58000 元，非女装行业 28000 元，另外再加上 16000 元保证金（保证金可退），技术服务费按年计算。

（四）入驻步骤

入驻步骤如图 12－36 所示。

图 12－36　入驻步骤

（五）专享特权及标志

只要加入了实力商家，在同等条件下，如果店铺的单品和其他同行单品权重相似或者稍低于其他同行，就会获得此条件下的特权，排名会排到同行前面（当然内部也有一个竞争机制，抢到前三位的商家必须在交易量及活跃度各方面都非常好）。

如果不能排在前三位，那么在标王、实力商家、网销宝上也会优先显示。如果是有实力有条件的商家建议加入实力商家，因为流量各方面的资源现已向实力商家倾斜。

十、闪电批、今日团

（一）闪电批

1688 市场无线端 2016 年会将“闪电批”发展为流量最大的栏目。

“闪电批”是一个“让利营销”平台，主要依靠底价吸引买家，从而带动本商品数据（销量、评价）的积累或者店铺其他关联商品的销售。通过这种方式可以让商家迅速曝光并成长起来。

目前只有以下行业开通了“闪电批”：男装、女装、内衣、配饰、鞋靴、箱包、童装、母婴用品、玩具、日用百货、餐饮生鲜、食品饮料、美妆日化、家纺家饰数码家电等，其他行业暂时没有开通，所以不能报这个活动。

注意：“闪电批”主要适合爆款商品预热（数据沉淀）或者关联商品销售（利润）。涉及的商品可能会亏本，但是其短期流量的大规模爆发，会带来即时大量后续增量的感知和促进关联商品的交易。故会场流量会很大，但是对于商品的要求也会很高（3 折封顶）。

所谓“3 折”，指的是商品发布时（注意：非成交价）最高一档价格的 3 折，同时只要满足 3 折后的价格低于“近 30 天成交价”即可。

攻略技巧：其实阿里巴巴 1688 市场在给我们设定规则的时候也给我们留了一个活路，要求我们活动后的成交价格低于参加“闪电批”活动前的最后成交价，也就说我们可以在报活动前提高你的产品价格。

比如，以前是60元成交，那么报名时就可以把价格设置为177元或者178.5元。按照要求打3折，参加活动时价格为59元或者59.5元，也不会亏本。具体报名路径可以参照：我的阿里——服务——专场活动——闪电批。

（二）今日团

“今日团”又称无线每日清仓栏目，是阿里巴巴手机客户端核心品牌栏目。无线流量与日俱增，同时无线买家一直都有购买底价清仓商品的需求，因此每日清仓孕育而生。

“今日团”和“闪电批”类似，但主要是以清仓为主。主要行业有：服装、美妆、鞋靴、户外、箱包、配饰等。如果没在这几个行业的商家，就没办法参加这个活动。

具体攻略参照“闪电批”，但是有个小技巧需要说明：报名的产品库存数量能想办法完成，因为这有利于自己下一次参加活动，也有利于给平台方小二留下好印象，让你参加下一次活动。

另外有人会问，如果我没销完我的库存怎么办？很简单，我们再建一条产品信息，有销量后，再来参加这个活动。但是切记不要一模一样，那样会做重复铺货。

十一、关联营销

关于关联营销的制作，在前面的章节当中已经讲过，这里就不做过多讲述，我们这里主要简单讲一下位置、方式。

（一）关联营销的位置

一般来说关联营销可以做三种模式，也就是页头、页中、页尾三种位置。我们来一一介绍这三种位置模式的特点。

（1）页头关联营销。这种关联营销比较常见，也是很多商家常用的方式之一。页头有个不好的地方，就是当客人进入详情页之后，还没看到产品怎么样，就先看到店铺的产品推荐。我们来看图12－37的案例。

图 12－37 页头关联营销

（2）页中关联营销。这个位置是在关联营销的中部，这个地方用的人稍微少点，也就是放在中间的人很少，但并不代表没有作用。它也有一些作用，只是稍微弱化一点罢了。我们来看图 12－38 的案例。

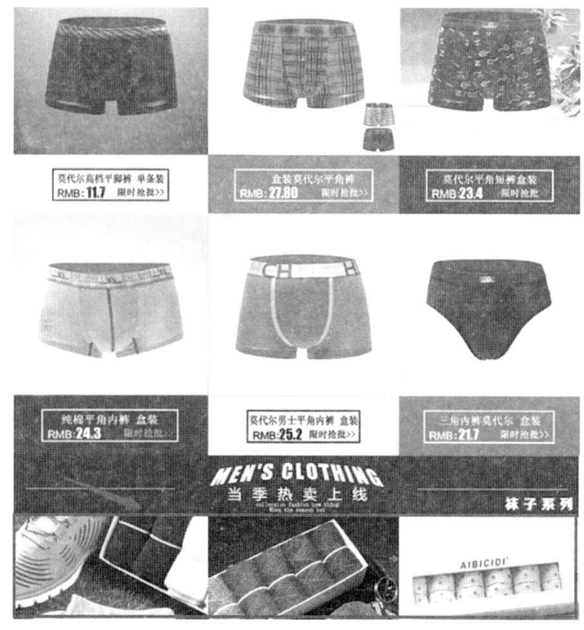

图 12－38 页中关联营销

（3）页尾关联营销。这种关联营销用的人非常多，因为这个最符合人的习惯。

当客户进入店铺看完产品后，花 5 ~ 10 分钟看详情页，看完有意向下单了，还会在乎多花 1 分钟看关联营销吗？答案是不在乎。如图 12 – 39 所示。

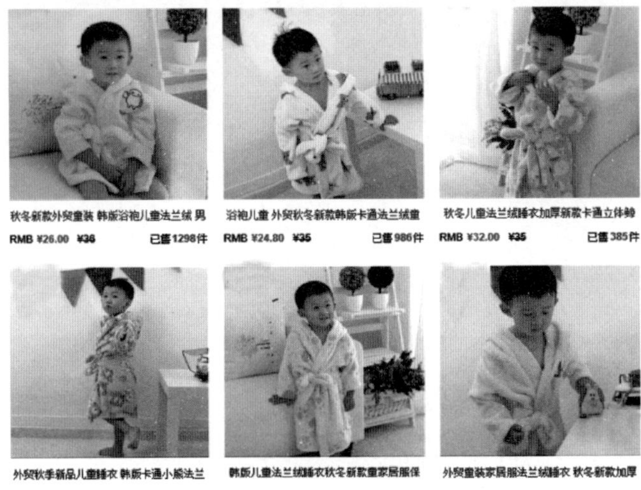

图 12 – 39　页尾关联营销

也有人会说，不懂代码也不懂网页，不会做关联营销怎么办？大可不必担心，因为阿里巴巴有一个工具，那就是导购推荐。只要在发布信息时点一下导购推荐，然后选择 8 件产品（不要乱选，一定是店铺的爆款、主推款或者是想要主推的预备爆款）。

（二）关联营销的三种方式

一为互补关联营销，也就是说关联营销的产品和详情页当中的产品处于一种互补关系。

二为替代关联营销，也就是说关联营销内的产品，如果客户不喜欢，可以替代在详情页中的产品。

三为潜在关联。如一个客户进到店铺里，他会买一件衬衫，那么他可能因为不会搭配，而选择再购买模特身上的裤子或者是鞋子，这就是潜在关联营销。

秘诀：做关联营销数量不要太多，控制在5~12件关联营销产品即可。太少可能显得单薄，太多会让客户觉得很烦。关联的产品一定要有内在逻辑性，有相辅相成的效果。

十二、精准营销与询盘管理

它是阿里巴巴批发市场为商家准备的一款查询客户信息的工具，对于查询客户信息有很好的作用。

（一）精准营销的位置

点击我的阿里——应用——点击编辑应用，然后就可以看到精准营销这一选项。当然还有第二个入口，是在“千牛”上面的入口。

（二）如何应用精准营销

点击进入精准营销后，我们可以看到客人是哪里的、是怎么进来的、之前关注哪些产品，以及在阿里巴巴的交易量、到访时间、看了店里的哪个产品。还可以从综合意向分析出客人的下单率有多少，大家可以多去看看。

如果该客人多次看了我们的店铺，下面还有一个行为轨迹，那里会显示客人浏览过的产品。

1. 立即洽谈

点击“立即洽谈”，这时就会弹出聊天窗口，如果是第一次和这个客户交谈，而且是我们主动出击的，那这是网页临时生成的，请不要加好友。如果下次客户联系我们，我们就可以添加了。不过现在也可以直接和客人沟通。

在这里，有的客户是设置了拒收陌生人信息，如果弹出拒收的信息，那么我们就可以不用发信息了，因为客人是看不到的。

如果我们发现这个客人是同行，多次进店而且经常骚扰我们，那么我们就可以直接点击“加入黑名单”，这样他就没有下一次骚扰我们的机会了。

2. 最近询盘

首先是客户进来我们会通过“千牛”弹出信息，然后我们点击立刻接待，进入精准营销页面。

新建之后，我们能看到客户的信息及资料。

请注意看图 12－40 中方框的地方。

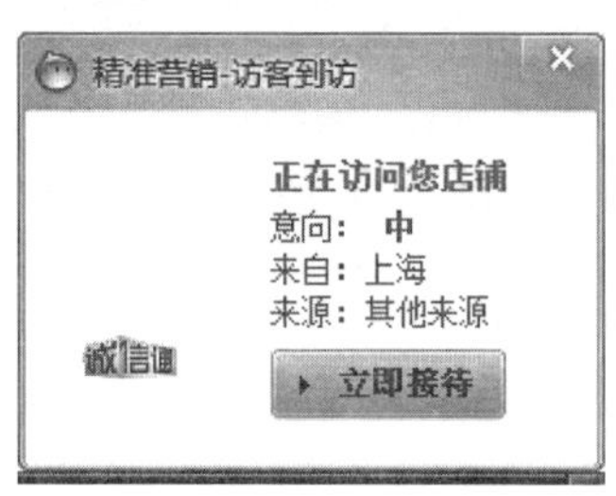

图 12－40　立即接待

在方框中，我们可以看到，客户信息其实已经暴露在我们面前。我们看这位客户是否有意向购买，可以考虑：一是回头率，二是活跃度，三是购买力。如果这些都很强，就说明这位客户对我们店铺的关注度很高，也说明这位客户购买欲望很强。

我们此时点击“最近询盘”，点开后就可以看到客户信息。首先，新建询盘；其次，找到客户信息；最后，立即和客户取得联系，让客户在我们店铺顺利下单。

当然，如果这位客户是老客户，那么点击最近询盘就会显示原来保存的客户信息。比如，我们知道客户的姓名或只知道姓氏，就可以直接在原来的客户中找到客户姓氏，点开它并和客户取得联系。

3. 询盘管理——访客召回

此功能主要是针对老客户的营销，它在选择款式时是依据系统最近的一些数据来确定的。里面的一些营销词可以自己写，也可以直接利用上面自带的文字。

我们来看系统自带的文案和系统推荐的款式案例，如图 12－41 所示。

4. 所有买家

商家做得好与不好与老客户的维护息息相关。在询盘管理的后台有一

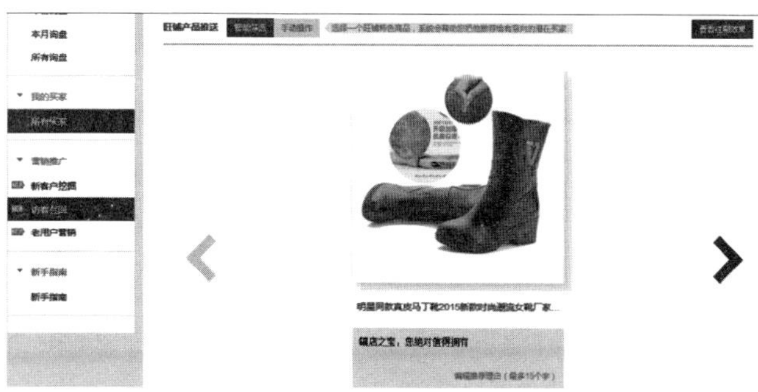

图 12－41　系统自带文案

个非常好的工具，那就是“导出全部买家”。点击它，所有的买家信息就会导出来。如果你不想这么麻烦，只想导到你的“旺旺”或者“千牛”上，就可以点击“导入旺旺好友”，这样就可以把客户导入到我们的“千牛”上。

第十三章
站外免费
黄金引流渠道

我们说一家店铺要做两件事，一是讨好客户，二是讨好搜索引擎，特别是对于站外推广，这两件事就显得尤为重要。

我们知道，站外推广有很多种，具体应该在做好内功的基础上进行外部的引流。外部引流包括以下方法：其他 B2B 推广引流、问答推广引流、论坛推广引流、博客推广引流、微博推广引流、微信推广引流、QQ 群及 QQ 邮件引流、图片和其他推广引流。

一、其他 B2B 推广引流

互联网时代不可能一家独大，所以既然存在互联网，那就会存在多个平台，我们可以通过多个平台做矩阵对自己的店铺和产品进行推广。

我们可以选择哪些 B2B 平台进行推广？可以选择综合类 B2B 平台进行推广（如慧聪、马可波罗、世界工厂网等），也可以选择专业性 B2B 网站进行推广。比如，我是做不锈钢的，那么我可以找中国不锈钢网。再如我是做鞋服的，那么我可以找中国鞋服网。当然也可以找区域性的网站，如华南城网、怀鸽五金网，等等。

（一）选择此类平台的办法与技巧

我们并不是毫无原则地去选一家平台去推广，而是要有目的性及针对性。

那我们的选择标准是什么？

（1）一定要和我们行业息息相关，换句话说，就是不要到处乱发，为了引流而引流。如果乱引流，出现情况时，把不相关的客户拉来了，结果都不成交只看热闹，就大大降低了我们的引流效果，并且还会降低店铺的转化率。

（2）找百度权重不错的网站进行引流，因为可以借力。比如，你所在的网站权重为 5，而你要去的网站权重为 7，那么你到这个平台去引流就对了。如果你到百度权重为 1 或者是为 0 的网站去引流，那么结局就只有一个，那就是守株待兔。

（3）平台要有一定的管理能力和一定的人气。现在很多人都在做微商，都在做商城，而我们看到真正做得好的流量大的平台又有几个？或者说微商真正能有几个有人气？所以有人气和有管理能力非常重要。

（二）如何选择合适的引流 B2B 平台

我们知道，B2B 平台大大小小几千上万个，选择适合自己的 B2B 平台非常重要，可以通过以下的一些技巧找到想要的 B2B 平台。

比如，我们先去百度一下，查找自己行业的网站。我们可以查找一下黄页，黄页就像是一个百科全书，只要你想要的基本都能找到。还可以到第三方网络平台去找，如亿邦动力网，这里汇集了很多信息，可以直接从这里找到自己想要的 B2B 网站。

我们来看下关于黄页的案例截图（如图 13－1 和图 13－2 所示），这里就列举出了很多你可以去的 B2B 引流平台，我们可以去注册。

注意：找到了这些 B2B 网站，那么我们一定要去注册并且发布产品信息，可以注册免费的会员。

有些小网站看到你发布信息之后，还会自动帮你将信息收录在他们网站，这样其实也省去了自己去注册的麻烦。当然大网站没人帮你注册，只有你自己才能去注册。

另外，注册了就尽量多发信息，这样就能快些被百度等搜索引擎收录（当然你会 SEO 就更好，这样收录就更快）。

网站名称	网站评分	百度收录速度	谷歌收录速度	类型	可发数量	用户印象	快速发布
黄页88网	★★★★☆ 7.6（477）	7.8	7.5	B2B网站	不限制	百度收录快，免费，操作方便	点击发布
百姓网	★★★★☆ 7.1（63）	7.4	7.2	分类信息	少于10条	百度收录快，免费，谷歌收录快	点击发布
世界工厂网	★★★★☆ 6.9（161）	7.1	6.9	B2B网站	少于10条	百度收录快，免费，排名效果好	点击发布
中国供应商	★★★★☆ 6.8（36）	7.2	6.8	B2B网站	少于5条	百度收录快，，排名效果好	点击发布
马可波罗网	★★★★☆ 6.7（49）	6.9	6.8	B2B网站	少于10条	免费，百度收录快，操作方便	点击发布
勤加缘网	★★★★☆ 6.7（56）	7.0	6.8	B2B网站	少于30条	百度收录快，操作方便，免费	点击发布
环球经贸网	★★★★☆ 6.6（45）	6.8	6.6	B2B网站	少于40条	百度收录快，免费，谷歌收录快	点击发布
KVOV网	★★★☆☆ 6.4（37）	6.4	6.5	分类信息	不限制	百度收录快，免费，操作方便	点击发布
八方资源网	★★★☆☆ 6.4（24）	6.6	6.2	B2B网站	少于5条	百度收录快，免费，谷歌收录快	点击发布
百业网	★★★☆☆ 6.4（25）	6.4	6.4	分类信息	不限制	百度收录快，免费，操作方便	点击发布
赶集网	★★★☆☆ 6.4（24）	6.6	6.1	分类信息	不限制	百度收录快，免费，操作方便	点击发布
志趣网	★★★☆☆ 6.3（35）	6.3	6.3	B2B网站	不限制	免费，操作方便，百度收录快	点击发布
58同城	★★★☆☆ 6.2（35）	6.3	5.9	分类信息	少于1条	百度收录快，免费，操作方便	点击发布
慧聪网	★★★☆☆ 6.2（45）	6.3	6.1	B2B网站	少于5条	百度收录快，免费，操作方便	点击发布
阿里巴巴	★★★☆☆ 6.2（34）	6.3	6.0	B2B网站	少于10条	百度收录快，操作方便，	点击发布
爱喇叭	★★★☆☆ 6.2（18）	6.0	5.9	分类信息	少于10条	操作方便，免费，百度收录快	点击发布
中国制造网	★★★☆☆ 6.1（23）	6.0	5.8	B2B网站	少于10条	百度收录快，，免费	点击发布

图 13－1　案例截图

B2B平台排名数据　数据更新日期：2015年3月15日

日　周　月　三月　行业 请选择… 请选择… 查询

排名	变化	网站名称	类型	覆盖数UV	变化	浏览量PV	变化	人均PV	变化	Alexa	官网
1	➡	阿里巴巴	网站	22700.0	0.20%	1021.00	16.53%	3.89	16.70%		
2	➡	金泉网	网站	2200.0	1.00%	79.00	0.40%	3.10	0.94%		
3	➡	一呼百应	网站	1750.0	3.53%	120.00	9.00%	5.90	13.00%		
4	➡	马可波罗网	网站	660.0	20.00%	28.00	22.00%	3.70	1.33%		
5	⬆1	中国制造网	网站	450.0	8.00%	29.00	38.00%	5.70	30.00%		
6	⬇1	百贸网	网站	420.0	19.42%	74.00	17.82%	16.00	2.00%		
7	⬆1	商虎中国	网站	320.0	4.66%	10.50	2.76%	2.80	2.00%		
8	⬇1	中国加盟网	网站	310.0	22.68%	46.00	41.62%	13.00	24.54%		
9	⬆3	义乌购	网站	310.0	30.00%	12.60	50.00%	3.50	20.00%		
10	➡	慧聪网	网站	300.0	20.00%	7.70	5.00%	2.20	10.89%		
11	⬆2	efu.com.cn	网站	260.0	20.00%	9.60	30.00%	3.10	5.00%		
12	⬇3	中国供应商	网站	250.0	6.01%	6.60	11.38%	2.20	5.49%		
13	⬆2	农联网	网站	240.0	10.00%	31.00	4.00%	11.00	9.38%		
14	⬆12	搜了网	网站	220.0	110.00%	16.00	9.00%	6.00	47.16%		
15	➡	中国采购与招标网	网站	210.0	13.44%	6.70	18.26%	3.00	5.36%		

排名说明

公司成立于2007年，是一家专注于提供互联网细分行业网站排名的数据服务商，公司的排名数据来源于Alexa数据，并根据Alexa数据演算出更直观细化的网站数据。在排名规则上，公司秉承公平公开的原则，所有排名数据都可以在Alexa官网进行追溯。
>>详细

申请收录

B2B平台行业近30日概况

共收录80个网站
在全部行业中排第12名
在电子商务行业中排第2名
总体覆盖数增长1270.90
总体浏览量增长191.16
总体人均Pv增长0.24

图 13－2　案例截图

二、问答推广

问答的平台其实也有很多，比如百度知道、60 知道问答、阿里巴巴的生意经。一问一答就有了互动，引来了流量，有了流量才有成交的机会，才会引来相应的消费群体。

其实我们说的问答远远不止上面的那些，还有搜问答、天涯问答、奇虎问答、MSN 问答、Google 问答、搜狐问答等。很多网站都有问答板块。只要将这些板块中的 1 个或者几个用好了，那将会有很多的流量，成交也一定少不了。

阿里巴巴平台就是一个很好的地方，可以展示自己的“肌肉”，也会引来不少关注的客户。

我的一位朋友姓王，她以前的所有生意几乎全部来自于阿里巴巴生意经，她疯狂到几乎每天凌晨三四点钟睡。然后有一次客户在凌晨 2 点多找到她。她就问：“你怎么找到我的?”客户回答：“我是通过生意经找到你的。”

其实百度知道可以做到自问自答，但是要掌握技巧。比如，不能用同一个 IP 地址，不能刚提出问题就马上自己去回答，一定要隔上几天。还有一种方法是自己提问让自己的亲朋好友去回答。最好是百度级别比较高的好友，并且回答时应该是软广告，不要是赤裸裸的广告，那样一般通过不了或者很难通过。大家看高手一般回答的时候成功率为 90% 以上，因为他们懂得怎么去规避百度的风险，让回答更有效。

图 13 – 3 的案例既宣传了公司，又回答了问题，这就是我们想要的软文效果（没有给直接的链接，但告知了公司名字，此处隐去了公司名字）。

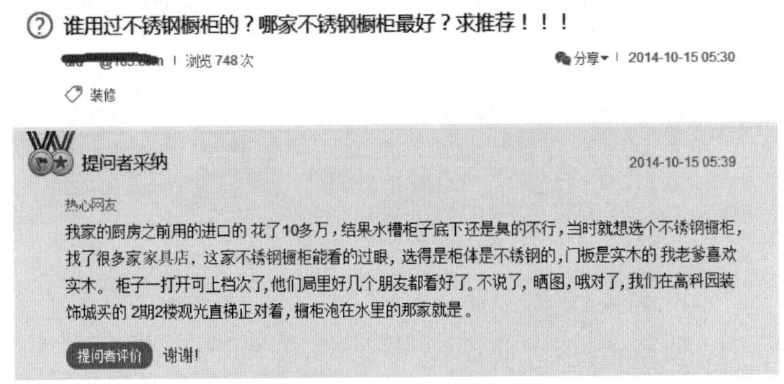

图 13 – 3 问答推广

三、论坛的推广

很多人认为论坛时代已经过去了，殊不知其仍有着重要地位，有很多人通过论坛找到了自己需要的商家。

论坛要写帖子，数软文推广最好。个人认为写论坛软文是门技术活儿，所以大家还是要多多钻研。帖子发了，并不是就万事大吉了，要记得跟论坛里的人互动，回复了，别人才会关注你，顶你的帖子。给大家推荐几种形式，以供参考。

（1）尽量发些原创帖子。这里的原创是指自己在的版块自己非常熟悉，然后内容尽量要“软”并且原创，不要抄袭别人的帖子。如果要抄袭不是不可以，不过改成伪原创最好。有人会说自己的水平不行，不擅长写作文或者是软文。其实这也简单，我们可以通过一些软件来完成我们的创作，这样既省力又能及时完成。当然这里不建议大家去做伪原创的内容，最好都是自己的原创。

（2）连载帖。不知道大家喜不喜欢看电视剧，看完电视剧你有什么样的感觉？当你正看得兴起的时候，这集结束了，怎么办？你是继续看还是不看？更多的人选择看，那怎么办？只有等。

我们写帖子也是一样的道理，如果我们写的帖子是精华帖，很多人看了觉得非常有意思，有种意犹未尽的感觉，那么他或者是她就会期待你下面的连载贴。特别是当你写的是干货贴时，这种感觉更加强烈。这样也更有利于引流和增加粉丝。

（3）预言帖。这种帖子有点难写，因为必须要有两把刷子，让人信服。先要有大量的粉丝，然后是一个大众关心的话题，且这个话题很多人都想要去了解，但是大家又都不能把控。

比如，2016 年网红很火，很多人都想去做网红，但怎样快速并且顺利地当上网红就不是谁都能做到的。当你提出这个话题时，就会有很多人去关注，并且你的预测如果能成真，那你的粉丝就会越来越喜欢你，越来越信赖你。

举例来说，KK（凯文·凯利）就是一位预言家，他在《技术元素》里表达的观点非常有意思，就是如果一个人都有 1000 个铁杆粉丝，那么他做事就很容易成功。来中国演讲，他带来了很多新的预测，如 AR、MR、VR 等，大家看到阿里巴巴出的 BUY + 就是 AR 的一个现实版案例。如果 KK 之前没有预测成功，相信很多人在今天也不会相信他说的这些话，也不会相信这些高科技产品。所以预言帖一定要有技术含量，也必须有预见性和独到的见解。

（4）经验帖。它是纯经验干货分享的帖子，里面可以是你怎么去攻克难关的故事，也可以是你怎么做细化的结果，当然也有可能是分享其中的一小段或者是一个大家所忽略的秘诀。这种帖子其实不拘泥于模式，而在于你分享的内容是否精彩。

当然这类型的帖子既好写也不好写，主要看粉丝的喜好度。记住，核心是不管写什么样的帖子，一定要用软文的形式给自己做广告，最终目的是为了给自己的店铺带来流量和转化率。千万不要只是为了分享而分享。

（5）搞笑帖。它的内容就比较好弄，有不少渠道可以做到。比如你是个段子手，那你自己可以去编这些帖子。假如你不擅长写作，那也有很好的方法，可以百度一下搞笑、幽默、小品的段子，然后复制过来后稍加修改就变成自己的了。

现在网络比较发达，想要什么东西只要百度就能找到，所以素材不是问题，关键是怎么将之变成自己的内容。另外，无论什么帖子，无论什么格式，最终别忘记我们的出发点，我们的目的是为了给店铺引流。所以故事要有，软文也要软，要让别人看后有感觉，并且知道你在做广告但又不骂你，反而相信你，找你买东西，这就是软文的最高境界了。

四、博客推广

博客其实在早几年的时候非常流行，且有很多人通过博客营销赚了钱。博客有新浪博客、腾讯博客、网易博客、中金博客、凤凰网博客、和讯博客、天涯博客、博客网大巴，等等，当然还包括阿里巴巴博客（现在叫专栏）。

我们选择博客时也有一定的技巧，不是什么博客都是乱写的。一定要选权重高、人流量大的博客，最好是和自己行业息息相关。博客用软文写是最好的方式。

博客的写法方式有：

（1）写帖可以是小学写作文那种总分总结构。

（2）开头要起到提纲挈领的作用，最好用自己的话写，并且能够起到承上启下的作用。一篇文章开头不好，下面是很难让人看下去的。

（3）第一段话最好能出现关键词，并且做好超链接，链接到你的店铺上面。

我们来看一下我2013年写的一篇博客，如图13－4所示。

（4）有关键词时，最好将关键词和其他词区别开。要么加粗，要么换颜色，这样对于搜索引擎来说很容易辨别，也能强化人们对于产品或者公司的印象，达到被搜索引擎收录并且让别人记住的目的。

（5）全文密度不好过紧也不好过松。也就是你写一篇帖子，不要出现太多关键词，如果通篇是关键词或者超链接，很容易让人“触雷”，让搜索引擎“触雷”，导致物极必反的后果。最好的建议是关键词密度在2%～

5%之间。开头有关键词，中间有，结尾再加上。不要密度过紧，也不要一放超链接就连着放。

创新吧服装企业，还这么做？你的利润点即将为零醒醒啊+××营销 原

聂志新 | 创建时间：2013年08月06日 13:24 | 浏览：41716 | 评论：1054

标签： 营销 悍蒙营销 中高档女装

曾几何时，在我们的脑海买东西，我们的想法是：既要便宜质量又要好。××营销也和大家一样这样想，这是出于人性角度考虑。但从客观上来说，这种想法是否能真正达到呢？或许我们用这么一句话可以来回答：一分价钱一分货。或许这句话说的有点道理，但假如人们的观念不改变，下面说的2种企业赢利点还会高吗，即将到零点的红线了。

首先我们看看下面的两幅图，这都是T恤，价格方面相差好几倍。但是认真研究下，我们会发现，虽然说价格有差异，但是他们的利润真的会很高吗？第一幅图是普通的厂家生产的，估计是大量化生产，第二幅图是森马品牌的一个产品，这两者同样是T恤，款式也类似，但是价格却相差几倍。实际上他们都能赚到多少钱一件呢？

图 13 – 4　博客案例

（6）建议用非专业人士的口吻写专业人士的事，也就是要让人看懂，不要让人一知半解。

如图 13 – 5 是一个做轴承的人写的文案，其中有“可达 P5 级别”，我就想问一句：什么叫 P5 级别？我是非专业人士，我也想采购轴承，但是我根本不懂这个。你可以告诉我产品可达欧美标准或者是高于欧美标准，也可以告诉我产品比同类产品寿命长 1 ~ 2 个月。

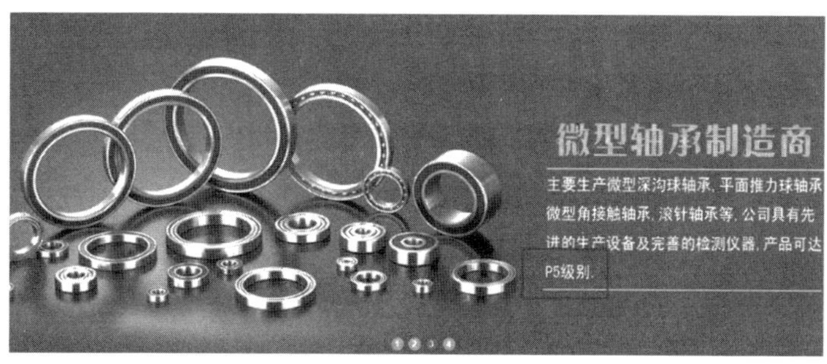

图 13 – 5　文案

各位想一下，同样一个说法，不同的表述，效果是否不一样呢？谁的话更直接？谁更能打动顾客？记住，最好不要用专家或者行家的口吻，一定要和客户做朋友，用他们的话说才最好。

五、微博推广

现在微博是一种很热的营销手段，很多企业会选择用微博来推广自己的公司。现在新浪微博、腾讯微博都十分受热捧的。当你的粉丝够多时，你不用怕你的站没人来浏览。有足够的粉丝，你的推广就自然会有效果。

我们知道的微博有：新浪微博、网易微博、腾讯微博、凤凰微博、和讯微博、校园微博、中金微博、鲜果微博，等等。这些微博的模式都一样，规定字数只能在 140 字以内。企业也能在微博上进行推广吗？绝对可以。

俄罗斯索契冬奥会是一次全球性体育盛会，吸引了全球目光，而在开幕式上却出现了戏剧性的一幕，奥运五环有一个环没有打开。敏感的企业开始抓住机会进行借势营销，红牛也借势推广其“能量”诉求，吸引体育爱好者的目光。

“五环变四环，打开的是能量，未打开的是潜能。”五环变四环是一次失误，是不完美和瑕疵，社交媒体上对此出现了很多的“负能量”话语。红牛企业翻转了网友的“负能量”认知，从“能量”“潜能”正能量的角度出发，对这次事件给出正面、积极的看法，并把产品功能进行了很好的传播。

所以我们也可以通过各种各样的方式来对自己的产品或者公司进行引流。有人说现在玩微博的人少了，是否还有效呢？答案是肯定的。现在玩微博营销进行引流依然有效，并且玩的人现在呈增长态势，所以这块市场我们一定要想办法抓住。没有卖不出去的产品，只有不会卖产品的人。

六、微信推广

在微信上，不能尽发一些枯燥无味的广告，那样会让人反感，别人只会把你删除、屏蔽。我们要发一些有可读性的信息，吸引大家的兴趣，偶尔插播一下小广告，让大家不反感又不会忘记你。与做别的推广一样，先让人家对你产生好感，再去推荐东西，效果会更好。

微店后来演化成三级分销，三级分销里面的商城可以直接上架我们阿里店铺的商品，或者你直接打通这个系统，让客户在哪里都可以下单。在微信上的朋友圈晒款，用微信支付。在三级分销系统里面和阿里店铺打通，直接在哪里付款都是一样的。最关键的一点不要忘记，就是要给阿里巴巴店铺引流，这个非常重要。

微信朋友圈的引流技巧。千万不要上去就发图片和链接做广告，这样会让人非常反感。睿智的做法是：可以将日常生活和工作融入一起，除了发我们工作的环境、公司产品外，我们还要发一些自己的照片进去，以增加朋友对我们的信任感。有了信任感做生意就很容易，没信任感做生意好像就有点难度。

另外再教大家一招：如果放三张照片在一条信息中，那我可以在三张图片中放入一张产品信息；如果 6 张图片我可以放 1 张或者是 2 张产品信息在这条信息中。

七、QQ 群或者邮件推广

（一）QQ 群

QQ 群其实是一个巨大的宝库，懂营销的人将会在群里起到很好的作用，甚至产生巨大的经济效益。

不会做的人进群就发广告，那样的结局就只有一个——被踢出群，给人一个非常反感的印象。具体要怎么操作才能做到既宣传又让自己能够发广告呢？这就需要动脑筋了。

记住，一定是先付出先分享才有效。操作方法是：我们先去 QQ 搜索群，然后进入相关行业群（如自己行业上下游的群，你如果进入自己的行业群，群成员基本都是自己的竞争对手。而进入相关行业群则都是需要你产品的准客户或者说客户）。进群一定要非常谦虚，也就是说你可以告诉群主是进来学习或者说是进来找资源的，那样群主或者管理员就让你进去了。

通过之后，第一件事是先加群主或者管理员为好友。擒贼先擒王，加了之后先和群主或者管理员熟悉下，可以和他套近乎。

打好关系后再进入你想要的主题。你要告诉群主或者管理员，如果群不是很活跃，你想给他做次活动活跃下群气氛，不知道是否可以？

群主和管理员肯定希望能把群内的气氛带动起来，也希望能搞些活动带动人气。

当群主或者管理员确定日期之后，你要精心准备好你的分享内容。分享的时候你就可以做软广告，告诉大家你是谁、你来自哪里、你是做什么的、今天分享的主题是什么，然后开始分享。但是最好不要还没分享好就做广告，一定要先分享，然后分享得精彩一点，让大家觉得学到了东西。

这样大家就记住你了，在分享结束时你自然而然就可以给出你的联系方式了，那时候你就可以做自己的广告。因为大家认识你了，并且是群主允许的，所以这个时候你做任何广告大家都会信服你，因为你是专家了。

切记不要不经过群主或者管理员同意就开始分享。有人会说：当我分享完之后加我的人依然很少怎么办？这个时候就简单了，你去加别人也有借口了。你可以告诉别人自己就是刚才分享或者上次分享什么什么内容的某某。

这时又有人会问了，我不会分享，我没干货怎么办？很简单，现在的社会信息不对称太正常了，你可以直接到网上找资料，然后经过加工就变成自己的东西了。

（二）邮件推广

群邮件推广很重要，我们必须要了解对方的痛点，也就是必须要知道对方需要什么，如果乱发，那么很容易就被他拉到“垃圾桶”去。所以必须要了解对方的兴趣爱好及需求，不打无准备之仗。

当然文案也很重要，建议发广告前去看一些文案的书，这样有助于自己成交或者宣传自己的店铺。

图 13－6 的案例不是特别好，但是针对性很强。我们都喜欢用微信，都想用微信做营销，但是都不怎么会，而这个宣传我就会去点开它。

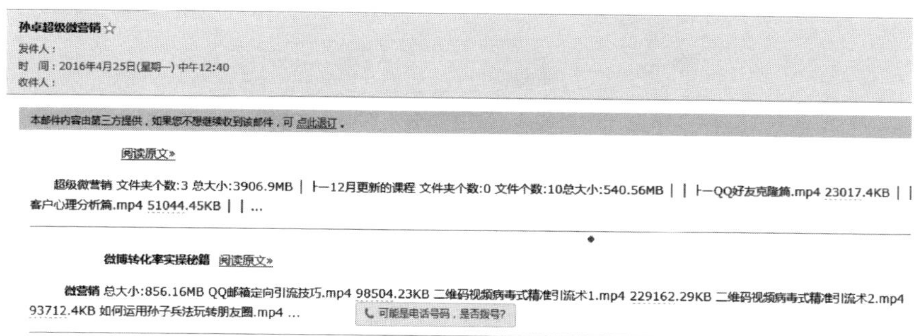
孙卓超级微营销 ☆
发件人：
时　间：2016年4月25日(星期一) 中午12:40
收件人：

本邮件内容由第三方提供，如果您不想继续收到该邮件，可 点此退订。

阅读原文»

超级微营销 文件夹个数:3 总大小:3906.9MB | ├─12月更新的课程 文件夹个数:0 文件个数:10总大小:540.56MB | | ├─QQ好友克隆篇.mp4 23017.4KB | | 客户心理分析篇.mp4 51044.45KB | | ...

微博转化率实操秘籍 阅读原文»

微营销 总大小:856.16MB QQ邮箱定向引流技巧.mp4 98504.23KB 二维码视频病毒式精准引流术1.mp4 229162.29KB 二维码视频病毒式精准引流术2.mp4 93712.4KB 如何运用孙子兵法玩转朋友圈.mp4 ...

可能是电话号码，是否拨号?

图 13－6　邮件推广

八、图片推广

现在由于美图秀秀的泛滥，发出来的照片个个都是美女。从推广的角度说，这就是效果，不管真人如何，图片总是很美。人家是不是已经用图片把自己推广出去了？图片能完美就完美，赚足眼球再说。

可是光有图片还不够，我们还得做文章，也就是说我们有了图片，但一定要让图片去说话，让图片赋予更多的空间和想象，让图片成为我们的软广告。

这时有人会问：我如果这样做，哪来那么多图片呢？其实这个大可不必担心，因为你可以百度一下搞笑图片，然后配上自己的文案，一张图片加文字的宣传海报就出来了。

这样的效果还是不错的，不过要注意，图片一定要有意思，可以嵌入软广告让人有点遐想。我这里给大家举个例子，大家就基本上有个概念。如图 13－7 所示，文字再加上自己公司的名字（隐藏得很小）。

图 13－7　图片推广

九、SNS 营销

SNS，全称 Social Networking Services，即社会性网络服务，专指旨在帮助人们建立社会性网络的互联网应用服务。SNS 的另一种常用解释是：全称 Social Network Site，即“社交网站”或“社交网”。SNS 营销指的是利用这些社交网络进行建立产品和品牌的群组、举行活动、利用 SNS 分享的特点进行病毒营销之类的营销活动。

（一）常见的 SNS 平台

有校园类 SNS 网站，如人人网（原校内网）、Chinaren 校友录、朋友网；商务类 SNS 网站，如天际网、若邻网、人和网、白社会、若邻网、人和网；娱乐类 SNS 网站，如开心网、赛我网、城市达人；读书、学习类 SNS 网站，如豆瓣网、友宝网；音乐类 SNS 网站；Myspace（聚友网）；婚介类 SNS 网站，如世纪佳缘、红娘网、幸福婚嫁、久久婚嫁网；综合类 SNS 网站，如 Facebook、51. com、GaGaMatch 国际交友网。

（二）SNS 营销的作用

（1）传播速度非常快。我们常说现在是自媒体时代，SNS 也是一样比较快。

（2）SNS 现在虽说用户慢慢在减少，但是影响力还在，它的营销效果没变，因为它需要人和人之间的互动与传播。

（3）互联网最大的好处就是很多东西都是免费的，我们说的 SNS 也是一样，免费给我们减少了很多销售成本。

（三）SNS 怎么做营销推广

（1）选择一个对的、适合自己的平台，在这个平台上深耕耘。了解平台规则为平台做点贡献，甚至无条件去宣传这个平台，从而达到宣传自己的目的。

（2）长期坚持，任何一件事情要想成功，必须要坚持。记得中国首富王健林在《开讲啦》里讲了自己的故事，就是用自己做地产的经验告诉在场的学员及电视机前的朋友，成功在于坚持。如果不坚持，可能万达也会惨败在那222次官司之下，如果不坚持，他也不可能跨出那堵门50多次，也就不会成为中国首富。

同理，我们要做好一件事，如果三天打渔两天晒网，那这件事一定做不好。如果我们坚持做并且做成行家，那我们一定能在这个行业有所建树。因为坚持了才能成功，而不是因为成功才坚持。

（3）多分享有价值的东西，不要发赤裸裸的广告，你想你自己会喜欢看广告吗？既然你不喜欢，那么大家也一定是不喜欢的。多分享经验之谈的内容，如做化妆品的可以在淘宝网商相关的帮派中发发网店的经营技巧，在消费者帮派中发发如何美白、如何去痘的内容，产品宣传不可过，点到即止，最好就一句话。

所以只用给用户一个追溯到你的接口，因为用户从你真诚分享的内容中获得帮助后，会从接口索引到你那边了解更多的内容。如果你发出长篇广告，大家反而没了兴趣。中国人都是善良并充满好奇心的，你要充分迎合这一点。

补充一下，不管什么地方都欢迎各大网商分享自己的经验和技巧，纯经验文章会让大家都记住你。带上软广告，且内容有可读性，这样就达到了广告的目的。

（4）多互动。互动可以增强你与其他人的感情，你可以通过互动了解别人，也可以通过互动来活跃气氛，增加知名度，从而达到宣传自己的作用。我们可以设想一下，如果在线下课堂，一堂课下来老师只管讲而不进行互动，我想你也会认为这样的课没有什么意思。同理，如果在一个平台上，你发的东西有人和你互动你不动，那粉丝就会失去信心，一个两个可能你没感觉，但是粉丝都失去了，那你就没得玩了。不管在什么平台，多互动都有必要。

最后强调几点：

（1）要有耐心，切忌急躁。如今这个世界最不缺的就是“速度”，最缺的是耐心，坚持才能带来流量。不要觉得博客、论坛营销做没有用。只要你认真写帖，多写经验帖，切实解决人家的问题，你还怕自己店铺没流量吗？你都不屑于理人家，凭什么人家给你流量？

（2）切忌纯广告。在这个广告满天飞的时代，你的微信或者微博、博客的广告，比得过王老吉还是可口可乐？所以，合理地投放广告，并把握周期，才能让人家记住你，而不是讨厌你，进而删除你。你哪怕发个笑话也是好的，现代人压力多大啊，能帮助大家舒缓压力，助人助己。

另外，免费的推广本就是个繁琐而长久的过程，这个行业也是，可是我们坚持之后收获到的喜悦却是别人不能体会的。短暂的欢乐之后痛苦会漫长，而苦过之后的甜才绵长而悠远。所以做销售交的朋友多，单大周期长，单少却稳，各有好处。人心即得处为心安。

第十四章
金牌客服
通道密码

我在线下授课时问过很多人："你觉得一家店铺有几个部分最重要?"绝大部分的人回答是：定位、店铺装修、SEO、详情页。回答含有客服或者客服重要性的人很少。但事实上客服重不重要呢？非常重要。

举个例子，我们常去商场或者商店里面买东西，常见的服务员会这样说："欢迎光临，请随便看看。"这是一种客服。

我们再看另外一种客服，首先进来她会说一句：欢迎您来到×××店。然后她会打量你的衣着及风格。

等你看一会后，她就能大概明白你喜欢的款式和风格。她就会过来告诉你："先生您好，我看您是一个××人，所以您非常有品位（或者类似的话，目的是和你套近乎）。看您很亲切很面熟，您以前是不是来过……"

除了话语和你套近乎外，她还会做另外的事，就是会套出你以前在哪里买、喜欢什么品牌、喜欢什么风格、怎么搭配、还有没有其他需求等。这些内容都会在和你的沟通中，被这名服务员给问出来。结果在去付款时，你会发现原本只想要一件衬衣，但是经过她一说一了解之后，会再购买领带、裤子，甚至西服都有可能。

这是在线下，在线上其实也一样。同样的店铺，不同的客服成交水平不一样，客户维护也完全不一样。

既然客户维护有差别，那我们有没有办法让客户黏着我们呢？当然有办法，这需要我们明白客服的重要性（包括我们不要再对金牌客服有误区），明白客服的定位及挖掘客户潜在需求的技法，学会让客户成为我们的朋友。

一、金牌客服的种种误区

常常会有人说客服只是一个简单的工作，有一台电脑和客户对话就行了。其实不然，我们对客服的认识有很多误区，那我们的误区会有哪些呢？

（1）认为客服只是一个接单的工具，就是聊聊天。其实这是表象，客服是电商所有工作中的一个重点，和客户在旺旺或者千牛中聊天只是很小很小的一部分。日常生活中，我们看到虽然都是客服在聊天，但不同的人聊天技术不同，会造就成交的千差万别。好客服不但会让你成交，还会让你增加客单价。

（2）认为客服公司对其重视不够。其实不然，电商一定要讲究练内功，每一个环节都是环环相扣，任何一个环节弱了都会影响其他环节的顺利进行。所以公司不但重视像美工、运营部门等，也一定会重视客服部门。

（3）认为客服没什么技巧性，流动性比较大。一家好的公司，其实仅一个客服部门就要做很多的培训。因为对付客户是有技巧的，而这些技巧其实就像一个魔法师一样会隐藏。如果一家电商公司客服部门不稳，对于其成交来说也是一个巨大的损失。一些大品牌大公司一定会做一件事，那就是给客服培训，除了培训专业知识，还会培训专业的客户话术。成交不成交，话术很重要。客服对投诉处理得好与不好，也是衡量一名客服好与坏的一个标准。一家普通的公司，客服可能会有流动性，但也不会很大。一家好的电商公司基本上客服是没太大变更或流动的。

（4）认为客服没有好的薪酬制度考核及足够假期等。社会上任何一个职位的存在都有它存在的道理，所以既然有客服，就会有薪酬考核，要不然怎么来衡量一名客服的绩效？所以这也是一家公司薪酬构架的一部分。一家成熟的公司，每项制度都很完善，包括薪酬及休假换班制度在内。小公司可能暂时没涉及客服层面，所以在前期没有等级制度和薪酬划分也很正常，但任何一家公司要发展，都是需要规划的。所以小公司发展到后面也一定会朝着正规化运作，科学的薪酬制度也是留人的关键所在。

二、金牌客服的定位

我们既然知道客服非常重要，那对客服也要进行一个定位（任何一个岗位如果没有定位，可能做着做着很容易就迷茫，当然客服也不例外）。我们是属于普通客服还是成交型客服呢？

（一）普通客服

普通客服其实很简单，有句话特别适合他们，就是当一天和尚撞一天钟。她们不是把客服当作一个岗位或者是一个职业，而是把客服当作一个吃饭的工具。而且常有这种心态：能不麻烦尽量不麻烦，最好是没事给我做，反正成交的多少和我没多大关系（当然有些公司的业绩也会和客服挂钩，这种方法可能还会刺激到客服）。

她们不会认为公司给她们培训、帮助她们提升技能是一种帮助，而是会把它看作负担，所以也是被动接受，或者说理解不了其中的内容。这样的客服需要一点时间让自己提升，可能周边环境或者年龄的影响才会促使她上进。

（二）成交型客服

这种客服不管是在技能还是心态上都会比普通客服高出一筹，因为她们懂得自己在做的事不是一份简单的工作，而是日常生活的一部分。

这部分人几乎将生活也融入到了工作当中，把工作、把客服当作一种享受，或者说是提升自己的一个手段。她们不但在和客户沟通上有方法，也在处理客户退换货及投诉上很有一套。

举个例子，客户因为买错或者是某种原因选错了产品，客户想要退货或者换货，成交型客服处理的结果可能是既让客户接受了事实，又让客户购买了其他他想要的产品，另外又增加了客户和公司的感情，或者是和她的私人感情。

这么一来一去大家可以看下差别到底是多少。另外，成交型客服不但懂得产品的各种属性和特性，她还懂得客户的购物心理，能摸透客户为什么买、喜欢怎样的风格。当客户下单不付款时懂得怎么去催付，既不得罪客户又能做好销售。

（三）客服定位的重要性

既然我们知道客服定位很重要，也懂得一位成交型客服所带来的业绩是无可估量的，那么我们也一定要知道客服定位的重要性。

（1）好客服是客户的贴心朋友。俗话说“朋友多了路好走”，做客服也是一样。好客服一定会和客户成为朋友，并且明白客户的所需所求，这样客户才能黏着你、黏着这家公司。

（2）好客服也是公司的一个形象代言人。我们知道现在社会上很多个品牌都需要花钱请形象代言人，而我们不是大公司，也请不起明星，怎么办？善待我们的客服，因为她们就是我们无形当中的形象代言人——她们在网上的一言一行都代表了公司的形象。

（3）客服也是客户的产品管家，以及公司和客户沟通的桥梁。客户有时候是需要被推荐的，我们店铺有好的款式出来时要通知他。所以用心做事的客服一般会做一件事，就是及时通知客户我们上新产品了，我们的新款式适合他们，邀请他们赶紧到店铺里来看看。

另外，在客户未来到公司实地考察前，客服也充当着桥梁或者媒介作用。如果客户有什么诉求，客户会第一时间反馈给公司；如果公司有什么活动，客服也会第一时间通知客户。这样一来一往就是桥梁。

三、客服的沟通技巧

我们常说好客服和差客服之间的结果会截然不同，那怎么样才算是好客服？这里有什么技巧吗？我们来看一下两位客服的案例（如图14－1、图14－2所示），一看就知道两种态度最终的结果是什么。

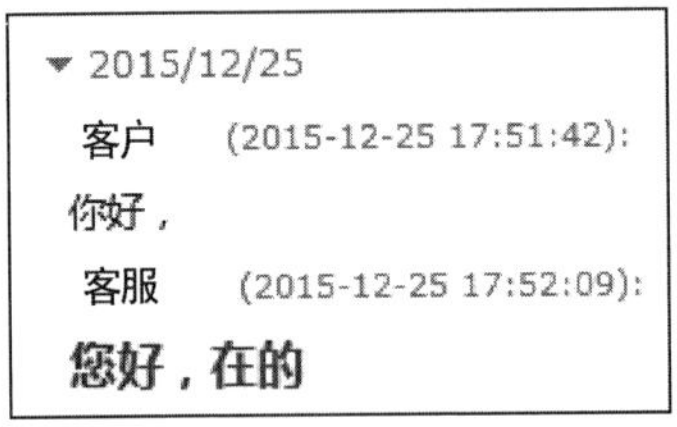

▾ 2015/12/25
客户 (2015-12-25 17:51:42):
你好，
客服 (2015-12-25 17:52:09):
您好，在的

图14－1　客服1

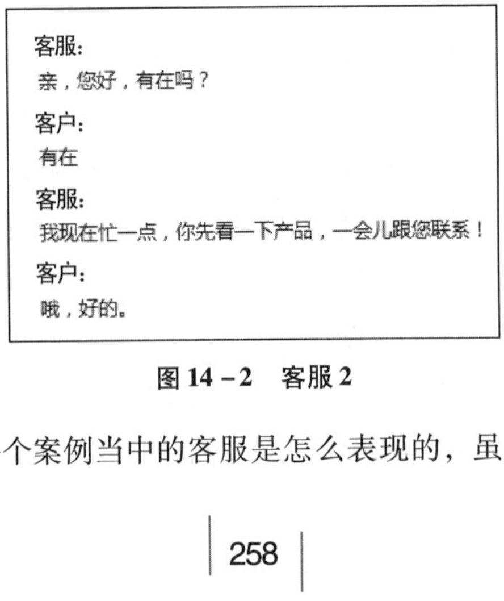

客服:
亲，您好，有在吗？
客户:
有在
客服:
我现在忙一点，你先看一下产品，一会儿跟您联系！
客户:
哦，好的。

图14－2　客服2

再看下另外一个案例当中的客服是怎么表现的，虽说技巧也一般，但心态不一样，你最后就知道客户会选择谁。

（一）巧妙回复客户，建立下一步联系，让客户黏在你这里，形成附着力（如图14－3所示）。

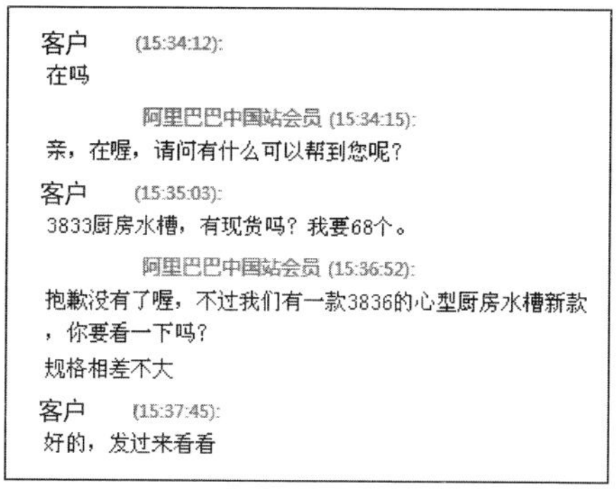

客户 (15:34:12):
在吗
阿里巴巴中国站会员 (15:34:15):
亲，在喔，请问有什么可以帮到您呢？
客户 (15:35:03):
3833厨房水槽，有现货吗？我要68个。
阿里巴巴中国站会员 (15:36:52):
抱歉没有了喔，不过我们有一款3836的心型厨房水槽新款，你要看一下吗？
规格相差不大
客户 (15:37:45):
好的，发过来看看

图14－3 巧妙回复客户

（二）学会倾听客户心声，挖掘客户未被满足的需求

这里要分两种情况，一是了解客户的内心想法，二是当客户正在购买时你要了解他需要的类型。针对这两种情况，我们各举一个例子来说明怎么把控好这些环节。

情景案例1：

客户：你好，请问在吗？

客服：您好，欢迎您的到来，您是我今天服务的第88位客户，非常荣幸，请问有什么可以帮到您吗？

客户：是吗？谢谢！你店里那个蓝色的T恤衫是否有货？

客服：非常感谢您对我们的宝贝感兴趣，您的满意是我最高兴的事，我希望您越来越漂亮，天天好心情（此刻发一个微笑的表情和一朵鲜花给客户）。为了能服务好您，您能满足我一个小请求吗？只需您1～2分钟时间（一个伸舌头的表情）。

客户：好的，可以（旁白：客户只要对你的产品感兴趣，等2分钟没什么问题，只要你不得罪她，她基本都愿意配合）。

客服：遇到您真高兴，谢谢。请问一下您平时穿L码还是M码？肤色是

偏白还是正常？（旁白：千万别说偏黑，客户不高兴，所以这就是客户心理学）

客户：穿L码的比较多，我的肤色还可以。

客服：您是搭配牛仔还是运动装？是外出还是室内？

客户：牛仔，外出居多。

客服：嗯，好的，那您是喜欢棉质的还是棉质混纺？之前购买过类似的吗？穿过后的反应咋样？

客户：棉质的吧，之前买过，也是在网上一家店买的，但是上面写的是棉，结果不是棉的。所以上次有点生气。（旁白：为什么要问这些，其实就是在挖客户的诉求或者是需求，找到客户之前在哪买的、买的反馈怎样、不满意在什么地方。这里一下子问出来了）

客服：好的，我们建议您买这件100%棉的，可外出穿显身材款，您穿上一定很棒，价格也不贵，今天您拍下，我们另外还有一份神秘礼物送给您（旁白：找到需求点——要棉的，也找到卖点——显身材，再说一个因有条件）。

客户：是吧，那我拍了，什么礼物啊？

客服：您拍下我们将打9折这是第一重礼，第二重礼我们将另外赠送您一串同等价值的饰品项链，只要您扫一下我们的二维码就能得到。我相信您在拿到宝贝的情况下再拿到这一串项链，一定会让人羡慕不已，年年18岁（发一个微笑和鲜花）。

客户：哇，这么好，那我下单，二维码给我，我扫一下。

我们来看第二个情景案例，如图14－4所示。

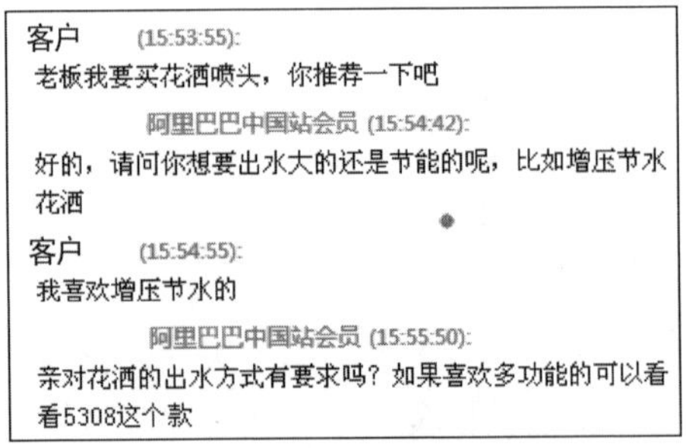

客户 (15:53:55):
老板我要买花洒喷头，你推荐一下吧

阿里巴巴中国站会员 (15:54:42):
好的，请问你想要出水大的还是节能的呢，比如增压节水花洒

客户 (15:54:55):
我喜欢增压节水的

阿里巴巴中国站会员 (15:55:50):
亲对花洒的出水方式有要求吗？如果喜欢多功能的可以看看5308这个款

图14－4 情景案例

我们看到这名客服在给客户介绍时，不随着客户的想法走，而是很好地对客户进行了引导，并且达到了进行适当推荐的效果。

（三）学会认同与换位思考，巧妙化解纠纷

一般一个订单下来，正常来说没什么太多问题，但是也会遇到一些小问题或者是比较挑剔的客户，有时也会遇到职业差评师。如果遇到了，认同与换位思考就很重要，因为客户购买了你的产品，她是想要得到一个好的服务，也不是想故意刁难你。

我们来看一个案例，同一案例两种做法，如图 14－5 和 14－6 所示。

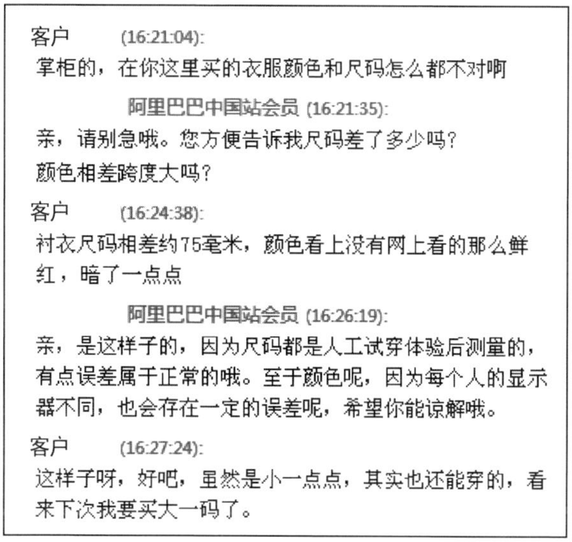

客户 (16:21:04):
掌柜的，在你这里买的衣服颜色和尺码怎么都不对啊

阿里巴巴中国站会员 (16:21:35):
亲，请别急哦。您方便告诉我尺码差了多少吗？
颜色相差跨度大吗？

客户 (16:24:38):
衬衣尺码相差约75毫米，颜色看上没有网上看的那么鲜红，暗了一点点

阿里巴巴中国站会员 (16:26:19):
亲，是这样子的，因为尺码都是人工试穿体验后测量的，有点误差属于正常的哦。至于颜色呢，因为每个人的显示器不同，也会存在一定的误差呢，希望你能谅解哦。

客户 (16:27:24):
这样子呀，好吧，虽然是小一点点，其实也还能穿的，看来下次我要买大一码了。

图 14－5　做法一

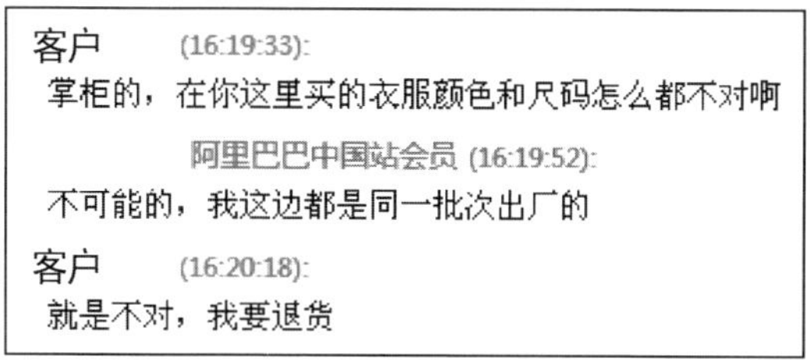

客户 (16:19:33):
掌柜的，在你这里买的衣服颜色和尺码怎么都不对啊

阿里巴巴中国站会员 (16:19:52):
不可能的，我这边都是同一批次出厂的

客户 (16:20:18):
就是不对，我要退货

图 14－6　做法二

两种方式，最后是两种结果。一个要退货，一个下次还要来买。这不是简单说话的问题，而是沟通技巧的问题。

（四）学会把控客户心理

其实客户来店铺里面购买产品，除了买到自己喜欢的产品之外，就是想看一下价格是否能优惠（当然也有很爽快的客户不讲价，直接拍了走人）。这个时候我们就要做好打折的准备和客户进行沟通的准备，还可以准备小礼品满足客户“占便宜”的心理。

遇到一些难缠的客户，我们的沟通会很花时间，所以就需要了解其心理进行“进攻”。当然不一定是用减价的方式，可以了解对方是否有其他需求，如是否喜欢赠品？赠品相送使之有占便宜的感觉，并且买到之后觉得超值。

（五）认清客服的几个角色

客服很重要，那客服到底会担当什么角色呢？这些角色要承担哪些任务呢？

（1）媒婆角色。我们既要和客户沟通，帮客户把脉，又要掌控好我们店铺里面的所有产品情况，有针对性地帮客户找产品，所以就类似于我们古代的媒婆。

（2）间谍角色。你也许会不赞同这个观点，但是你不得不承认，为什么？因为你和客户沟通要了解客户的心理，也要知道之前客户在哪里购买、为什么不在那边购买了、是哪些服务没有满足还是想开发新供应商、我们还有哪些服务可以再挖掘而帮助到客户。

（3）保姆角色。怎么又是保姆呢？其实这里面很容易理解，我们和客户之间的沟通就类似于保姆。所以客服在这个程度上也是一个辛苦的差事，因为在某种意义上还要哄客户，当然还要和自己公司内部的人进行沟通。

（4）“厂长”角色。虽然说是“厂长”稍微有点大，但是也不夸张，因为客服要了解的除了产品的材质、工艺、搭配、特性及保养等外，还要熟悉型号等。

四、客服的必备销售技巧

客服必须具备有四颗“心”、五个“胃”。有人会很奇怪，我们一个人不就是一颗心一个胃吗？哪里来的那么多心和胃啊？

（一）四颗心：信心、爱心、恒心、耐心

要有信心，做客服不是简单的沟通交流，所以需要有随时解决问题的信心。

要有一颗爱心，对待同事、对待客户、对待所有的订单有爱心。

要有一颗恒心，这个恒心包括处理问题的能力、和客户之间处理订单的能力及吃苦耐劳的恒心。

要有耐心，和客户之间的沟通有时是拉锯战，也有可能会是争吵，或者有时是无效消耗式对话，所以需要耐心。

（二）五个“胃”（位）

态度到位，态度决定高度。

表情到位，刚才在我们上面的案例中结合了表情应用，所以表情的作用不容忽视。

礼貌到位，对客户一定要礼貌，谁都不愿意和一个不礼貌的商家做生意，因为怕后面涉及一些售后及其他问题。

表达到位，这个也很关键，和客户的沟通很多依靠你自己的表达。如果表达得好，很容易让客户接受；如果表达得不好，有时会适得其反，所以表达一定要到位。

回复也要到位。当我们回复客户时，不要以为是简单的一个字或者一句话，一定要想我怎么才能让它们更有说服力。

总结：电商是一门很深的学问，需要不断学习和总结，也需要和大家一起探讨挖掘。因为电商的排名在变，技术在变，还有时代在变，人的思维也在变，所以大家也需要“变的思维”。阿里巴巴有句话很重要：拥抱变化！这一句话道出了很多电商人的心理和当今社会发展的一个趋势。最后悍蒙电商学院所有师生祝大家能在电商路上业绩节节攀升！

推荐作者得新书！

博瑞森征稿启事

亲爱的读者朋友：

感谢您选择了博瑞森图书！希望您手中的这本书能给您带来实实在在的帮助！

博瑞森一直致力于发掘好作者、好内容，希望能把您最需要的思想、方法，一字一句地交到您手中，成为专业知识与管理实践的纽带和桥梁。

但是我们也知道，有很多深入企业一线、经验丰富、乐于分享的优秀专家，或者往来奔波没时间，或者缺少专业的写作指导和便捷的出版途径，只能茫然以待……

还有很多在竞争大潮中坚守的企业，有着异常宝贵的实践经验和独特的闪光点，但缺少专业的记录和整理者，无法让企业的经验和故事被更多的人了解、学习、参考……

这些都太遗憾了！

博瑞森非常希望能将这些埋藏的"宝藏"发掘出来，贡献给广大读者，让更多的人得到帮助。

所以，我们真心地邀请您，我们的老读者，帮助我们一起搜寻：

推荐作者。

可以是您自己或您的朋友，只要对本土管理有实践、有思考；可以是您通过网络、杂志、书籍或其他途径了解的某位专家，不管名气大小，只要他的思想和方法曾让您深受启发。

推荐企业。

可以是您自己所在的企业，或者是您熟悉的某家企业，其创业过程、运营经历、产品研发、机制创新，等等。无论企业大小，只要乐于分享、有值得借鉴书写之处。

总之，好内容就是一切！

博瑞森绝非"自费出书"，出版项目费用完全由我们承担。您推荐的作者或企业案例一经采用，我们会立刻向您赠送书币 100 元，可直接换取任何博瑞森图书的纸质版或电子版。

感谢您对本土管理的支持！感谢您对博瑞森图书的帮助！

1120 本土管理实践与创新论坛

这是由100多位本土管理专家联合创立的企业管理实践学术交流组织，旨在孵化本土管理思想、促进企业管理实践、加强专家间交流与协作。

论坛每年集中力量办好两件大事：第一，**"出一本书"**，汇聚一年的思考和实践，把最原创、最前沿、最实战的内容集结成册，贡献给读者；第二，**"办一次会"**，每年11月20日本土管理专家们汇聚一堂，碰撞思想、研讨案例、交流切磋、回馈社会。

论坛理事名单（以年龄为序，以示传承之意）

首届常务理事：

彭志雄　曾　伟　施　炜　杨　涛　张学军　郭　晓
程绍珊　胡八一　王祥伍　李志华　陈立云　杨永华

理　　事：

卢根鑫　王铁仁　周荣辉　曾令同　陆和平　宋杼宸　张国祥　刘承元
曹子祥　宋新宇　吴越舟　吴　坚　戴欣明　仲昭川　刘春雄　刘祖轲
段继东　何　慕　秦国伟　贺兵一　张小虎　郭　剑　余晓雷　黄中强
朱玉童　沈　坤　阎立忠　张　进　丁兴良　朱仁健　薛宝峰　史贤龙
卢　强　史幼波　叶敦明　王明胤　陈　明　岑立聪　方　刚　何足奇
周　俊　杨　奕　孙行健　孙嘉晖　张东利　郭富才　叶　宁　何　屹
沈　奎　王　超　马宝琳　谭长春　夏惊鸣　张　博　李洪道　胡浪球
孙　波　唐江华　程　翔　刘红明　杨鸿贵　伯建新　高可为　李　蓓
王春强　孔祥云　贾同领　罗宏文　史立臣　李政权　余　盛　陈小龙
尚　锋　邢　雷　余伟辉　李小勇　全怀周　初勇钢　陈　锐　高继中
聂志新　黄　屹　沈　拓　徐伟泽　谭洪华　崔自三　王玉荣　蒋　军
侯军伟　黄润霖　金国华　吴　之　葛新红　周　剑　崔海鹏　柏　龑
唐道明　朱志明　曲宗恺　杜　忠　远　鸣　范月明　刘文新　赵晓萌
张　伟　韩　旭　韩友诚　熊亚柱　孙彩军　刘　雷　王庆云　李少星
俞士耀　丁　昀　黄　磊　罗晓慧　伏泓霖　梁小平　鄢圣安

企业案例·老板传记

	书名．作者	内容/特色	读者价值
企业案例·老板传记	**你不知道的加多宝：原市场部高管讲述** 曲宗恺　牛玮娜　著	前加多宝高管解读加多宝	全景式解读，原汁原味
	收购后怎样有效整合：一个重工业收购整合实录 李少星　著	讲述企业并购后的事	语言轻松活泼，对并购后的企业有借鉴作用
	娃哈哈区域标杆：豫北市场营销实录 罗宏文　赵晓萌　等著	本书从区域的角度来写娃哈哈河南分公司豫北市场是怎么进行区域市场营销，成为娃哈哈全国第一大市场、全国增量第一高市场的一些操作方法	参考性、指导性，一线真实资料
	像六个核桃一样：打造畅销品的36个简明法则 王　超　范　萍　著	本书分上下两篇：包括“六个核桃”的营销战略历程和36条畅销法则	知名企业的战略历程极具参考价值，36条法则提供操作方法
	六个核桃凭什么：从0过100亿 张学军　著	首部全面揭秘养元六个核桃裂变式成长的巨著	学习优秀企业的成长路径，了解其背后的理论体系
	借力咨询：德邦成长背后的秘密 官同良　王祥伍　著	讲述德邦是如何借助咨询公司的力量进行自身与发展的	来自德邦内部的第一线资料，真实、珍贵，令人受益匪浅
	解决方案营销实战案例 刘祖轲　著	用10个真案例讲明白什么是工业品的解决方案式营销，实战、实用	有干货、真正操作过的才能写得出来
	招招见销量的营销常识 刘文新　著	如何让每一个营销动作都直指销量	适合中小企业，看了就能用
	我们的营销真案例 联纵智达研究院　著	五芳斋粽子从区域到全国/诺贝尔瓷砖门店销量提升/利豪家具出口转内销/汤臣倍健的营销模式	选择的案例都很有代表性，实在、实操！
	中国营销战实录：令人拍案叫绝的营销真案例 联纵智达　著	51个案例，42家企业，38万字，18年，累计2000余人次参与……	最真实的营销案例，全是一线记录，开阔眼界
	双剑破局：沈坤营销策划案例集 沈　坤　著	双剑公司多年来的精选案例解析集，阐述了项目策划中每一个营销策略的诞生过程，策划角度和方法	一线真实案例，与众不同的策划角度令人拍案叫绝、受益匪浅
	宗：一位制造业企业家的思考 杨　涛　著	1993年创业，引领企业平稳发展20多年，分享独到的心得体会	难得的一本老板分享经验的书
	简单思考：AMT咨询创始人自述 孔祥云　著	著名咨询公司（AMT）的CEO创业历程中点点滴滴的经验与思考	每一位咨询人，每一位创业者和管理经营者，都值得一读
	边干边学做老板 黄中强　著	创业20多年的老板，有经验、能写、又愿意分享，这样的书很少	处处共鸣，帮助中小企业老板少走弯路
	三四线城市超市如何快速成长：解密甘雨亭 IBMG国际商业管理集团　著	国内外标杆企业的经验+本土实践量化数据+操作步骤、方法	通俗易懂，行业经验丰富，宝贵的行业量化数据，关键思路和步骤
	中国首家未来超市：解密安徽乐城 IBMG国际商业管理集团　著	本书深入挖掘了安徽乐城超市的试验案例，为零售企业未来的发展提供了一条可借鉴之路	通俗易懂，行业经验丰富，宝贵的行业量化数据，关键思路和步骤

续表

互联网 +			
	书名．作者	内容/特色	读者价值
互联网 +	**互联网时代的银行转型** 韩友诚　著	以大量案例形式为读者全面展示和分析了银行的互联网金融转型应对之道	结合本土银行转型发展案例的书籍
	正在发生的转型升级·实践 本土管理实践与创新论坛　著	企业在快速变革期所展现出的管理变革新成果、新方法、新案例	重点突出对于未来企业管理相关领域的趋势研判
	触发需求：互联网新营销样本·水产 何足奇　著	传统产业都在苦闷中挣扎前行，本书通过鲜活的案例告诉你如何以需求链整合供应链，从而把大家熟知的传统行业打碎了重构、重做一遍	全是干货，值得细读学习，并且作者的理论已经经过了他亲自操刀的实践检验，效果惊人，就在书中全景展示
	移动互联新玩法：未来商业的格局和趋势 史贤龙　著	传统商业、电商、移动互联，三个世界并存，这种新格局的玩法一定要懂	看清热点的本质，把握行业先机，一本书搞定移动互联网
	微商生意经：真实再现 33 个成功案例操作全程 伏泓霖　罗晓慧　著	本书为 33 个真实案例，分享案例主人公在做微商过程中的经验教训	案例真实，有借鉴意义
	阿里巴巴实战运营——14 招玩转诚信通 聂志新　著	本书主要介绍阿里巴巴诚信通的十四个基本推广操作，从而帮助使用诚信通的用户及企业更好地提升业绩	基本操作，很多可以边学边用，简单易学
	今后这样做品牌：移动互联时代的品牌营销策略 蒋　军　著	与移动互联紧密结合，告诉你老方法还能不能用，新方法怎么用	今后这样做品牌就对了
	互联网 +“变”与“不变”：本土管理实践与创新论坛集萃．2016 本土管理实践与创新论坛　著	本土管理领域正在产生自己独特的理论和模式，尤其在移动互联时代，有很多新课题需要本土专家们一起研究	帮助读者拓宽眼界、突破思维
	创造增量市场：传统企业互联网转型之道 刘红明　著	传统企业需要用互联网思维去创造增量，而不是用电子商务去转移传统业务的存量	教你怎么在“互联网 +”的海洋中创造实实在在的增量
	重生战略：移动互联网和大数据时代的转型法则 沈　拓　著	在移动互联网和大数据时代，传统企业转型如同生命体打算与再造，称之为“重生战略”	帮助企业认清移动互联网环境下的变化和应对之道
	画出公司的互联网进化路线图：用互联网思维重塑产品、客户和价值 李　蓓　著	18 个问题帮助企业一步步梳理出互联网转型思路	思路清晰、案例丰富，非常有启发性
	7 个转变，让公司 3 年胜出 李　蓓　著	消费者主权时代，企业该怎么办	这就是互联网思维，老板有能这样想，肯定倒不了
	跳出同质思维，从跟随到领先 郭　剑　著	66 个精彩案例剖析，帮助老板突破行业长期思维惯性	做企业竟然有这么多玩法，开眼界

续表

行业类:零售、白酒、食品/快消品、农业、医药、建材家居等			
书名.作者		内容/特色	读者价值
零售·超市·餐饮·服装·汽车	**1. 总部有多强大,门店就能走多远** **2. 超市卖场定价策略与品类管理** **3. 连锁零售企业招聘与培训破解之道** **4. 中国首家未来超市:解密安徽乐城** **5. 三四线城市超市如何快速成长:解密甘雨亭** IBMG 国际商业管理集团　著	国内外标杆企业的经验 + 本土实践量化数据 + 操作步骤、方法	通俗易懂,行业经验丰富,宝贵的行业量化数据,关键思路和步骤
	涨价也能卖到翻 村松达夫　【日】	提升客单价的 15 种实用、有效的方法	日本企业在这方面非常值得学习和借鉴
	移动互联下的超市升级 联商网专栏频道　著	深度解析超市转型升级重点	帮助零售企业把握全局、看清方向
	手把手教你做专业督导:专卖店、连锁店 熊亚柱　著	从督导的职能、作用,在工作中需要的专业技能、方法,都提供了详细的解读和训练办法,同时附有大量的表单工具	无论是店铺需要统一培训,还是个人想成为优秀的督导,有这一本就够了
	零售百货全渠道营销策略 陈继展　著	没有照本宣科、说教式的絮叨,只有笔者对行业的认知与理解,庖丁解牛式的逐项解析、展开	通俗易懂,花极少的时间快速掌握该领域的知识及趋势
	零售:把客流变成购买力 丁　昀　著	如何通过不断升级产品和体验式服务来经营客流	如何进行体验营销,国外的好经营,这方面有启发
	餐饮企业经营策略第一书 吴　坚　著	分别从产品、顾客、市场、盈利模式等几个方面,对现阶段餐饮企业的发展提出策略和思路	第一本专业的、高端的餐饮企业经营指导书
	赚不赚钱靠店长:从懂管理到会经营 孙彩军　著	通过生动的案例来进行剖析,注重门店管理细节方面的能力提升	帮助终端门店店长在管理门店的过程中实现经营思路的拓展与突破
	汽车配件这样卖:汽车后市场销售秘诀 100 条 俞士耀　著	汽配销售业务员必读,手把手教授最实用的方法,轻松得来好业绩	快速上岗,专业实效,业绩无忧
耐消品	**跟行业老手学经销商开发与管理:家电、耐消品、建材家居** 黄润霖　著	全部来源于经销商管理的一线问题,作者用丰富的经验将每一个问题落实到最便捷快速的操作方法上去	书中每一个问题都是普通营销人亲口提出的,这些问题你也会遇到,作者进行的解答则精彩实用
白酒	**变局下的白酒企业重构** 杨永华　著	帮助白酒企业从产业视角看清趋势,找准位置,实现弯道超车的书	行业内企业要减少 90%,自己在什么位置,怎么做,都清楚了
	1. 白酒营销的第一本书(升级版) **2. 白酒经销商的第一本书** 唐江华　著	华泽集团湖南开口笑公司品牌部长,擅长酒类新品推广、新市场拓展	扎根一线,实战
	区域型白酒企业营销必胜法则 朱志明　著	为区域型白酒企业提供 35 条必胜法则,在竞争中赢销的葵花宝典	丰富的一线经验和深厚积累,实操实用
	10 步成功运作白酒区域市场 朱志明　著	白酒区域操盘者必备,掌握区域市场运作的战略、战术、兵法	在区域市场的攻伐防守中运筹帷幄,立于不败之地

续表

白酒	**酒业转型大时代：微酒精选 2014－2015** 微酒　主编	本书分为五个部分：当年大事件、那些酒业营销工具、微酒独立策划、业内大调查和十大经典案例	了解行业新动态、新观点，学习营销方法
快消品·食品	**乳业营销第一书** 侯军伟　著	对区域乳品企业生存发展关键性问题的梳理	唯一的区域乳业营销书，区域乳品企业一定要看
	食用油营销第一书 余　盛　著	10 多年油脂企业工作经验，从行业到具体实操	食用油行业第一书，当之无愧
	中国茶叶营销第一书 柏　龑　著	如何跳出茶行业“大文化小产业”的困境，作者给出了自己的观察和思考	不是传统做茶的思路，而是现在商业做茶的思路
	调味品营销第一书 陈小龙　著	国内唯一一本调味品营销的书	唯一的调味品营销的书，调味品的从业者一定要看
	快消品营销人的第一本书：从入门到精通 刘　雷　伯建新　著	快消行业必读书，从入门到专业	深入细致，易学易懂
	变局下的快消品营销实战策略 杨永华　著	通胀了，成本增加，如何从被动应战变成主动的“系统战”	作者对快消品行业非常熟悉、非常实战
	快消品经销商如何快速做大 杨永华　著	本书完全从实战的角度，评述现象，解析误区，揭示原理，传授方法	为转型期的经销商提供了解决思路，指出了发展方向
	一位销售经理的工作心得 蒋　军　著	一线营销管理人员想提升业绩却无从下手时，可以看看这本书	一线的真实感悟
	快消品营销：一位销售经理的工作心得 2 蒋　军　著	快消品、食品饮料营销的经验之谈，重点图书	来源与实战的精华总结
	快消品营销与渠道管理 谭长春　著	将快消品标杆企业渠道管理的经验和方法分享出来	可口可乐、华润的一些具体的渠道管理经验，实战
	成为优秀的快消品区域经理（升级版） 伯建新　著	用“怎么办”分析区域经理的工作关键点，增加 30% 全新内容，更贴近环境变化	可以作为区域经理的“速成催化器”
	销售轨迹：一位快消品营销总监的拼搏之路 秦国伟　著	本书讲述了一个普通销售员打拼成为跨国企业营销总监的真实奋斗历程	激励人心，给广大销售员以力量和鼓舞
	快消老手都在这样做：区域经理操盘锦囊 方刚　著	非常接地气，全是多年沉淀下来的干货，丰富的一线经验和实操方法不可多得	在市场摸爬滚打的“老油条”，那些独家绝招妙招一般你问都是问不来的
	动销四维：全程辅导与新品上市 高继中　著	从产品、渠道、促销和新品上市详细讲解提高动销的具体方法，总结作者 18 年的快消品行业经验，方法实操	内容全面系统，方法实操
农业	**中国牧场管理实战：畜牧业、乳业必读** 黄剑黎　著	本书不仅提供了来自一线的实际经验，还收入了丰富的工具文档与表单	填补空白的行业必读作品
	中小农业企业品牌战法 韩　旭　著	将中小农业企业品牌建设的方法，从理论讲到实践，具有指导性	全面把握品牌规划，传播推广，落地执行的具体措施
	农资营销实战全指导 张　博　著	农资如何向“深度营销”转型，从理论到实践进行系统剖析，经验资深	朴实、使用！不可多得的农资营销实战指导
	农产品营销第一书 胡浪球　著	从农业企业战略到市场开拓、营销、品牌、模式等	来源于实践中的思考，有启发

续表

农业	**变局下的农牧企业9大成长策略** 彭志雄　著	食品安全、纵向延伸、横向联合、品牌建设……	唯一的农牧企业经营实操的书，农牧企业一定要看
医药	**新医改下的医药营销与团队管理** 史立臣　著	探讨新医改对医药行业的系列影响和医药团队管理	帮助理清思路，有一个框架
	医药营销与处方药学术推广 马宝琳　著	如何用医学策划把“平民产品”变成“明星产品”	有真货、讲真话的作者，堪称处方药营销的经典！
	新医改了，药店就要这样开 尚　锋　著	药店经营、管理、营销全攻略	有很强的实战性和可操作性
	电商来了，实体药店如何突围 尚　锋　著	电商崛起，药店该如何突围？本书从促销、会员服务、专业性、客单价等多重角度给出了指导方向	实战攻略，拿来就能用
	在中国，医药营销这样做：时代方略精选文集 段继东　主编	专注于医药营销咨询15年，将医药营销方法的精华文章合编，深入全面	可谓医药营销领域的顶尖著作，医药界读者的必读书
	OTC医药代表药店销售36计 鄢圣安　著	以《三十六计》为线，写OTC医药代表向药店销售的一些技巧与策略	案例丰富，生动真实，实操性强
	OTC医药代表药店开发与维护 鄢圣安　著	要做到一名专业的医药代表，需要做什么、准备什么、知识储备、操作技巧等	医药代表药店拜访的指导手册，手把手教你快速上手
	引爆药店成交率1：店员导购实战 范月明　著	一本书解决药店导购所有难题	情景化、真实化、实战化
	引爆药店成交率2：经营落地实战 范月明　著	最接地气的经营方法全指导	揭示了药店经营的几类关键问题
	医药企业转型升级战略 史立臣　著	药企转型升级有5大途径，并给出落地步骤及风险控制方法	实操性强，有作者个人经验总结及分析
建材家居	**建材家居营销实务** 程绍珊　杨鸿贵　主编	价值营销运用到建材家居，每一步都让客户增值	有自己的系统、实战
	建材家居门店销量提升 贾同领　著	店面选址、广告投放、推广助销、空间布局、生动展示、店面运营等	门店销量提升是一个系统工程，非常系统、实战
	10步成为最棒的建材家居门店店长 徐伟泽　著	实际方法易学易用，让员工能够迅速成长，成为独当一面的好店长	只要坚持这样干，一定能成为好店长
	手把手帮建材家居导购业绩倍增：成为顶尖的门店店员 熊亚柱　著	生动的表现形式，让普通人也能成为优秀的导购员，让门店业绩长红	读着有趣，用着简单，一本在手、业绩无忧
	建材家居经销商实战42章经 王庆云　著	告诉经销商：老板怎么当、团队怎么带、生意怎么做	忠言逆耳，看着不舒服就对了，实战总结，用一招半式就值了
工业品	**销售是门专业活：B2B、工业品** 陆和平　著	销售流程就应该跟着客户的采购流程和关注点的变化向前推进，将一个完整的销售过程分成十个阶段，提供具体方法	销售不是请客吃饭拉关系，是个专业的活计！方法在手，走遍天下不愁

续表

工业品	**解决方案营销实战案例** 刘祖轲　著	用10个真案例讲明白什么是工业品的解决方案式营销,实战、实用	有干货、真正操作过的才能写得出来
	变局下的工业品企业7大机遇 叶敦明　著	产业链条的整合机会、盈利模式的复制机会、营销红利的机会、工业服务商转型机会……	工业品企业还可以这样做,思维大突破
	工业品市场部实战全指导 杜　忠　著	工业品市场部经理工作内容全指导	系统、全面、有理论、有方法,帮助工业品市场部经理更快提升专业能力
	工业品营销管理实务 李洪道　著	中国特色工业品营销体系的全面深化、工业品营销管理体系优化升级	工具更实战,案例更鲜活,内容更深化
	工业品企业如何做品牌 张东利　著	为工业品企业提供最全面的品牌建设思路	有策略、有方法、有思路、有工具
	丁兴良讲工业4.0 丁兴良　著	没有枯燥的理论和说教,用朴实直白的语言告诉你工业4.0的全貌	工业4.0是什么?本书告诉你答案
	资深大客户经理:策略准,执行狠 叶敦明　著	从业务开发、发起攻势、关系培育、职业成长四个方面,详述了大客户营销的精髓	满满的全是干货
	一切为了订单:订单驱动下的工业品营销实战 唐道明　著	其实,所有的企业都在围绕着两个字在开展全部的经营和管理工作,那就是"订单"	开发订单、满足订单、扩大订单。本书全是实操方法,字字珠玑、句句干货,教你获得营销的胜利
金融	**交易心理分析** (美)马克·道格拉斯　著 刘真如　译	作者一语道破赢家的思考方式,并提供了具体的训练方法	不愧是投资心理的第一书,绝对经典
	精品银行管理之道 崔海鹏　何　屹　主编	中小银行转型的实战经验总结	中小银行的教材很多,实战类的书很少,可以看看
	支付战争 Eric M. Jackson　著 徐　彬　王　晓　译	PayPal创业期营销官,亲身讲述PayPal从诞生到壮大到成功出售的整个历史	激烈、有趣的内幕商战故事!了解美国支付市场的风云巨变
房地产	**产业园区/产业地产规划、招商、运营实战** 阎立忠　著	目前中国第一本系统解读产业园区和产业地产建设运营的实战宝典	从认知、策划、招商到运营全面了解地产策划
	人文商业地产策划 戴欣明　著	城市与商业地产战略定位的关键是不可复制性,要发现独一无二的"味道"	突破千城一面的策划困局
	电影院的下一个黄金十年:开发·差异化·案例 李保煜　著	对目前电影院市场存大的问题及如何解决进行了探讨与解读	多角度了解电影院运营方式及代表性案例

经营类:企业如何赚钱,如何抓机会,如何突破,如何"开源"

	书名.作者	内容/特色	读者价值
抓方向	**让经营回归简单.升级版** 宋新宇　著	化繁为简抓住经营本质:战略、客户、产品、员工、成长	经典,做企业就这几个关键点!
	活系统:跟任正非学当老板 孙行健　尹　贤　著	以任正非的独到视角,教企业老板如何经营公司	看透公司经营本质,激活企业活力
	公司由小到大要过哪些坎 卢　强　著	老板手里的一张"企业成长路线图"	现在我在哪儿,未来还要走哪些路,都清楚了

续表

抓方向	企业二次创业成功路线图 夏惊鸣　著	企业曾经抓住机会成功了，但下一步该怎么办？	企业怎样获得第二次成功，心里有个大框架了
	老板经理人双赢之道 陈　明　著	经理人怎养选平台、怎么升局，老板怎样选/育/用/留	老板生闷气，经理人牢骚大，这次知道该怎么办了
	简单思考：AMT 咨询创始人自述 孔祥云　著	著名咨询公司（AMT）的CEO 创业历程中点点滴滴的经验与思考	每一位咨询人，每一位创业者和管理经营者，都值得一读
	企业文化的逻辑 王祥伍　黄健江　著	为什么企业绩效如此不同，解开绩效背后的文化密码	少有的深刻，有品质，读起来很流畅
	使命驱动企业成长 高可为　著	钱能让一个人今天努力，使命能让一群人长期努力	对于想做事业的人，'使命'是绕不过去的
思维突破	移动互联新玩法：未来商业的格局和趋势 史贤龙　著	传统商业、电商、移动互联，三个世界并存，这种新格局的玩法一定要懂	看清热点的本质，把握行业先机，一本书搞定移动互联网
	画出公司的互联网进化路线图：用互联网思维重塑产品、客户和价值 李　蓓　著	18 个问题帮助企业一步步梳理出互联网转型思路	思路清晰、案例丰富，非常有启发性
	重生战略：移动互联网和大数据时代的转型法则 沈　拓　著	在移动互联网和大数据时代，传统企业转型如同生命体打算与再造，称之为"重生战略"	帮助企业认清移动互联网环境下的变化和应对之道
	创造增量市场：传统企业互联网转型之道 刘红明　著	传统企业需要用互联网思维去创造增量，而不是用电子商务去转移传统业务的存量	教你怎么在"互联网 +"的海洋中创造实实在在的增量
	7 个转变，让公司 3 年胜出 李　蓓　著	消费者主权时代，企业该怎么办	这就是互联网思维，老板有能这样想，肯定倒不了
	跳出同质思维，从跟随到领先 郭　剑　著	66 个精彩案例剖析，帮助老板突破行业长期思维惯性	做企业竟然有这么多玩法，开眼界
	麻烦就是需求　难题就是商机 卢根鑫　著	如何借助客户的眼睛发现商机	什么是真商机，怎么判断、怎么抓，有借鉴
	互联网 +"变"与"不变"：本土管理实践与创新论坛集萃 · 2016 本土管理实践与创新论坛　著	加速本土管理思想的孕育诞生，促进本土管理创新成果更好地服务企业、贡献社会	各个作者本年度最新思想，帮助读者拓宽眼界、突破思维
财务	写给企业家的公司与家庭财务规划——从创业成功到富足退休 周荣辉　著	本书以企业的发展周期为主线，写各阶段企业与企业主家庭的财务规划	为读者处理人生各阶段企业与家庭的财务问题提供建议及方法，让家庭成员真正享受财富带来的益处
	互联网时代的成本观 程　翔　著	本书结合互联网时代提出了成本的多维观，揭示了多维组合成本的互联网精神和大数据特征，论述了其产生背景、实现思路和应用价值	在传统成本观下为盈利的业务，在新环境下也许就成为亏损业务。帮助管理者从新的角度来看待成本，进一步做好精益管理

管理类：效率如何提升，如何实现经营目标，如何"节流"

	书名．作者	内容/特色	读者价值
通用管理	1. 让管理回归简单．升级版 2. 让经营回归简单．升级版 3. 让用人回归简单 宋新宇　著	宋博士的"简单"三部曲，影响 20 万读者，非常经典	被读者热情地称作"中小企业的管理圣经"

续表

通用管理	**管理:以规则驾驭人性** 王春强　著	详细解读企业规则的制定方法	从人与人博弈角度提升管理的有效性
	员工心理学超级漫画版 邢　雷　著	以漫画的形式深度剖析员工心理	帮助管理者更了解员工,从而更轻松地管理员工
	分股合心:股权激励这样做 段　磊　周　剑　著	通过丰富的案例,详细介绍了股权激励的知识和实行方法	内容丰富全面、易读易懂,了解股权激励,有这一本就够了
	边干边学做老板 黄中强　著	创业20多年的老板,有经验、能写、又愿意分享,这样的书很少	处处共鸣,帮助中小企业老板少走弯路
	中国式阿米巴落地实践之从交付到交易 胡八一　著	本书主要讲述阿米巴经营会计,"从交付到交易",这是成功实施了阿米巴的标志	阿米巴经营会计的工作是有逻辑关联的,一本书就能搞定
	集团化企业阿米巴实战案例 初勇钢　著	一家集团化企业阿米巴实施案例	指导集团化企业系统实施阿米巴
	阿米巴经营的中国模式 李志华　著	让员工从"要我干"到"我要干",价值量化出来	阿米巴在企业如何落地,明白思路了
	中国式阿米巴落地实践之激活组织 胡八一　著	重点讲解如何科学划分阿米巴单元,阐述划分的实操要领、思路、方法、技术与工具	最大限度减少"推行风险"和"摸索成本",利于公司成功搭建适合自身的个性化阿米巴经营体系
	欧博心法:好管理靠修行 曾　伟　著	用佛家的智慧,深刻剖析管理问题,见解独到	如果真的有'中国式管理',曾老师是其中标志性人物
流程管理	**1. 用流程解放管理者** **2. 用流程解放管理者2** 张国祥　著	中小企业阅读的流程管理、企业规范化的书	通俗易懂,理论和实践的结合恰到好处
	跟我们学建流程体系 陈立云　著	畅销书《跟我们学做流程管理》系列,更实操,更细致,更深入	更多地分享实践,分享感悟,从实践总结出来的方法论
质量管理	**五大质量工具详解及运用案例:APQP/FMEA/PPAP/MSA/SPC** 谭洪华　著	对制造业必备的五大质量工具中每个文件的制作要求、注意事项、制作流程、成功案例等进行了解读	通俗易懂、简便易行,能真正实现学以致用
	1. ISO9001:2015新版质量管理体系详解与案例文件汇编 **2. ISO14001:2015新版环境管理体系详解与案例文件汇编** 谭洪华　著	紧密围绕2015新版,逐条详细解读,工具也可以直接套用,易学易上手	企业认证、内审必备
战略落地	**重生——中国企业的战略转型** 施　炜　著	从前瞻和适用的角度,对中国企业战略转型的方向、路径及策略性举措提出了一些概要性的建议和意见	对企业有战略指导意义
	公司大了怎么管:从靠英雄到靠组织 AMT 金国华　著	第一次详尽阐释中国快速成长型企业的特点、问题及解决之道	帮助快速成长型企业领导及管理团队理清思路,突破瓶颈
	低效会议怎么改:每年节省一半会议成本的秘密 AMT 王玉荣　著	教你如何系统规划公司的各级会议,一本工具书	教会你科学管理会议的办法
	年初订计划,年尾有结果:战略落地七步成诗 AMT 郭晓　著	7个步骤教会你怎么让公司制定的战略转变为行动	系统规划,有效指导计划实现

续表

人力资源	**回归本源看绩效** 孙　波　著	让绩效回顾"改进工具"的本源，真正为企业所用	确实是来源于实践的思考，有共鸣
	世界500强资深培训经理人教你做培训管理 陈　锐　著	从7大角度具体细致地讲解了培训管理的核心内容	专业、实用、接地气
	曹子祥教你做激励性薪酬设计 曹子祥　著	以激励性为指导，系统性地介绍了薪酬体系及关键岗位的薪酬设计模式	深入浅出，一本书学会薪酬设计
	曹子祥教你做绩效管理 曹子祥　著	复杂的理论通俗化，专业的知识简单化，企业绩效管理共性问题的解决方案	轻松掌握绩效管理
	把招聘做到极致 远　鸣　著	作为世界500强高级招聘经理，作者数十年招聘经验的总结分享	带来职场思考境界的提升和具体招聘方法的学习
	人才评价中心．超级漫画版 邢　雷　著	专业的主题，漫画的形式，只此一本	没想到一本专业的书，能写成这效果
	走出薪酬管理误区 全怀周　著	剖析薪酬管理的8大误区，真正发挥好枢纽作用	值得企业深读的实用教案
	集团化人力资源管理实践 李小勇　著	对搭建集团化的企业很有帮助，务实，实用	最大的亮点不是理论，而是结合实际的深入剖析
	我的人力资源咨询笔记 张　伟　著	管理咨询师的视角，思考企业的HR管理	通过咨询师的眼睛对比很多企业，有启发
	本土化人力资源管理8大思维 周　剑　著	成熟HR理论，在本土中小企业实践中的探索和思考	对企业的现实困境有真切体会，有启发
企业文化	**HRBP是这样炼成的之"菜鸟起飞"** 新　海　著	以小说的形式，具体解析HRBP的职责，应该如何操作，如何为业务服务	实践者的经验分享，内容实务具体，形式有趣
	华夏基石方法：企业文化落地本土实践 王祥伍　谭俊峰　著	十年积累、原创方法、一线资料，和盘托出	在文化落地方面真正有洞察，有实操价值的书
	企业文化的逻辑 王祥伍　著	为什么企业之间如此不同，解开绩效背后的文化密码	少有的深刻，有品质，读起来很流畅
	企业文化激活沟通 宋杼宸　安　琪　著	透过新任HR总经理的眼睛，揭示出沟通与企业文化的关系	有实际指导作用的文化落地读本
	在组织中绽放自我：从专业化到职业化 朱仁健　王祥伍　著	个人如何融入组织，组织如何助力个人成长	帮助企业员工快速认同并投入到组织中去，为企业发展贡献力量
	企业文化定位·落地一本通 王明胤　著	把高深枯燥的专业理论创建成一套系统化、实操化、简单化的企业文化缔造方法	对企业文化不了解，不会做？有这一本从概念到实操，就够了
生产管理	**看懂精益5S的300张现场图** 乐　涛　编著	5S现场实操详解	案例图解，易懂易学
	高员工流失率下的精益生产 余伟辉　著	中国的精益生产必须面对和解决高员工流失率问题	确实来源于本土的工厂车间，很务实
	车间人员管理那些事儿 岑立聪　著	车间人员管理中处理各种"疑难杂症"的经验和方法	基层车间管理者最闹心、头疼的事，'打包'解决

续表

生产管理	**1. 欧博心法：好管理靠修行** **2. 欧博心法：好工厂这样管** 曾　伟　著	他是本土最大的制造业管理咨询机构创始人，他从400多个项目、上万家企业实践中锤炼出的欧博心法	中小制造型企业，一定会有很强的共鸣
	欧博工厂案例1：生产计划管控对话录 **欧博工厂案例2：品质技术改善对话录** **欧博工厂案例3：员工执行力提升对话录** 曾　伟　著	最典型的问题、最详尽的解析，工厂管理9大问题27个经典案例	没想到说得这么细，超出想象，案例很典型，照搬都可以了
	苦中得乐：管理者的第一堂必修课 曾　伟　编著	曾伟与师傅大愿法师的对话，佛学与管理实践的碰撞，管理禅的修行之道	用佛学最高智慧看透管理
	比日本工厂更高效1：管理提升无极限 刘承元　著	指出制造型企业管理的六大积弊；颠覆流行的错误认知；掌握精益管理的精髓	每一个企业都有自己不同的问题，管理没有一剑封喉的秘笈，要从现场、现物、现实出发
	比日本工厂更高效2：超强经营力 刘承元　著	企业要获得持续盈利，就要开源和节流，即实现销售最大化，费用最小化	掌握提升工厂效率的全新方法
	比日本工厂更高效3：精益改善力的成功实践 刘承元　著	工厂全面改善系统有其独特的目的取向特征，着眼于企业经营体质（持续竞争力）的建设与提升	用持续改善力来飞速提升工厂的效率，高效率能够带来意想不到的高效益
	3A顾问精益实践1：IE与效率提升 党新民　苏迎斌　蓝旭日　著	系统的阐述了IE技术的来龙去脉以及操作方法	使员工与企业持续获利
	3A顾问精益实践2：JIT与精益改善 肖志军　党新民　著	只在需要的时候，按需要的量，生产所需的产品	提升工厂效率
员工素质提升	**手把手教你做专业督导：专卖店、连锁店** 熊亚柱　著	从督导的职能、作用，在工作中需要的专业技能、方法，都提供了详细的解读和训练办法，同时附有大量的表单工具	无论是店铺需要统一培训，还是个人想成为优秀的督导，有这一本就够了
	跟老板“偷师”学创业 吴江萍　余晓雷　著	边学边干，边观察边成长，你也可以当老板	不同于其他类型的创业书，让你在工作中积累创业经验，一举成功
	销售轨迹：一位快消品营销总监的拼搏之路 秦国伟　著	本书讲述了一个普通销售员打拼成为跨国企业营销总监的真实奋斗历程	激励人心，给广大销售员以力量和鼓舞
	在组织中绽放自我：从专业化到职业化 朱仁健　王祥伍　著	个人如何融入组织，组织如何助力个人成长	帮助企业员工快速认同并投入到组织中去，为企业发展贡献力量
	企业员工弟子规：用心做小事，成就大事业 贾同领　著	从传统文化《弟子规》中学习企业中为人处事的办法，从自身做起	点滴小事，修养自身，从自身的改善得到事业的提升
	手把手教你做顶尖企业内训师：TTT培训师宝典 熊亚柱　著	从课程研发到现场把控、个人提升都有涉及，易读易懂，内容丰富全面	想要做企业内训师的员工有福了，本书教你如何抓住关键，从入门到精通

续表

营销类:把客户需求融入企业各环节,提供"客户认为"有价值的东西			
	书名.作者	内容/特色	读者价值
营销模式	**洞察人性的营销战术:沈坤教你28式** 沈 坤 著	28个匪夷所思的营销怪招令人拍案叫绝,涉及商业竞争的方方面面,大部分战术可以直接应用到企业营销中	各种谋略得益于作者的横向思维方式,将其操作过的案例结合其中,提供的战术对读者有参考价值
	动销操盘:节奏掌控与社群时代新战法 朱志明 著	在社群时代把握好产品生产销售的节奏,解析动销的症结,寻找动销的规律与方法	都是易读易懂的干货!对动销方法的全面解析和操盘
	变局下的营销模式升级 程绍珊 叶 宁 著	客户驱动模式、技术驱动模式、资源驱动模式	很多行业的营销模式被颠覆,调整的思路有了!
	卖轮子 科克斯【美】	小说版的营销学!营销理念巧妙贯穿其中,贵在既有趣,又有深度	经典、有趣!一个故事读懂营销精髓
	弱势品牌如何做营销 李政权 著	中小企业虽有品牌但没名气,营销照样能做的有声有色	没有丰富的实操经验,写不出这么具体、详实的案例和步骤,很有启发
	老板如何管营销 史贤龙 著	高段位营销16招,好学好用	老板能看,营销人也能看
营销模式	**动销:产品是如何畅销起来的** 吴江萍 余晓雷 著	真真切切告诉你,产品究竟怎么才能卖出去	击中痛点,提供方法,你值得拥有
	资深大客户经理:策略准,执行狠 叶敦明 著	从业务开发、发起攻势、关系培育、职业成长四个方面,详述了大客户营销的精髓	满满的全是干货
	成为资深的销售经理:B2B、工业品 陆和平 著	围绕"销售管理的六个关键控制点"一一展开,提供销售管理的专业、高效方法	方法和技术接地气,拿来就用,从销售员成长为经理不再犯难
	销售是门专业活:B2B、工业品 陆和平 著	销售流程就应该跟着客户的采购流程和关注点的变化向前推进,将一个完整的销售过程分成十个阶段,提供具体方法	销售不是请客吃饭拉关系,是个专业的活计!方法在手,走遍天下不愁
	向高层销售:与决策者有效打交道 贺兵一 著	一套完整有效的销售策略	有工具,有方法,有案例,通俗易懂
	卖轮子 科克斯 【美】	小说版的营销学!营销理念巧妙贯穿其中,贵在既有趣,又有深度	经典、有趣!一个故事读懂营销精髓
	学话术 卖产品 张小虎 著	分析常见的顾客异议,将优秀的话术模块化	让普通导购员也能成为销售精英
组织和团队	**升级你的营销组织** 程绍珊 吴越舟 著	用"有机性"的营销组织替代"营销能人",营销团队变成"铁营盘"	营销队伍最难管,程老师不愧是营销第1操盘手,步骤方法都很成熟
	用数字解放营销人 黄润霖 著	通过量化帮助营销人员提高工作效率	作者很用心,很好的常备工具书
	成为优秀的快消品区域经理(升级版) 伯建新 著	用"怎么办"分析区域经理的工作关键点,增加30%全新内容,更贴近环境变化	可以作为区域经理的"速成催化器"
	一位销售经理的工作心得 蒋 军 著	一线营销管理人员想提升业绩却无从下手时,可以看看这本书	一线的真实感悟

续表

组织和团队	**快消品营销：一位销售经理的工作心得2** 蒋　军　著	快消品、食品饮料营销的经验之谈，重点突出	来源于实战的精华总结
	销售轨迹：一位快消品营销总监的拼搏之路 秦国伟　著	本书讲述了一个普通销售员打拼成为跨国企业营销总监的真实奋斗历程	激励人心，给广大销售员以力量和鼓舞
	用营销计划锁定胜局：用数字解放营销人2 黄润霖　著	全方位教你怎么做好营销计划，好学好用真简单	照搬套用就行，做营销计划再也不头痛
	快消品营销人的第一本书：从入门到精通 刘　雷　伯建新　著	快消行业必读书，从入门到专业	深入细致，易学易懂
产品	**产品炼金术Ⅰ：如何打造畅销产品** 史贤龙　著	满足不同阶段、不同体量、不同行业企业对产品的完整需求	必须具备的思维和方法，避免在产品问题上走弯路
	产品炼金术Ⅱ：如何用产品驱动企业成长 史贤龙　著	做好产品、关注产品的品质，就是企业成功的第一步	必须具备的思维和方法，避免在产品问题上走弯路
	新产品开发管理，就用IPD 郭富才　著	10年IPD研发管理咨询总结，国内首部IPD专业著作	一本书掌握IPD管理精髓
品牌	**中小企业如何建品牌** 梁小平　著	中小企业建品牌的入门读本，通俗、易懂	对建品牌有了一个整体框架
	采纳方法：破解本土营销8大难题 朱玉童　编著	全面、系统、案例丰富、图文并茂	希望在品牌营销方面有所突破的人，应该看看
	中国品牌营销十三战法 朱玉童　编著	采纳20年来的品牌策划方法，同时配有大量的案例	众包方式写作，丰富案例给人启发，极具价值
	今后这样做品牌：移动互联时代的品牌营销策略 蒋军　著	与移动互联紧密结合，告诉你老方法还能不能用，新方法怎么用	今后这样做品牌就对了
	中小企业如何打造区域强势品牌 吴之　著	帮助区域的中小企业打造自身品牌，如何在强壮自身的基础上往外拓展	梳理误区，系统思考品牌问题，切实符合中小区域品牌的自身特点进行阐述
渠道通路	**快消品营销与渠道管理** 谭长春　著	将快消品标杆企业渠道管理的经验和方法分享出来	可口可乐、华润的一些具体的渠道管理经验，实战
	传统行业如何用网络拿订单 张　进　著	给老板看的第一本网络营销书	适合不懂网络技术的经营决策者看
	采纳方法：化解渠道冲突 朱玉童　编著	系统剖析渠道冲突，21个渠道冲突案例、情景式讲解，37篇讲义	系统、全面
	学话术　卖产品 张小虎　著	分析常见的顾客异议，将优秀的话术模块化	让普通导购员也能成为销售精英
	向高层销售：与决策者有效打交道 贺兵一　著	一套完整有效的销售策略	有工具，有方法，有案例，通俗易懂
	通路精耕操作全解：快消品20年实战精华 周　俊　陈小龙　著	通路精耕的详细全解，每一步的具体操作方法和表单全部无保留提供	康师傅二十年的经验和精华，实践证明的最有效方法，教你如何主宰通路

续表

管理者读的文史哲·生活			
	书名、作者	内容/特色	读者价值
思想·文化	**众生相** 仲昭川　著	《互联网黑洞》作者仲昭川的随笔集——纵横宇宙生命，无言参万相。透视各色脸谱，一语破天机	商场或情场的顺心法宝，修道或混世的开悟按钮
	每个中国人身上的春秋基因 史贤龙　著	春秋368年（公元前770－公元前403年），每一个中国人都可以在这段时期的历史中找到自己的祖先，看到真实发生的事件，同时也看到自己	长情商、识人心
	内功太极拳训练教程 王铁仁　编著	杨式（内功）太极拳（俗称老六路）的详细介绍及具体修炼方法，身心的一次升华	书中含有大量图解并有相关视频供读者同步学习
	中医治心脏病 马宝琳　著	引用众多真实案例，客观真实地讲述了中西医对于心脏病的认识及治疗方法	看完这本书，能为您节约10万元医药费
	易经系辞大义 史幼波　著	结合人类社会的各种现象和人与人之间的复杂关系，系统阐述了《系辞》中蕴含的丰富思想	轻松掌握传统智慧精髓，从而达到修身养性的目的
	史幼波中庸讲记（上下册） 史幼波　著	全面、深入浅出地揭示儒家中庸文化的真谛	儒释道三家思想融汇贯通
	史幼波心经讲记（上下册） 史幼波　著	句句精讲，句句透彻，佛法经典的多角度阐释	通俗易懂，将深刻的教理以浅显的语言讲出来
	史幼波大学讲记 史幼波　著	用儒释道的观点阐释大学的深刻思想	一本书读懂传统文化经典
	史幼波《周子通书》《太极图说》讲记 史幼波　著	把形而上的宇宙、天地，与形而下的社会、人生、经济、文化等融合在一起	将儒家的一整套学修系统融合起来